ARKAN

Buch

Die Seele ist nach Tarrant jener Teil des Menschen, der nach Tiefe
verlangt, nach Dunkelheit und Verkörperung, nach der Poesie und
der Verwirrung des Lebens, nach allem, was Leiden und damit Reifen ermöglicht. Die Seele ist der Teil unseres Selbst, der die Welt berührt und von ihr berührt wird. Sie bejaht das Leben. Der Geist hingegen sehnt sich nach Licht und Reinheit, nach strahlenden neuen
Einsichten und dem unerschütterlichen Wissen um unsere primäre
Identität. Der Geist hilft uns, unsere Realität zu verstehen, doch
er unterstützt uns nicht in der Kunst, von Tag zu Tag immer neu
Geschmack am Leben zu finden.
Dieses wunderschöne, leidenschaftliche und äußerst klare Buch
steht auf vertrautem Fuß mit dem Dunklen im Menschen, und es
tritt eine Reise an zur Ganzheitlichkeit, die das Zusammenspiel von
Seele *und* Geist beinhaltet.

Autor

John Tarrant wuchs in Australien auf und entwickelte dort sein erstes Interesse an der Spiritualität der australischen Aborigines. Bei
dem Zen-Meister Robert Aitken ließ er sich auf Hawaii neun Jahre
lang zum Roshi ausbilden und leitet heute Zen-Schulungen in Kali-
fornien und Australien. Darüber hinaus praktiziert er als Jungscher
Psychotherapeut.

JOHN TARRANT

LICHT IM HERZEN DER DUNKELHEIT

Die Nacht
der Seele und der Weg
zur Erleuchtung

ARKANA

GOLDMANN

Die amerikanische Originalausgabe erschien 1998 unter dem Titel
»The Light Inside the Dark« bei HarperCollins, New York.

Umwelthinweis:
Alle bedruckten Materialien dieses Taschenbuches
sind chlorfrei und umweltschonend.

Deutsche Erstausgabe September 2000
© 2000 der deutschsprachigen Ausgabe
Wilhelm Goldmann Verlag, München
in der Verlagsgruppe Bertelsmann GmbH
© 1998 der Originalausgabe John Tarrant
First published by HarperCollins, New York. All rights reserved.
Umschlaggestaltung: Design Team, München
Umschlagabbildung: Superstock, René Magritte
Satz: Uhl + Massopust, Aalen
Druck: Elsnerdruck, Berlin
Verlagsnummer: 21568
Redaktion: Gerhard Juckoff
WL · Herstellung: Stefan Hausen
Made in Germany
ISBN 3-442-21568-4
www.goldmann-verlag.de

1. Auflage

Inhalt

Für Sarah

Vorwort

Schon auf den ersten Seiten, mit den ersten Sätzen wird offensichtlich, dass *Licht im Herzen der Dunkelheit* ein zutiefst originelles und bedeutendes Buch ist. Man spürt die Qualität von John Tarrants Denken in seiner gestochenen sprachlichen Intelligenz, die Abstraktionen vermeidet und immer der Erde nahe bleibt. Mit einer Prosa, die reich ist an den Dingen dieser Welt, und einem durch 25 Jahre intensiver Zenausbildung geschärften Einblick hat Tarrant weniger eine Synthese als eine brillante Neuaneignung der großen spirituellen Traditionen von Ost und West geschaffen. Er zeichnet die Landkarte des inneren Lebens und führt uns auf eine Reise durch diese Landschaft, sodass wir ihren Boden unter unseren Füßen spüren, in ihre Abgründe blicken und uns unter ihren Sternen niederlegen können.

Dies ist ein wunderschönes, leidenschaftliches und von Grund auf ehrliches Buch. Es kennt die Nacht nicht nur aus der Ferne, sondern ist eng vertraut mit ihr, bescheiden und doch in Weisheit verwurzelt, persönlich und doch von der Stärke dessen erfüllt, was jenseits der Individualität liegt. Die gewöhnlichen Kategorien der Psychologie sind hier unwichtig. Bei dieser Tiefe der Auseinandersetzung ist die Psychologie die Rückseite der Theologie, und Mystik ist etwas Normales wie das Glas Orangensaft auf dem Frühstückstisch. Originalität ist hier größtenteils eine Frage der Rückkehr zu den Ursprüngen, der Erkenntnis des Ortes, an dem wir alle beginnen.

Tarrant ist nicht der Erste, der zwischen »Seele« und »Geist« unterscheidet, zwei Wörter, die sowohl in den alten Sprachen als auch im heutigen Sprachgebrauch nahezu synonym sind. Aber er hat diese Unterscheidung erweitert und erhellt und uns dabei die Wörter neu zurückgegeben. Wichtiger noch, er behandelt beide Seiten der Dichotomie mit respektvoller Achtsamkeit – »einer so beharrlichen Achtsamkeit, dass sie zu einer Art Liebe wird«. Dieser Gerechtigkeitssinn erlaubt ihm, tief in den Graben einzudringen, den jede Dichotomie schafft. Es gibt in uns nicht nur die Begierden der Seele, die sich Tiefe, Finsternis, Verkörperung, die Poesie und den Aufruhr dieser Welt ersehnt – alles, was uns leiden und reifen lässt –, sondern auch die Sehnsucht des Geistes, der nach Licht, Reinheit, Geburt- und Todlosigkeit verlangt, dem Glanz wahrer Erkenntnis, dem unerschütterlichen Wissen um unsere Uridentität. Wir können nicht in die Tiefe dringen, wenn wir nicht bereit sind, uns aufzuschwingen, denn der Weg nach oben und der Weg nach unten sind ein und derselbe.

Auch können wir nicht in fruchtbarer Weise über Geist und Seele sprechen, wenn wir die Wörter zu ernst nehmen. Letztendlich sind sie, wie Tarrant genau weiß, nur willkürliche Ausdrücke. Eine der köstlichen Ironien dieses Buches ist, dass er ein Lehrer des Buddhismus ist, einer Lehre, die auf dem Verständnis gründet, dass es Geist, Seele und Ich gar nicht gibt. Nicht gibt? Doch dieses Nichts strahlt uns an und verlangt unsere aufmerksame Hingabe wie das »Grinsen ohne Katze«, das Alice von einem anderen Nichtwegweiser entgegenstrahlt.

Die Reise, auf die Tarrant uns mitnimmt, führt zur Erleuchtung und über die Erleuchtung hinaus. Auf dieser Reise
ist »gehen« gleichbedeutend mit »loslassen«. Es ist gar nicht
so schwer, erleuchtet zu werden; schwieriger ist es, unsere
Weltsicht aufzugeben, damit die Welt, so wie sie ist, mit ihrer
großen, mitleidlosen, liebenden Intelligenz zu uns kommen
kann. Am Ende der Reise kehren wir zu den einfachsten Dingen mit einer tiefen Erkenntnis und Dankbarkeit zurück,
einer Erkenntnis und Dankbarkeit, die auch Sie, so hoffe ich,
beim Lesen dieses Buches empfinden werden.

Stephen Mitchell

1. Kapitel

Einladung auf große Fahrt

Die innere Reise

Wunderschön ist sie,
durch das Loch der Schiebetür gesehen:
die Milchstraße.

Issa[1]

Für uns als Kinder waren die Tage voller Wunder. Die Welt
entfaltete sich – und wir entfalteten uns mit ihr. An einem
solchen ewigen Nachmittag summt das Gras, fliegt der Ball
hinauf ins Blau und singt das Mädchen beim Seilspringen:

Aschenbrödel aß 'nen Knödel,
ging nach oben, küsst 'nen Dödel;
macht'n Fehler, küsst 'ne Schlange,
wie viele Ärzte brauchten wie lange?

und malt sich die Zeit aus, da sie von einem Leben gebissen
werden wird, das es bisher nur im Traum gibt, das noch nicht
eingetroffen ist – obwohl ihrem zuschauenden Vater klar ist,
dass das Leben hier und jetzt, ganz und gar da ist für sie.

Unter oder in dem Leben, das wir jeden Tag führen, ist ein
anderes Leben. Dieses ungesehene Leben fließt wie ein Fluss

unter der Stadt dahin, unter der Arbeit, der Familie, dem Ehrgeiz, unter unserem Vergnügen und unserem Kummer. »Es gibt eine andere Welt«, sagt Paul Eluard, »und sie ist in dieser enthalten.«

In der Hektik des Lebens, in der Hast, die Schule abzuschließen, die Uni zu besuchen, Karriere zu machen, eine Familie zu gründen, materiellen Erfolg zu haben, zu eilen, zu machen, zu überleben, wird dieses Innenleben oft verdrängt. Das Leben, das in einem Kind noch lebendig und ganz ist, zieht sich beim Erwachsenen weiter ins Innere zurück, wo es gewöhnlich schlummert, bis es wieder hervorgerufen wird. Doch dieses Leben unter oder inmitten unseres normalen Lebens ist unverwüstlich, nicht aufzuhalten: Es treibt lieblich hervor wie Narzissen durch die Schneedecke, es erhebt sich flehentlich wie Hände aus Gittern auf einem Gehsteig in Indien, und es bricht durch unsere Brust hervor wie die Fontäne des Entsetzens, mit der wir auf böse Nachrichten reagieren. Es erscheint in Träumen, Phantasien, Erinnerungen an die Kindheit, in dem, was wir schön finden, und in dem, was wir abgrundtief hässlich finden, und zeigt sich auch, wenn wir uns verlieben, wenn wir krank werden, wenn wir verloren auf dunklen Pfaden herumirren. Es berührt unser Vergnügen mit Melancholie und durchbohrt unsere Verzweiflung ab und zu mit Freude.

Ich habe schon immer gern an die alten Navigatoren gedacht – die kleinen Gruppen, die sich über eiszeitliche Landbrücken zu einem neuen Kontinent aufmachten; die polynesischen Kanumeister, die mit einer Kokosschale, halb voll Wasser und mit Ausgucklöchern unter dem Rand, in die unendliche Weite hinaus segelten; James Cook, der bis zum Schiffskommandanten der *Endeavour* aufstieg, und Joseph

Banks, der Naturforscher, der auf demselben Schiff zu den Pazifikinseln mitfuhr; und meine eigenen Vorfahren, die in Ketten in die Trostlosigkeit der Botany Bay Australiens transportiert wurden.

Ob unsere Reisen uns schließlich zu den Sternen führen und jene mutigen, anstrengenden Fahrten in neuer Form wiederholt werden oder nicht – das Neuland, in das wir hier vorstoßen wollen, ist das innere Leben. In dem vorliegenden Buch werden zwei große Traditionen der inneren Erforschung zusammengeführt. Zum einen die asiatische mit ihrer uralten Hinwendung zur Kunst der Achtsamkeit und zu einem spirituellen Verständnis, das sich auf Ergründung und Erfahrung statt auf Dogma stützt. Und zum anderen die westliche Methode der Arbeit mit der Seele, mit der Erkundung der Gefühle und Gedanken, der Geschichten und Legenden, die die Seele gern erzählt, Geschichten, in denen wir unser Schicksal durch Freud und Leid verfolgen, um herauszufinden, was als Nächstes geschehen wird.

Die innere Reise und die äußere haben beide etwas Heroisches. Äußere Reisen schaffen neue Verbindungen, die den Menschen zu manchem Zweck – Abenteuer, Handel, Eroberung und Liebe – dienen. Auch die innere Reise schafft neue Verbindungen: Sie stürzt uns in einen Initiationsraum, so wie Schiffsjungen früher in die Back eines Segelschiffs geworfen wurden; wenn dann die Welt, wie wir sie kennen, verschwunden ist, werden wir hin und her geworfen und gewirbelt, bis das Schiff wieder in einem Hafen vor Anker geht. Wir gehen in einem Land von Bord, das äußerlich nicht neu ist, das unsere nunmehr veränderten Augen jedoch in seiner ursprünglichen Unberührtheit sehen. Die innere Reise überwindet die Einsamkeit, indem sie uns einen Platz im Universum bietet, an dem wir uns selbst inmitten allen Wandels kennen lernen können.

Wenn wir das innere Leben respektieren, wird es auch möglich, die ganze Beziehung zwischen innen und außen, unten und oben umzudrehen und das Innenleben an die erste Stelle zu setzen, wie einen Garten, der um des Kultivierens willen kultiviert wird. Diese weite Innenlandschaft zu kultivieren, zu erforschen, zu lieben ist der einzige Weg, um unter jeglichen Umständen frei zu sein, der einzige Weg, die Armut vergeudeter Jahre wieder gutzumachen. Wir erkunden das innere Reich, weil dies unsere Aufgabe als Menschen ist: das Bewusstsein, die wundersame Entdeckungsreise.

Ein Großteil der Reise handelt von unserem Umgang mit der Achtsamkeit, denn sie ist es, die uns mehr Leben gibt. Sie erweitert die Palette der Möglichkeiten, lässt uns mehr von der Lebendigkeit und dem Trost unseres dunklen Lebens bemerken, sodass wir unser wahres Spektrum leben können und uns nicht ständig Dinge entgehen, als würden wir ein Land nur über seine Flughäfen und Hotels kennen. Achtsamkeit ist die grundlegende Form der Liebe: Durch sie segnen wir und werden gesegnet. Wenn wir unser Innenleben aufmerksam beachten, schlagen wir auch eine Verbindung zu dem, was uns umgibt – dem zischenden Espressogerät, dem Springseil mit seinen zwei roten Griffen, zwischen denen das Seil sich träge schlängelt, den grünen Punkten auf den Schneeglöckchen, die gebeugt über dem kalten Boden stehen. Was lediglich unbelebte Materie war, wird zur Familie, und wir, die Kinder, gehen, schlendern, wandern nach Hause. Alles Verlangen – geliebt zu werden; als das gesehen zu werden, was wir sind; nach einem neuen roten Auto – ist das Verlangen, die geheimnisvolle Tiefe in den Dingen zu finden und in sie hineingetragen zu werden. Diese innere Verbindung löst das Problem unserer Identität und macht die Welt zu unserem Zuhause. Denn das Innenleben versüßt auch das bescheidenste Ding. Es eröffnet uns die Magie des alltäglichen Lebens.

Der Weg dieses Buches

Einige Bücher sind Landkarten, die uns sagen, wohin wir gehen sollen. Das vorliegende Buch versucht stattdessen, Ihnen einen Eindruck von dem Duft, der Aufregung und dem für die innere Reise typischen Gefühl zu vermitteln, Extremen ausgesetzt zu sein. Dieses Buch verknüpft Dinge, die gewöhnlich weit auseinander liegen, lässt ihnen aber ihre natürlichen Unterschiede und Spannungen und führt auf diese Weise zu einem Gleichgewicht der Fülle statt des Verzichts. Es wird versucht, wie in einem Roman das Gefühl der Reise nahe zu bringen, und diese Reise durch unser wunderschönes, gefährliches Leben mit einer sich stets vertiefenden Sorgfalt zu transformieren.

Auf diesen Seiten finden Sie sowohl Blut als auch Glück. Wir betrachten die finstersten Augenblicke – Tod, Verlust und Ignoranz –, um Beweise für die Anwesenheit von Geist und Seele zu finden. Denn wenn es Geist und Seele wirklich gibt, müssen sie uns in der schwärzesten Nacht trösten, müssen sie genau *dort* zu finden sein, wo sie am weitesten weg zu sein scheinen.

In meiner Arbeit als Zenlehrer und Psychotherapeut haben mir die Menschen rückhaltlos ihre Geschichten erzählt.

Mit Hilfe dieser so großherzig weitergegebenen Erzählungen habe ich den Reiseweg abgesteckt. Von Anfang an war mir bewusst, dass ich nicht auf Distanz zu dem Materiel bleiben konnte: Wenn auf der Reise die Nacht hereinbrach, wurde auch ich dunkel und zerfiel in lauter Teile, und wenn sich die Reise dem Licht zuwandte, wurde auch ich in diesem Augenblick erleuchtet.

Ich hoffe, dass Sie Ihr eigenes Leben hier wieder erkennen und mit den vielen Stimmen des Buches in Dialog treten werden. Ich nehme auch an, dass die Stimmen Ihrer eigenen Reise in Ihnen ertönen werden, das sie zeigen werden, wie sie den Stimmen, die ich hier aufgezeichnet habe, ähneln und wie sie sich von ihnen unterscheiden. Inmitten eines solchen Chores können wir manchmal sehen, wie wir, wenn wir uns erst einmal völlig hingegeben haben, von der Reise selbst emporgetragen werden. Manchmal werde ich Sie bitten, von Stimme zu Stimme und von Bild zu Bild zu springen und auf diese Weise den Imaginationsakt widerzuspiegeln, den das Leben selbst von uns erwartet, wenn es uns hart zusetzt und dabei eine zu Grunde liegende Ordnung offenbart, die umso authentischer ist, als sie aus zerbrochenen, ungleichen Stücken besteht.

Da ist die Stimme des Schamanen, der die Ahnen in die Gemeinschaft der Lebenden ruft; die Stimme des initiierenden Ältesten, der Reinigungsprüfungen auferlegt; die Stimme des buddhistischen Meditierenden, dessen Labor das Innenleben ist; die Stimme des Träumenden, der in das Labyrinth vorstösst; und die Stimme des Psychotherapeuten, der das andere Ende dieses Traumfadens hält; die Stimme des Essayisten des 19. Jahrhunderts, der, um die Klassiker zu ehren, bei profanen Gelegenheiten aus ihren Werken zitiert; die

Stimme des Liebenden; die Stimme der Mutter, die ihr Kind verloren hat; die Stimme des Mannes, der an Aids stirbt; die Stimme des Managers, der ein Geschäft abschließt; die Stimme des Mannes von der Straße, dessen einziges Begehren es ist, reibungslos durchs Leben zu kommen; die Stimme des Wissenschaftlers, der fragt: »Was geschieht hier wirklich?«, und die Stimme des Kindes, das fragt: »Und was machen wir nun?«

Stimmen der Pein und Stimmen des Entzückens, dunkles Material und leuchtendes – alles ist hilfreich auf der Reise. Gleichzeitig gibt es eine zentrale Gemeinsamkeit: Jede Stimme singt ihre Note der Ewigkeit. Es gibt geistige Bücher, die über den Geist reden, und Seelenbücher, die über die Seele sprechen – in diesem Buch habe ich versucht, diese zwei großen Archetypen in einen Dialog treten zu lassen, sie zärtlich miteinander flüstern und in Schmerzen stöhnen zu lassen, sie freudig über das Gefundene jubeln und laut über das Verlorene, das nie mehr zurückgeholt werden kann, klagen zu lassen. Hinter all den Stimmen werden Sie, so hoffe ich, ein einigendes Bewusstsein vernehmen, das wie im Feuerschein einer Höhle die alte Geschichte vom Fortgehen und Heimkehren erzählt, damit die gespannt zuhörenden Kinder, wenn ihre Zeit gekommen ist, wissen, dass sie nicht allein sind und andere schon vor ihnen den Weg gegangen sind.

2. Kapitel

Die innere Wildnis und ihre Geschöpfe

Zum Ort des Ursprungs

Das Innenleben ist ein Ort der Wildnis, unzivilisiert und unvorhersagbar, der uns Fieber, Symptome und Augenblicke unglaublicher Schönheit beschert. Doch hinter dem Eindruck des Chaos verbergen sich wahrer Reichtum und eine tiefe Ordnung. Wie ein Nationalpark *tut* die Innenwelt nichts – sie ist die Schatzkammer des Lebens. Sie kann nicht für unsere bewussten Zwecke geplündert werden. Ihre einzige Bitte ist, dass wir sie lieben mögen, und sie wiederum reagiert auf unsere Achtsamkeit und Hingabe. Hingabe zu lernen ist, als entdecke man seinen Platz in der natürlichen Ordnung: Sie bringt Beständigkeit und Harmonie in unser Leben und gibt uns eine Geschichte darüber, wer wir sind. Hingabe zu lernen ist ein Anfang. Zu lernen, immer größere und tiefere Hingabe zu schenken, ist der Pfad selbst.

Für die Aborigines, die Ureinwohner Australiens, ist die Wildnis nichts Fremdartiges, sondern eine Art gesegneter Garten. Je intensiver unsere Hingabe wird, desto mehr kommen wir in Einklang mit dem Dasein, betrachten die Ranke und ihre Knospen oder folgen bei Sonnenuntergang dem Flug der Vögel zu einem Wasserloch. Ein allmählicher Wandel geht mit uns vor. Unser Gehör wird schärfer, wir hören nicht nur die Geräusche im Vordergrund, sondern auch die im Hintergrund, wir lassen uns nicht mehr von den Tieren – den Ängsten und Begierden unseres inneren Lebens – überraschen und klagen nicht, dass jemand anders ihre Grobheit verursacht hat. Wenn unsere Hingabe freien Herzens gegeben wird, wird das innere Leben zu einem Freund, der uns tröstet und stützt. Ganz allmählich finden wir durch unsere willige Hingabe Zugang zu der Quelle, aus der wir kommen – wir werden selbst zu Ureinwohnern und entdecken, wie sehr wir unsere eigene Innerlichkeit lieben.

Die Transparenz des Geistes

Manchmal wollen wir in der Quelle selbst leben und neigen uns zu ihr hin, wie das Heliotrop dem wandernden Licht folgt. Diesen Pfad, diese ganze Richtung einzuschlagen heißt, sich dem *Geist* zuzuwenden. Wir wählen diesen Weg aus vielerlei Vernunftgründen – um gesund zu bleiben, um richtig zu leben, um unsere großen Fragen zu beantworten –, doch es gibt auch ein Element der Unvernunft, denn wir verlieben uns in den Geist. Der Geist ist der Mittelpunkt des Lebens, des Lichts, aus dem wir geboren werden, mit Augen, die noch die unendliche Weite widerspiegeln, und das Licht, auf das sich unser Blick richtet, wenn unser Atem stockt und nicht wieder einsetzt.

Die großen inneren Traditionen, vom altsteinzeitlichen Schamanismus bis zum christlichen Mönchstum, haben uns viele Disziplinen gebracht, mit denen wir unsere Bindung an den Geist pflegen können. Dazu gehören Meditation, Gebet und der langsame, köstliche Prozess des Loslassens – alles, was wir für wichtig hielten, verschwindet, wenn die Glut und Stille im Zentrum das Blickfeld ausfüllen.

Meditation – die wichtigste Methode spiritueller Erkundung, die in verschiedenen Traditionen unterschiedliche Formen annimmt – stürzt uns hinunter in die Quelle und durchtränkt uns mit ihren Wassern, beantwortet auf ihre Weise unsere Neugier über unsere wahre Identität. Wenn wir uns dem Geist zuwenden, zwingt er uns seine Art und Weise auf, bei der die Ewigkeit auf immer in unserem Leben ist und den kleinsten Augenblick mit Vitalität und Farben erfüllt. Unsere grundlegenden Existenzzweifel und beengendes Festhalten an den beschränkten, überkommenen Aspekten des Bewusstseins werden schwächer. Die Transparenz der Welt verblüfft uns – jeden Augenblick überrascht uns erneut die Klarheit dessen, was wir sehen: unsere unleugbare Verbindung zur Quelle. Wir haben endlich unsere Heimat gefunden, sind nicht mehr allein auf der Welt.

Der Geist ist etwas *Gegebenes*. Er wird nicht durch unsere Achtsamkeit und Hingabe geschaffen, er enthüllt sich – er zeigt uns unsere Verbindung mit allem Leben seit Anbeginn, mit Fröschen und Bäumen und Steinen. Und er zieht uns keineswegs den Fröschen, Bäumen und Steinen vor. Er, der allen Dingen zu Grunde liegt, prägt uns durch die tiefsten Schmerzen, die wir leiden, durch Trauer, Krieg und Tod.

Der Pfad des Geistes ist wirklich, heroisch und äußerst verführerisch, und seine Offenbarung ist immer die gleiche – in einem Augenblick der Erleuchtung oder des Erwachens wird der Schleier, der unser Blickfeld verdeckt, gehoben, und es offenbart sich unser Einssein mit Gott und dem Universum. Die Wildnis wird deutlich als Garten und als unsere ur-

sprüngliche Heimat erkennbar. Für den Geist ist Moral etwas Natürliches: Wie ein Hügel ist sie einfach *da* – das Gute
und das Schlechte sind klar erkennbar, ohne dass man sie untersucht. Ebenso ist für den Geist jeder Augenblick ein Fragment der Ewigkeit; *nur dies* ist der alte Schatz des Bewusstseins, und das Stück Erde und Zeit, das wir heute bewohnen,
ist die Wirklichkeit des immer während Feuers.

Durch die aufmerksame Hingabe an den Geist betreten
wir einen Ort der Ehrfurcht, an dem wir das Leben in solcher Tiefe erfahren, dass es wie eine Art Erhellung ist. Wir
sehen, dass Frau, Fluss, Wind und Stern alle gleich sind und
dass Tod und Leben beides traumähnliche Prozesse sind,
Teile einer größeren Unwandelbarkeit. Wir sind beeindruckt
von diesen funkelnden Entdeckungen, wir sind glücklich,
wir spüren, dass wir etwas haben, worauf wir vertrauen können. Einfach die Welt gesehen zu haben, wie sie ist, scheint
genug für ein Leben. Selbst wenn wir am gleichen Abend
sterben sollten, haben wir die Ewigkeit gesehen, und es ist
genug.

Die Erfahrung des Geistes ist etwas Natürliches, und die
meisten Menschen haben sie gemacht. Doch seine beständige
Anwesenheit in unserem Leben zu erkennen erfordert eine
Disziplin, die zunächst rigoros erscheint. Diese Disziplin ist
die tägliche Arbeit des Meditierens und Betens. Eine stete
Praktik erinnert an das Gefühl und das Bild des Winters –
der Kälte, die an den bloßen, nackten Ästen nagt und sie auf
den Frühling vorbereitet. Nachdem wir uns dann beharrlich
abgemüht haben, hat das Hervorbrechen des Geistes in das
Bewusstsein etwas Willkürliches und Erstaunliches: Nichts
bereitet uns auf die plötzliche Anmut der Pflaumenblüte vor.

Der Weg des Geistes mag zwar seinen Zauber haben, aber

er hat auch seine dunklen, unbeachteten Verluste. Denn der Geist ist nur ein Teil; er macht weder die ganze Reise noch das ganze Land aus. Im buddhistischen Denken wird der Geist zuweilen als der reine Körper des Buddha bezeichnet oder als das Reich unendlicher Leere, wo alles möglich ist, weil es keinen Inhalt gibt. Die Erde und das Leben auf ihr gründen sich auf ein Mysterium, das deutlich gesehen wird und in alle Richtungen leuchtet. Diese Dimension des Geistes ist das wundervollste aller Dinge, und dennoch ist er – auf sich allein gestellt – merkwürdig hilflos.

Zu den Schwächen des Geistes gehört es, dass er sich über seine Ziele vollkommen klar ist und sie rücksichtslos und überstürzt verfolgt. Ettore Bugatti, der Gründer der Automobilfirma gleichen Namens, wurde gefragt, warum seine Rennwagen schlechte Bremsen hatten. Er antwortete: »Ich stelle Autos zum Fahren und nicht zum Anhalten her«,[1] und dies entspricht sehr dem Standpunkt des Geistes – er ist gründlich und voller Absolutheiten.

Der Geist mit seinem Talent zur Transzendenz gibt uns das Fundament zum Verstehen der Wirklichkeit, ist jedoch keine Hilfe bei der tagtäglichen Kunst, das Leben zu genießen. Wie in manchen Renaissancegemälden, auf denen nur die Füße von Jesus zu sehen sind, der oben aus dem Bild verschwindet, möchte der Geist nur aufsteigen, rein sein. Er kommt mit immer weniger aus, um mehr fassen zu können, und vergisst darüber, die Kinder zu füttern oder das Brot zu verdienen. Ihm fehlen Poesie, Melancholie und alles Üppige. Dies überlässt er anderen, so als brauche er Dienstboten, die für ihn leben.

Gottes Füße

Das Reich des Geistes zu betreten ist also nur ein Teil der Lösung des Dilemmas, in das uns dieser vorgefundene Prozess, das Leben, hineinstellt. Die verbleibende Kunst besteht darin, gut zu leben, in den Einzelheiten unseres Fortschreitens durch Tag und Nacht. Und das bedeutet, sich dem zweiten Impuls des inneren Lebens – dem Interesse für die Füße Gottes, den Teilen, die noch sichtbar und nicht aus dem Bild aufgestiegen sind – zuzuwenden. Diese Zehen und Schwielen sind das vernachlässigte Element des Göttlichen, das Stück, das die Erde berührt: das Stück, das wir haben.

Der zweite Impuls, der simultan zum ersten verläuft und im Widerstreit zu ihm steht, führt uns zu dem Kleinen und Missachteten: der Welt im Tal, die lieblich, verführerisch, vergänglich ist, die Zerstörerin unserer Illusionen und auch unserer Weisheit – nicht das ewige Leben, sondern das Leben, an dem wir sterben. Auch dieser Aspekt des Daseins, mag er noch so voll von Verlust und sogar Krankheit sein, ist gut. Er ersetzt den Geist nicht, sondern vermischt sich mit ihm. Dieser untere Teil ist auf das Rad der Zeit gebunden – er liebt das Geräusch von Regen und den Geruch von Basilikum, er steht am Fuß des Bettes und spürt, wie das Herz schwillt angesichts des schlafenden Kindes; er ist der Dienstbote, der sich um das Leben kümmert, der das Leben schmeckt und berührt, der das Leben *ist*. Der untere Teil ist das, was wir unsererseits der Ewigkeit darbieten, unser Beitrag, und er ermöglicht die Ewigkeit, durch uns zu leben. Wir wollen ihm gemäß der mediterranen Tradition und den derzeitigen Konventionen der Tiefenpsychologie *Seele* nennen.

Dabei wird Seele nicht im theologischen Sinne als ein unsterbliches Wesen verstanden, das für eine Nacht Herberge im Körper findet – das ist der Geist. Die Seele ist jener Teil von uns, der die Welt berührt und von dieser berührt wird. Durch die Seele schaffen wir eine Verbindung zueinander und werden weniger einsam – nicht im metaphysischen Sinne, sondern auf eine greifbare, menschliche Art.

Die heidnische Freude der Seele

Die Seele mit ihrer Liebe zur mannigfaltigen Welt ist heidnisch: Sie fällt kopfüber in die Materie. Ihre Zuneigung großzügig verteilend liebt sie es zu verschmelzen – mit Schokolade, Gartenarbeit, einem schnellen Wagen, einer unglückseligen Liebe. Und während sie Entzücken bringt, sorgt sie auch für Qualen, verbündet sich mit Wut, Eifersucht und Eitelkeit. Wo der Geist sich seiner Pfade sicher ist, kommt die Seele wie Dante im finsteren Wald immer wieder vom Weg ab. Sie grübelt und brütet ständig über den gleichen Gedanken. Wie Proust muss sie immer wieder zu einer Kindheit zurückkehren, die noch lebendig und erfüllt war. Mit unserer Seele bewohnen wir wahrhaftig unser Leben, schmecken den frischen, schwarzen Kaffee, der so köstlich ist, so schlecht für uns, und den Kuss, so kurz und so folgenreich. Die Seele lernt ständig weiter, ist stets fehlbar; sie entwickelt sich gut oder schlecht, wächst und vertieft sich und reagiert auf unsere spät gelernte Zärtlichkeit ihr gegenüber. Durch die Seele segnen wir unser Leben und lernen, es in all seinen Stimmungen und Aspekten zu lieben.

Indem die Seele das benutzt, was der Geist vorgeworfen hat, gibt sie sich dem Persönlichen hin, steigt zufrieden in die Besonderheiten hinab, als schreite sie über eine Prunktreppe hinunter in den Wirbel eines Ballsaales. Für die Seele bleibt das, was verloren ist, zurück wie ein Parfüm, nachdem die Tänzerin entschwunden ist. Im Reich der Seele haben wir Geschichten und ein imaginäres Leben: Wir haben Erfahrung, Verlangen und Liebe.

Die Seele ist schwach, weil sie liebt – was natürlich ihre Stärke ist. Sie ist kreativ: Sie schafft aus der Materie etwas Unsichtbares. »Alle Liebe ist die Liebe Gottes«, verkündet sie und gibt sich ganz hin: dem ersten Kuss, einem Glas Schiraz, der Rettung des Planeten, dem Verspeisen einer Schüssel gedünsteter Muscheln, dem Renovieren der Küche. Die Seele schafft Verbindungen und verliert sich in Verbindungen. Sie fällt und fällt, fällt in die Schönheit.

Die Seele, dichter noch als der Geist, stellt sich gerade so weit vor das einfallende Licht, dass sie es verzögert, es verweilen lässt. Sie bereitet den Menschen einen Weg, die in der Welt leben und diese respektieren müssen. Wenn das Licht sich auf die normalen Dinge und Menschen senkt – auf das Mädchen, das Vermeer gemalt hat, unseren Milchkrug, den Brief, den wir schreiben –, wird alles, so wie es ist, mit seinem dichten Leben hinauf zum Blick der Ewigkeit erhoben.

Der wahre Mittelpunkt der Seele ist die Reise des Bewusstseins – sonst könnte sie keine großen Prinzipien erkennen. Keinem anderem Zweck dient die Seele – der Duft des Lebens ist ihre Erfüllung. Der Zweck eines jungen Mädchens, der Zweck von Shakespeares *Sturm,* der Zweck der Küste von Tasmanien, der Zweck frischer Trauer wird durch ihr Sein offenbart. Es geht nicht darum, dass wir unser Leben transzendieren, sondern dass auch unser nichtigster Augenblick von erhabener Sterblichkeit befleckt sei.

Die Seele gibt der Erfahrung eine Bedeutung – auch dem nachdenklichen, grüblerischen Teil unseres Wesens und schließt auch das ein, was wir höchst verschwommen über uns selbst wissen und was uns manchmal schaudern lässt: heimliche Leidenschaften und Schlaflosigkeiten, hilflose, fast unzerstörbare Sehnsüchte, Verzweiflung und das ständige, unterschwellig vorhandene Wissen, dass manche Verluste nicht wieder gutzumachen sind. Die Seele ermöglicht Selbsterkenntnis, ein gereiftes Mitgefühl und eine auf Erfahrung gründende Integrität. Sie hat ihre eigene, einzigartige Verbindung zu den tiefen Quellen unseres Wesens.

Die Seele liebt es, einzubeziehen und zu lernen; ständig versucht sie, Dinge in sich aufzunehmen, in der Zerbrochenheit der Welt zu leben. Ihr Licht wird durch die umliegende Finsternis real, ihre Fülle durch die gefahrvolle Reise verdient. Die Seele nimmt unserem Leben nicht die Schwierigkeiten, aber sie verleiht unseren Schmerzen eine Musik – ihr Geschenk besteht darin, uns weniger vollkommen, aber vollständiger zu machen.

Die Zwiegespräche zwischen Geist und Seele

Jede Reise zur Ganzheit umfasst das Zusammenspiel von Geist und Seele. Keines von beiden ist allein ausreichend, denn wir sind hybride Wesen und können das Leben nicht auf einen einzigen Zweck beschränken. Ich stelle mir vor, dass ein Zwiegespräch zwischen Seele und Geist wie zwischen zwei Menschen mit einer gegenseitigen Darstellung vom Standpunkt des Gegenübers beginnt. Dies ist mehr als eine Zusammenfassung der Missverständnisse zwischen ihnen. Indem wir die Schwächen jedes Standpunkts aufzeigen, tasten wir uns an ein frisches Verständnis ihrer notwendigen Tugenden heran.

Die Seele weiß, dass wir da, wo der Geist zu sehr dominiert, nach reinen Dingen gieren: Klarheit, Gewissheit und Gelassenheit. Dies mag zunächst harmlos oder sogar wünschenswert erscheinen, aber da nichts vollkommen rein ist, lässt es uns herzlos gegenüber der natürlichen Unordnung des Daseins werden und denken, wir könnten mit Hilfe rigoroser Regeln Ordnung schaffen. Dann wächst unweigerlich der Schatten, und nur zu oft folgt der Fall in die Begierde, die durch zu langes Unterdrücken übermäßig angewachsen ist – deswegen kommt es im Leben religiöser Gestalten immer wieder zu Skandalen. Der Geist vergisst die Notwendigkeit der Unvollkommenheit und dass gerade unsere Unvollständigkeit die Öffnung ist, durch die die Liebe erscheint. Er versteht das im Grunde häusliche und sterbliche Wesen des menschlichen Lebens nicht. Die Identifikation mit dem Geist ist also nicht das Ziel der inneren Arbeit; eine solche Identifikation kann katastrophale Folgen haben, weil sie uns glauben macht, wir wären ganz in Ordnung, seien immun gegen normale Schwächen und Fehler. Uns muss das Leben als Ganzes am Herzen liegen, sodass der Geist nicht unsere bescheidenen und hegenden Tugenden verdrängt, sondern seinen angestammten Platz findet, der zentral und beschränkt ist.

Andererseits weiß der Geist, dass die Seele allein kein ausreichendes Zentrum hat. Wenn die Seele zu dominant ist, verlieren wir die Verbindung zur unendlichen Quelle und fallen unter den Bann der Welt. Unsere Aufmerksamkeit wird auf lauter Gegenstände verteilt, und wir kämpfen mit dem Problem unseres Verlangens, das sich erneuert, noch ehe es vollkommen befriedigt ist. Die Seele verliert sich immer tiefer im Sumpf der Gefühle; auf der Suche nach Katharsis, der authentischen Geschichte, dem Grund für ihre Pein, vergisst sie, dass sie sich erheben kann.

Die Seele gibt dem Geist Geschmack, Gefühl und ein Obdach, während der Beitrag des Geistes die Seele leichter macht, ihr ermöglicht, ihrer sumpfigen Authentizität zu entfliehen, die Welt zu genießen, ohne von dieser ernsthaft verwundet zu werden. Der Geist weiß, dass die Seele sich danach sehnt, von ihrer Besessenheit, ihrer zwanghaften Beschäftigung mit der Kindheit, ihren nächtlichen Todesängsten befreit zu werden und einigermaßen würdevoll nicht nur hallo, sondern auch Lebewohl sagen zu können. Vergänglich und nicht verlässlich, heilig, aber nicht ernst zu nehmen sind die Aufgaben des Lebens im Licht des Geistes, die kleinen und die tief greifenden Arbeiten, an denen die Seele so engagiert beteiligt ist – von der Geburt bis zum Sterben, vom Sex bis zur Kunst, vom Schlendern durch die Stadt bis zum Essen von Pfannkuchen mit Ahornsirup.

Geist und Seele außerhalb der Haut

Die zwei Mächte Geist und Seele sind nicht nur innere Ereignisse, sind keine Schmetterlinge, die im Käfig des Körpers gefangen sind. Während das vorliegende Buch vor allem die Reise des Einzelnen beschreibt, sollten wir uns doch auch daran erinnern, dass Geist und Seele außerhalb von uns existieren, dass sich die Berge berühren und die Flüsse, Brücken, Straßen und die Art, wie wir unsere Kinder lehren. Gemeinsam umgeben sie das, was wir wahrnehmen, mit dem warmen Schein des Lebens. Wenn ein Fluss dreckig ist, dann ist dies auch die Seele. Wenn ein Wald zur Wüste wird, dann verliert der Geist die Orientierung.

Mangel und Entbehrung wirken sich bei Geist und Seele unterschiedlich aus. Die Unwirtlichkeit unserer Städte, die Obdachlosigkeit und die verstopften Straßen – dies sind die öffentlichen Schmerzen der verwundeten Seele. Wenn wir uns zu sehr wie Maschinen behandeln, haben unsere Handlungen ein böses Ende. Die schlimmste Folge der Vernachlässigung der Seele ist ein Mangel an Liebe – für unser eigenes Leben, füreinander, für die Zukunft und für den leidenden Planeten. Die Seele braucht Zeit und Geduld, um Schönheit zu verleihen; sie möchte umworben werden und sehnt sich danach, das geliebte Gesicht in den Gärten und Wohnungen der Stadt zu finden.

Unsere panische Angst vor dem Tod, unsere Hilflosigkeit und unser Leugnen körperlicher Seuchen wie Aids und unsere seltsamen, postmodernen Immunstörungen – dies sind die Symptome der Erschöpfung, einer geschwächten Verbindung mit dem Geist. Der Geist bietet uns die Möglichkeit der

Gleichmut, weil er Leiden als Transformation erkennt. Er weiß, dass ein Einkaufsbummel die Angst vor der Sterblichkeit nicht lindern kann: Nur die Erfahrung der Teilhabe an der Ewigkeit wird unseren Herzen Ruhe bringen. Das Gute am Geist ist seine Unvorhersagbarkeit und seine Neigung, sich auf die Köpfe der Verachteten und Armen zu senken. Für den Geist sind sogar Felsen und Flüsse ein Selbst, lebendig und voller Zauber wie unsere erste Liebe.

Wir kommen weder ohne Geist noch ohne Seele aus. Unsere Aufgabe besteht darin, die Welt aus unserem eigenen Schatz inneren Reichtums, der sich für diese Arbeit auf seine subtile und unaufhaltsame Art nach außen wendet, wiederherzustellen.

Charakter und Integrität kündigen sich an

Ein Großteil unserer Reise besteht darin, abwechselnd in diese zwei Reiche, Seele und Geist, einzutauchen. Doch wenn wir Ausgeglichenheit finden wollen, dann wird eine weitere Entwicklungsebene benötigt. Dies ist die Arbeit des *Charakters*. Gehärtet durch die Leiden der Seele bei ihrem Abstieg, aufgerichtet durch die überschwengliche Freude des Geistes beim Aufstieg ist der Charakter die Basis, auf der sich Geist und Seele treffen. Wenn wir Charakter haben, ergeben wir uns weder Geist noch Seele völlig, und erst wenn keine dieser großen Mächte mehr eine Monopolstellung einnimmt, kann in unserem Leben ein wahres Gespräch beginnen. Dann verleiht ebendieser Druck von eng zusammengedrängten Gegensätzen unserer Einzigartigkeit und Freiheit eine Form. Unter dem Druck dieser zwei großen Kräfte wird das Innenleben reicher, komplexer und weniger fanatisch – wir werden zu Individuen.

Den Charakter unterstützt wiederum die *Integrität*. Integrität ist das innere Gefühl der Ganzheit und Stärke, das auf unserer Ehrlichkeit gegenüber uns selbst gründet; sie ist die Fähigkeit, die richtigen Weichen zu stellen und angemessenen Opfer zu bringen, ein Leben zu finden, das sowohl moralisch als auch spontan ist. Charakter und Integrität entwickeln sich mit der Zeit. Sie erkennen das Vergnügen der Seele am normalen Leben und auch den Gleichmut, der mit der Verbindung zur Quelle der Dinge kommt. Deswegen haben die Handlungen eines Menschen von Charakter Gewicht. Der buddhistische Namen für einen solchen Menschen lautet *Bodhisattva:* einer, der sich dem inneren Wissen und dem Heilen der Welt durch dieses Wissen widmet.

Kulturell befinden wir uns in einer Phase, in der die Anbeter der Seele und die Anbeter des Geistes ununterbrochen mehr von dem tun, was sie sowieso schon tun, und währenddessen versuchen, einander zu bekehren. Der Mangel unserer Kultur mag hauptsächlich im Bereich der Seele liegen, die wir uns von den öffentlichen Aufgaben der Seele – wie der Erziehung der Kinder und der Versorgung der Armen und der Einwanderer – frei sprechen. Doch um Ganzheit für unsere Kultur zu erreichen, genügt es nicht, lediglich auf die Mängel der Seele hinzuweisen, und unsere Versuche, Abhilfe zu schaffen, machen es oft nur noch schlimmer. Wir haben noch nicht herausgefunden, welche Wunder sich ergeben könnten, wenn wir uns sowohl dem Weg des Geistes wie dem der Seele widmen.

Dieses »Wenn« führt zu einem weiteren Bild der Entwicklung des inneren Lebens. Denn wenn wir die Vorstellung einer steinzeitlichen Wildnis, die nahe an der Lebensquelle liegt, hinter uns lassen, erscheint ein Bild dessen, was wir bauen und kultivieren. Dann scheint der Akt innerer Hingabe einen mittelalterlichen Garten zu schaffen. Dieser wird von einer Hecke der Stille und des Schweigens eingefasst, aber Stille und Schweigen bilden nicht sein Herz. Im Mittelpunkt steht ein Springbrunnen, und wir sehen, dass alles um das im Sonnenlicht spielende Wasser angelegt ist: Hier ist die Quelle der sich überall offenbarenden Zeitlosigkeit. Je weiter wir eindringen, desto höher erhebt sich die Fontäne über uns; Ehrfurcht und Staunen erfassen uns. Bär und Hirsch und Wallaby; der Soldat mit seiner Waffe; der Mann mit Aids, der halluzinierend und zum Skelett abgemagert auf seinem Sterbebett liegt; das Kind, das einen Baum hinaufklettert und dabei vor Konzentration die Zunge herausstreckt – sie alle fügen sich in einer unbegreiflichen und herrlichen Ordnung zusammen. Das Heilige zeigt sich in jeder Kreatur des Lebens, und die Zärtlichkeit dieser Entdeckung wendet uns nach außen. Sie bittet uns, leben zu lernen, aus der Ewigkeit und Stille des Geistes einen besonderen Pfad der Fülle zu machen.

Mit der Finsternis vertraut werden

Leben zu lernen bedeutet, vertrauter zu werden mit dem Territorium des Lebens, sogar und insbesondere mit der Finsternis. Am Anfang unserer inneren Reise glauben wir, es werde ständig aufwärts gehen. Doch wir stellen fest, dass wir auch bei größtmöglichem Bemühen mit Pein konfrontiert werden, mit der entsetzlichen Gewissheit, dass wir, wenn wir menschlich sind, lieben, und wenn wir lieben, verletzlich sind. Die Finsternis drückt mit Macht auf uns nieder – ungestüm, autonom, voller Obsessionen und Verluste. Sie scheint größer als wir und beweist einen störrischen Widerstand gegen den gesunden Menschenverstand. Wie Jung schon sagte: Alles Unbewusste kehrt als Schicksal zurück.

Wenn wir uns in solchen Zeiten an den Geist klammern, glauben wir, der Fall selbst sei das Problem. Spirituelle Traditionen neigen sehr stark zu dieser Ansicht. Die klassische, in Klöstern auf der ganzen Welt bekannte Lösung besteht darin, sich zurückzuziehen und damit das Leiden zu beenden. Doch viel wahrscheinlicher ist, dass wir unseren Schmerzen zu wenig Aufmerksamkeit schenken, dass wir zu begierig sind, zurück in die kühlen, reinen Höhen und ihre Gewissheiten zu klettern. Hier in diesem unserem menschlichen Leben könnte eine andere Art der Spiritualität uns dienlicher sein: eine, die erkennt, dass es gerade unsere Verluste sind, die uns retten, indem sie den aufstrebenden Geist herunterholen und uns in die Seele initiieren. Daher beginnt der Weg nach oben – ins wahre Leben – mit dem Weg nach unten.

Diese Erkenntnis des engen Verknüpftseins von Schönheit und Leiden mag unsere vorherige Vorstellung von Ordnung erschüttern. Es geht uns wie Rilke vor dem archaischen Torso des Apoll, der zu ihm sagt: »Du musst dein Leben ändern.«[2] Wir müssen lernen, achtsamer zu sein, unseren Weg durch das Labyrinth zu ertasten, den dünnen Faden spiritueller Übung in der Hand, während wir uns in die Finsternis aufmachen. Durch geduldiges Beobachten merken wir, dass es unsere Gedanken und Gefühle sind, die uns glücklich oder traurig machen, dass der Grad unserer Achtsamkeit die Farben des Tages verändert. Diese Entdeckung von der Wirklichkeit und dem Trost des inneren Lebens ist unsere einzige Lösung für das Problem des Leidens, ein Problem, das auch darin besteht, dem Glück des Lebens, das allem zu Grunde liegt und gleichermaßen alles durchdringt, gerecht zu werden.

3. Kapitel

Abstieg in die Nacht

Der erste Abstieg

Mittwegs auf unsres Lebens Reise fand
in finstren Waldes Nacht ich mich verschlagen.
Dante Alighieri[1]

Der Aufbruch in ein bewusstes Leben beginnt für die meisten von uns mit einem Augenblick der Hilflosigkeit. Wenn alles in unserem Leben reibungslos vonstatten geht, verspüren wir kein Bedürfnis, etwas daran oder an uns zu ändern. Wir sind damit zufrieden, so weiterzumachen wie bisher, dahinzutreiben, gelassen wie Planeten in ihrer Umlaufbahn oder Rentiere auf ihren jahreszeitlichen Wanderungen. Unsere Denkgewohnheiten reichen aus, um uns durch den Alltag zu geleiten. Nichts bringt uns aus der Ruhe, reißt uns aus unserem Halbschlaf.

Dann tritt eine Krise auf: Ein Kind wird krank, ein geliebter Mensch enttäuscht uns, oder eine riesige Naturgewalt – etwa ein Hurrikan oder ein Feuer – raubt uns alles, was uns die Sicherheit gab, es werde weitergehen wie bisher. Wir werden im Leben immer wieder Abstiege erleben, doch dieser erste ist von furchtbarer Eindringlichkeit. Wandel ist unvermeidbar und bringt Leiden mit sich, nicht nur äußerlich, sondern auch innerlich. Eine Krise bewirkt, dass Bilder, die wir verehrt haben, Überzeugungen, die uns lieb waren, Risse bekommen und auseinander bröckeln. Wir verlieren nicht nur Häuser, Fotoalben und uns nahe stehende Menschen, sondern auch unsere Vorstellung vom Leben. Völlig unvorbereitet stürzen wir hinab, unsere Glieder von Schwäche gezeichnet.

Doch dieser unerwartete Absturz ist auch ein Geschenk, das nicht zurückgewiesen werden sollte, eine Initiationsprüfung als Vorbereitung auf ein neues Leben. Die alles erfassende Dunkelheit raubt uns unsere Müdigkeit, unseren Glauben daran, dass es reicht, so zu sein, wie wir sind, so zu leben, wie wir jetzt leben. Die Nacht ist an unseren Leistungen nicht interessiert. Mit diesem ersten Absturz auf unserer Reise, kopfüber hinab in den Abgrund, kommen Kampf und unsagbarer Schmerz, doch auch Erwachen – wir beginnen, uns selbst und unser Leben so zu sehen, wie es ist. Uns wird klar, dass wir keine Wahl haben: Ehe wir aufsteigen können, müssen wir hinabsteigen und uns durchkämpfen.

Unschuld

Das Unerwartete bedeutet Unglück von außen.
I Ging (Kommentar zum Hexagramm
»Die Unschuld«)[2]

Im Abstieg lassen wir unser bisheriges Leben hinter uns. Alles, was vor diesem Augenblick geschah, wird im Rückblick zu einer Gutenachtgeschichte, einer Pastorale, deren Handlung ohne wahre Folgen bleibt. Es scheint, als hätten wir wie Persephone bisher Verlust nie wirklich erfahren – auf dieser finsteren Erde, über die wir, ohne nachzudenken, schreiten. Nun hat sich die Erde geöffnet und uns verschlungen.

Wir schauen zurück über den Abgrund, wie wir es immer tun, und dort sehen wir das Objekt unserer Sehnsucht: Den blauen Himmel, die weißen Narzissenpolster, das naive Leben, das uns verlässt. Denn Unschuld ist eng verknüpft mit Erinnerung. Wenn sie unser ist, sind wir uns dessen nicht bewusst: Wir sehnen uns erst danach, wenn sie entschwindet. Das Verlangen, wie nach einem Alptraum aufzuwachen, die Worte »wenn doch nur«, das Verhandeln mit den Göttern, das tiefe Sehnen nach der Rückkehr in den Garten, aus dem wir gerade erst verstoßen wurden – diese Gedanken und Gefühle gelten der Unschuld, dem verlorenen, geliebten Zustand.

Die Unschuld gehört den Tieren, Kindern, Wäldern. Sie ist jung, engelgleich, unberührt, unfassbar – der unbehauene Klotz der Taoisten, voller Versprechungen, weil noch nichts geschehen ist. Ein Kind, das einen Fluss betrachtet, mag sehen und fühlen, dass sich alles im Fließen befindet. Es verschmilzt mit der Ewigkeit. Auf diese Weise lebt es mühelos, nutzt die Mittel des Geistes – es zieht die Arme an, streckt die Beine aus und schwingt sich hinauf; es bricht Stöckchen in kleine Stücke und lässt sie den Rinnstein entlangtreiben. Doch für das Kind ist Spielen ein Geschenk; nichts an ihm hat bisher einen Beitrag zum Leben geleistet, und daher bleibt auch das Leben noch kaum an ihm haften. In Dantes *Göttlicher Komödie* wird den ungetauften Unschuldigen ein eigenes Vorzimmer der Hölle zugewiesen. Dort leiden sie nicht, doch sie erfahren auch nicht die Freuden des Himmels.

Die Unschuld ist nicht bewusst und verehrt im Grunde auch keinen Gott, sie treibt ziellos in der Ewigkeit dahin. Unbehagen ist der Unschuld fremd, und was die Seele als Unbehagen auszulegen und zu ergründen versucht, kennt die Unschuld nur als Blinzeln, als kurzes Stottern, einen Augenblick der Unterbrechung, mit dem keine Geschichte einhergeht. Weil die Unschuld keine Nacht kennt, spielen Fragen der Moral keine Rolle bei ihrer Entfaltung.

Wir sehen Unschuld in anderen als Ideal. So können wir eine gewisse Distanz halten zu ihrer Schönheit, Zerbrechlichkeit und Entrücktheit, die uns irgendwie beunruhigen. Denn das Wort *unschuldig* hat einen nahen Verwandten – das Wort *Opfer*. Der Friedhof der Unschuldigen im Paris des 13. Jahrhunderts war der Ort, auf den die Gebeine derer geworfen wurden, die den Schwarzen Tod gestorben waren. Später, im 16. Jahrhundert, untersuchte Andreas Vesalius, ein Medizinstudent an der Universität Paris, diese Knochen in dem Beinhaus, in das sie gebracht worden waren. Seine Untersuchung war der Beginn einer nach unten gerichteten Bewusstseinsbewegung, hin zur Betrachtung der Toten und weg von einer Lehrweise, die sich einzig auf antike Texte stützte. Vesalius wurde zum Begründer der modernen Anatomie – man könnte sagen, er brachte jene Unschuldigen Knochen für Knochen zurück in den Wissensstrom, er verwandelte die für die mittelalterlichen Seuchen typische Zerstörung und Ignoranz in ein kleines Stück Seele.

Wie Leonardo da Vinci vor ihm, erweiterte Vesalius sein Wissen der Anatomie, indem er an Leichen, die vom öffentlichen Galgen gestohlen waren, Autopsien durchführte. Der Blick der Sezierten in seinen Abbildungen ist direkt. Sie schämen sich nicht, tot oder verstümmelt zu sein – so sind sie nun einmal. Weil Vesalius dem Blick der Toten begegnen konnte, weil er *selbst hinschaute,* konnte er das Werk von Galenus – dem Anatom der römischen Antike – korrigieren. Und die Toten, die wir mit seiner Hilfe sehen, gesellen sich wieder den Lebenden zu, sind dadurch nicht länger Opfer. Der Tod gibt ihnen ihre Reinheit zurück. So werden sie von uns mit der Ehrerbietung bedacht, die jenen zukommt, die ihr Schicksal gelebt haben, und wir wiederum können von ihnen lernen. Die Erfolge der modernen Medizin beruhen auf diesem Lernen.

Der Abstieg eröffnet den Unschuldigen die Möglichkeit der Wahl. Ich muss an eine Frau denken, die als junges Mädchen sorglos und talentiert war, eine Schönheit, die Kunst studierte, aber umgeben war von dem verwirrenden Lärm ihrer vielen Verehrer. Blumensträuße häuften sich vor ihrem Zimmer im Studentenheim. Ständig kamen Päckchen an, die Diamantohrringe und Smaragdanhänger enthielten, und einmal einen großen Stoffelefanten mit eingenähten Spiegelchen. Sie heiratete einen der Absender dieser schönen Dinge und brachte drei Kinder zur Welt, doch vernachlässigte sie alle Kunst, abgesehen von der gewiss außergewöhnlichen Fähigkeit, das Bildnis ihrer Gesprächspartner widerzuspiegeln. Ihre Mutter, auch eine große Schönheit, hatte im Alter den Verstand verloren und begann eine neue Karriere phantasievollen Invalidentums; das hätte auch das Schicksal dieser Frau sein können. Doch etwas Gutes passierte – ihr Mann verließ sie.

Zunächst war die Frau hilflos. Weil der Mann ihren Lebensmittelpunkt gebildet hatte, konnte sie sich nicht vorstellen, dass ihr Dasein genügend Gewicht hatte, um allein weiterzugehen. Sie wusste nicht, was sie wollte, und hatte auch nicht die Fähigkeit entwickelt, sich lange genug mit einem Problem zu befassen, um eine Lösung zu finden. Und doch bot dieses Unglück ihr auch eine Chance: Ihr Verlust und die Freiheit, ein eigenes Leben aufzubauen, waren eins. Ihr Mann, der mit einer jüngeren Frau eine neue Familie gründete, befand sich vielleicht sogar in einer schlechteren Lage, weil er nur das eine Lied wiederholte, das er zwanzig Jahre zuvor gelernt hatte. Langsam, schmerzvoll begann sie mit dem Malen, baute sich ein eigenes Leben auf, ließ die Unschuld hinter sich.

Der Unschuldige lernt nicht – denn dann würde er ja zum Erfahrenen werden. Das führt uns zum dunklen Bruder des *Unschuldigen* – dem *Verbrecher* oder *Schurken,* der nie dazulernt. Ein Börsenmakler verkauft Aktien, die in den Keller fallen, und ruft trotzdem seinen Kunden mit einem neuen »sicheren« Tipp wieder an – als wäre auch der Kunde unfähig, dazuzulernen. Diese trübe Gestalt zeigt sich auch als Gauner, als Suchtkranker. Viele Kinder stehlen ein wenig aus dem Portemonnaie ihrer Mutter, vielleicht weil sie in ihrer Mutter irgendwie noch kein getrenntes Wesen sehen. Den meisten dieser Kinder wird später ihrerseits der Geldbeutel geplündert. Doch dann ist da das Kind, das auf rätselhafte Weise nie erwachsen wird. Mit fünfzig Jahren wird es immer noch Geld von seiner Mutter stehlen, um Drogen zu kaufen, immer noch überzeugend vorbringen, dass sie sich verrechnet haben könnte oder, falls nicht, dass er vorhabe, den Narcotics Anonymous beizutreten. Don Juan ist eine weitere Ausformung dieses ewigen Kindes, auf der Suche nach der neuen, reinen, durch keine Gewohnheit befleckten Liebe. Seine Promiskuität ist ein Stemmen gegen die Sterblichkeit, ein unermüdliches Suchen nach Erneuerung, immer in der

Hoffnung, alles werde wieder so sein wie am Anfang der Welt. Er ist noch nicht gefallen, aber er ist auch nicht ganz menschlich.

Doch letztendlich möchte jeder von uns menschlich sein. Deswegen scheint die Unschuld mit ihrem Gegenteil verknüpft zu sein, scheint sie die bösen Mächte anzuziehen und zu ihrem eigenen Verderben beizutragen. Persephone muss auf die duftenden, weißen Narzissenblüten zueilen und in den Abgrund stürzen, den Hades aufgetan hat; Psyche muss ihre gehässigen Schwestern anhören, das Licht über dem Kopf Amors entzünden und das ihr vertraute Leben zerstören. Die Unschuld verlangt, bewusst oder unbewusst, nach Erfahrung, möchte anders sein.

Aber wie könnten wir die Kostbarkeit unseres ersten Paradieses verkennen? Im Fallen blicken wir über die Schulter zurück und sehen etwas, was wir erst zu schätzen wissen, wenn es verloren ist. Doch wir werden es in anderer Form wieder sehen, denn Unschuld ist ein Vorgeschmack auf reife Spiritualität. Und diese Spiritualität zieht uns und ängstigt uns – die Unschuld lauscht einer Musik, an die wir uns erinnern, die aber durch unser tägliches Einnehmen und Ausgeben verdunkelt wird, bis wir sie kaum noch wahrnehmen. Wir fürchten das irdische Verhängnis, das über jene kommt, die dieser Musik zu inbrünstig lauschen, auch wenn wir uns danach sehnen, sie klar und rein zu hören. Doch vorerst müssen wir angesichts der schwindenden Unschuld damit zufrieden sein, in das Bewusstsein und seine Reise einzutreten: Eine lange Reise durch düstere Lande, bis wir verändert zurückkehren zur Mühelosigkeit des spirituellen Blickpunkts.

Der Bote der Nacht

Es gibt einen Augenblick, da der Abstieg im Bewusstsein erscheint, wie eine neue Figur, die in einem Theaterstück die Bühne betritt. Gewöhnlich sträuben wir uns gegen eine solche Ankündigung, weil mit ihr schreckliche Pein einhergeht, doch ein Abstieg kann auch durch ein willkommenes Ereignis angekündigt werden. In beiden Fällen wird unser ganzes Leben in Frage gestellt. Alles, woran wir glaubten, löst sich unter uns auf, und wir treten eine Reise an, deren Ziel wir nicht kennen. Ob wir diesen ersten Augenblick der Reise erkennen, ist unwichtig; von Bedeutung ist allein, wohin sie uns führt.

Manchmal erscheint der Bote mit den Pauken und Trompeten eines großen Unglücks. Eine Frau geht mit ihrer Tochter zu einer routinemäßigen Voruntersuchung und erfährt, dass die hartnäckigen Ohrenschmerzen ihres Kindes von einem Hirntumor verursacht werden. Eine andere Frau, eine Ärztin, arbeitet in einem sicheren, zivilisierten Land in Übersee, als dort ein Bürgerkrieg ausbricht und sie plötzlich aufs Engste in den schrecklichen Abstieg eines ganzen Volkes verwickelt wird. Sie könnte abreisen, doch sie tut es nicht: Mit offensichtlicher Gelassenheit nimmt sie stattdessen die Prüfung an, die ihr das Schicksal auferlegt, wechselt zwischen den Fronten hin und her, um den Verwundeten auf beiden Seiten zu helfen. Sie macht zusammen mit dem Land, in dem sie zuvor lediglich ein Gast war, die lange Nacht des Krieges durch, und auch ihr Leben wird anschließend nie mehr so sein wie vorher. Zu Hause hat sie aus Geschoßhülsen gefertigte Vasen und Aschenbecher, Gegenstände, die die Zeit des

Grauens domestizieren und auch als Initiationstrophäen dienen. Ihre Achtung für den Wert alles Menschlichen hat dort ihre Wurzeln.

Der Abstieg kann auch mit einer unerwarteten Rettung beginnen. Ein junger Soldat, ein Kundschafter im asiatischen Dschungel, schaute eines Nachmittags auf und erblickte auf der gegenüberliegenden Anhöhe einen feindlichen Zug Infanterie. Ihm wurde klar, dass sie dort schon einige Zeit saßen und ihn hätten umbringen können. Er und sie beobachteten einander, ohne etwas dabei zu denken, wie Tiere es tun. Dann zogen die feindlichen Soldaten rasch ab, ohne Schutz zu suchen, und verschwanden hinter der Anhöhe. Der Soldat seinerseits schoss auch nicht. Als er schließlich nach Hause zurückkehrte, konnte er nicht mehr an den Krieg glauben, für den er sich freiwillig gemeldet hatte. Seine Kinder werden ihren Kindern diese Geschichte eines Augenblicks höchsten Lebens im Dschungel erzählen. Wo die Ärztin entdeckte, wie gefährlich Verwandte einander werden können, da wurde dem Soldaten offenbar, dass selbst Feinde unbegreifliche kameradschaftliche Gefühle füreinander empfinden können. Jede der Erfahrungen führte zu einem schmerzhaften Überdenken des Lebens und seines Sinns.

Manchmal gibt es keinen eindeutigen Augenblick, in dem der Abstieg beginnt, nur ein Verdichten der Lebensenergie, als erwache jemand auf einem Hang aus dem Schlaf und entdecke, dass das Wetter sich geändert hat, die Landschaft fremd wirkt und wilde Tiere näher kommen. Das ist Dantes Geschichte, und sie findet sich oft in einem ansonsten friedlichen Leben. Ein Mann erkennt, dass seine Frau sich an einen inneren Ort zurückgezogen hat, zu dem er keinen Zugang hat, dass seine langjährige Ehe wahrscheinlich bald zu

Ende sein wird und seine Kinder ihm fremd sind. Er weiß nicht, wann ihre Wege sich getrennt haben; er ging in seiner Arbeit auf und tat, was er für das Richtige hielt. Doch wenn er jetzt über den Esstisch auf seine Familie blickt, tut sich eine schwere Kluft auf, und es scheint, als blase ein eisiger Wind durch ein Zimmer, das zuvor so vertraut gewesen war, dass niemand es wahrnahm.

Manchmal erschallt die Trompete, wenn die Geschichte schon lange ihren Lauf genommen hat. Ein Pfarrer, dessen Vater der Trunkenbold des Ortes gewesen war, schirmte seinen Sohn vor seinen Großeltern ab und versuchte, ihn in Unschuld zu erziehen. Doch der Sohn verstand die Anhäufung von Schmerz und Wissen hinter den Regeln des Vaters nicht und lief mit siebzehn davon, um auf der Straße zu leben und Drogen zu nehmen. Man könnte sagen, der Sohn sei nie initiiert worden und musste daher gerade das Reich betreten, vor dem sein Vater ihn so angestrengt beschützt hatte. Dann entdeckte auch die Mutter des Jungen, dass sie litt. Es war ihr schon zuvor irgendwie bewusst gewesen, aber sie hatte es für düstere, nur für ihre Ohren bestimmte Musik gehalten. Bis ihr Sohn weglief, war ihr nie der Gedanke gekommen, dass ihr eigenes Gefühl des Erstickens wichtig sein könnte. Kinder bleiben erstaunlich unberührt von den Absichten ihrer Eltern, und daher können wir nicht sagen, dass die Eltern ihren Sohn auf diese gefährliche Schiene setzten. Es schien allerdings, als zeigte der Fall des Jungen an, dass es höchste Zeit war, sich mit einer langen ignorierten familiären Finsternis zu befassen.

Nicht nur einzelne Menschen, sondern ganze Nationen können in den Abgrund stürzen. Der Krieg in Vietnam schlich sich unbemerkt an die amerikanische Kultur heran, kündigte sich schrittweise mit Kleinstadttodesfällen an. Wenige Menschen dachten, dass das Ausschicken von militärischen Beratern in das damals weit entfernte und kaum bekannte Land moralisch hinterfragt werden sollte. Auf diese Weise wurde aus einem kleinen Hochmut – wenn das kein Widerspruch ist – ein großes Übel. Die Morde an John F. Kennedy und Martin Luther King kündeten deutlich von dem allgemeinen Klima der Verwirrung, den zu erwartenden Schmerzen und zeigten im Falle Kings auch an, dass alte Übel nur schwer beizulegen sind.

In den achtziger Jahren führten das Misstrauen gegenüber dem Staat und der angenehme Traum von Steuersenkungen – an sich wenig bemerkenswerte Vorstellungen und bis zu einem gewissen Grad die Folgen des verloren gegangenen Krieges in Südostasien – zu einer erstaunlichen Anhäufung von Schulden und dem allgemeinen Zurückweisen der Bürgerpflichten. Diese ungeprüften Vorstellungen führten zu einer enormen Verschlechterung des Lebens der Bürger.

Im Augenblick der Verkündigung schmecken wir den bitteren Trank des Leids in dieser Welt. Wir mögen den ersten traumatischen Aufruf für die Finsternis selbst halten, doch er ist lediglich der erste Schock, eine Ankündigung der Leiden, die kommen werden, und der Reise durch sie hindurch. Nachdem wir den Ruf vernommen haben, gibt es keine Wahl mehr: Wir haben schon in den Apfel des Wissens um Gut und Böse gebissen und werden zu Menschen, mit den unvermeidlichen Schmerzen und Segnungen, die damit einhergehen.

Die Legende von Shakyamuni, dem historischen Buddha, veranschaulicht die Komplexität unserer Reaktion auf den Boten der Nacht. Bei seiner Geburt wurde prophezeit, dass er entweder ein König oder ein großer Weiser sein würde. Seine königlichen Eltern wünschten, dass er König würde: Sie versuchten, ihn vor den Unbilden der Welt zu schützen, da sie annahmen, er werde, wenn er herausfände, wie das Leben wirklich sei, den Weg der Weisheit einschlagen. Ihr Bemühen war jedoch vergebens; eines Tages verließ Shakyamuni den Palast und erblickte einen Kranken, einen Alten und einen Toten. Dies genügte, um ihm die Augen zu öffnen; die Entdeckung des Leidens und seiner Unausweichlichkeit zerstörten seine Unschuld. Dann traf er einen Asketen und erkannte, dass es einen Weg gab, mit der Klarsicht, die über ihn gekommen war, fertig zu werden. Er begann mit einer langen Reise in die Tiefe, bei der er sein Heim und seine Familie verließ und im Wald fast des Hungers starb. Die Erkenntnis des Leidens der Welt hat stets persönliche Folgen: Sie betrifft *mich* und *mein* Kind und *meinen* Beruf; es ist der Plan *meines* Lebens, der zerbricht.

Der legendäre Prinz wartete nicht, bis das Unheil ihn eingeholt hatte, ehe er etwas gegen seinen unbewussten Zustand unternahm. Er machte sich auf und widmete sein Leben dem Gebet und der Meditation. Doch es ist nicht einfach, im Angesicht des Leidens aktiv zu werden. Die Menge der Finsternis in dieser Geschichte ist groß – groß genug, um für immer die Orientierung zu verlieren: Shakyamuni verließ seine Familie. Es heißt, er habe in der Nacht, als er wegging, in der Tür innegehalten und schweigend Abschied genommen von der Frau und dem Kind, die er aus ihrem Schlaf nicht aufzuwecken wagte. Wenn wir uns deren Verwirrung am nächsten Morgen vorstellen, als sie aufwachten, erkennen wir, dass der Mann, der seinen festen Weg gefunden hat, seiner Familie zumutete, die Verlassenheit und den Verlust zu ertragen, die die Kehrseite seiner Gewissheit darstellen. Ein Kind braucht mehr als Nahrung und ein Dach über dem Kopf – es braucht Erzählungen und Gründe und Liebkosungen, das Wissen eines Vaters und einer Mutter, es braucht Geschichte.

Indem Shakyamuni Frau und Kind verließ, hielt er sich an das vertraute Muster: Um den Geist weiterzuentwickeln, müssen wir uns vor der Welt und unseren Bedingungen abkehren. Dieselbe Geste sehen wir bei Jesus, als er seine Mutter zurückweist. Dies bedeutet aber, dass wir uns von den Bäumen und den Geschicken des Planeten und von der Seele abwenden, die all diese Dinge liebt. Wollen wir eine Verbindung von Geist und Seele erreichen, so müssen wir einen Weg finden, eines Tages durch die gefühlsbeladene Tür wieder einzutreten in jenes kleine, ruhige Zimmer, in dem die Frau und das Kind immer noch schlafen, und dort die Einsicht der Weisen zu finden.

Initiation

Wenn unsere Unschuld verloren und der Abstieg unvermeidlich geworden ist, öffnet sich der Sinn eine Zeit lang weit. Diese innere Offenheit ergibt sich aus der Qual unseres Leidens, die dazu führt, dass wir mit der Welt nicht mehr umgehen können wie zuvor. Dieser geistige Zustand steht in hohen spirituellen Traditionen und bei Jägern und Sammlern im großen Ansehen; er erlaubt einen Durchgang für Boten aus der Welt jenseits von Tempel, Dorf und Lagerfeuer. In der Offenheit des Glücks rückt die Unendlichkeit näher, und

mit ein wenig Hilfe können wir die Verbindung zu unseren
Ahnen knüpfen, finden Zugang zu der Welt der wilden Tiere,
Flüsse und Sterne. Dies ist das innere Übergangsstadium der
Initiation. Hier werden wir von Opfern unseres Schicksals zu
Pilgern auf einer Reise.

Zu innerem Wandel scheint stets zu gehören, dass man
einen Initiationsraum betritt, in dem man sich vorübergehend vom Mittelpunkt des Lebens an den Rand bewegt. In
Stammeskulturen gehört zur Initiation eine formelle, kon-
trollierte Methode, mit deren Hilfe der Initiierte in eine überwältigende Dunkelheit geworfen und dann in eine neue Verbindung mit der Gemeinschaft zurückgeführt wird. Der
Vorgang besteht gewöhnlich in einer schweren Prüfung,
einem inneren Wandel und einer neu gestalteten Wiederver-
einigung mit der Gemeinschaft der Lebenden.

In allen Kulturen gibt es solche Prüfungen für Kinder auf
der Schwelle zum Erwachsenwerden. Eine gute Prüfung
sollte nicht nur mühsam sein, sondern den Initiierten auch
etwas über das Erwachsensein lehren. Kriege und Militär-
dienst dienten schon immer als drastische Initiationen für
junge Männer und für die Zivilbevölkerung, die vom Krieg
überrannt wurde. In Friedenszeiten können Examen, unre-
gelmässige französische Verben, Differenzialrechnung, Füh-
rerscheinprüfung, Fußballspiele und Klavierauftritte eine
Form des rituellen Übergangs bilden. Es gibt auch weniger
offizielle Initiationen – Alkohol, Drogen, der erste Ge-
schlechtsverkehr, Autowettfahrten, ekstatische Ausflüge in
Musik und Dichtung –, bei denen es um die Veränderung des
Bewusstseins vom Kind zum Erwachsenen geht. Ein Kind zu
bekommen ist eine normale Initiation für junge Frauen, ge-
kennzeichnet durch die traditionellen Elemente Schmerz und

Gefahr, die Verbindung mit den natürlichen Prozessen des Lebens und den Gewinn einer neuen Identität in der Gemeinschaft. Auch unkontrollierte, schreckliche Prüfungen sind nicht selten – Erdbeben, Feuer, Vergewaltigung und Aufruhr; der plötzliche Tod von Schulfreunden; ein Auto, das sich in einer Samstagnacht mehrfach überschlägt, während seine Scheinwerfer ein Getreidefeld, den Himmel, die Straße und erneut das Getreidefeld in Licht tauchen.

Der Weg aus der kindlichen Unschuld heraus kann so gefährlich sein, dass manche Völker ganz besonders dramatische Formen entwickelt haben, um die Energie unter Kontrolle zu halten. Bei den Aborigines in Australien wurden die Jungen – und werden es heute manchmal noch – durch die alten Männer vom Stamm getrennt und langen Prüfungen unterzogen, bei denen sie im Rahmen ihrer Unterweisung in die Geheimnisse von Jagd, Geschichte und Zeremonien lernten, mit Hunger und Durst fertig zu werden. Als Zeichen, dass sie den Übergang zum Mann vollbracht hatten, wurden ihnen Schnitte an Brust und Penis beigebracht. Diesen Riten lag die Vorstellung zu Grunde, dass die Welt zwar unseren Körper hervorbringt, wir jedoch erst wirklich zum Menschen werden, wenn die Ältesten unsere Seele geformt haben.

Obwohl der typische Übergangsritus in der Pubertät stattfindet, sind Initiation und ihre Prüfungen nicht auf einen bestimmten Lebensabschnitt beschränkt. Jeder Abstieg bietet die Möglichkeit der Initiation, und oft gibt es, wie Dante feststellte, in der Lebensmitte einen Abstieg. Die Prüfung selbst reinigt – ob wir dabei nun von Ältesten durch sie hindurchgeführt werden oder nicht. Sie ist eine Qual, und wir müssen sie ertragen – und doch bildet die Qual im Rahmen des inneren Lebens aus eine Tür, ein Tor, einen Eingangstest, der die Tiefe unserer Ernsthaftigkeit und Überzeugung auslotet.

Zunächst müssen wir ohne Hoffnung auf Wandel in unserem Leiden verharren. Wir wissen es nicht, aber die Standhaftigkeit selbst gibt uns die Kraft, die nächsten Schritte zu ertragen. Eine Frau, die ihr einziges Kind, eine Tochter, verloren hatte, befand sich noch achtzehn Monate später in tiefer Trauer. In den Büchern, die sie in ihrer Verzweiflung las, stand, dass es ihr langsam wieder besser gehen müsse, doch bei ihr war es anders, und wie kann es auch ein Programm für solchen Kummer geben? Eines Nachts träumte sie:

Ich marschierte durch die Nacht, marschierte und marschierte.

Das war alles, woraus ihr Traum und auch ihr Leben zum damaligen Zeitpunkt bestand – marschieren, als sei sie in der Armee, und zu ertragen, was sie zu ertragen hatte, und dahin zu gehen, wohin man sie führte. Jeden Morgen, wenn sie aufwachte, war ihre Tochter anwesend, und jeden Morgen musste die Frau sich dazu überreden, den Tag durchzustehen. Sie wagte kaum zu denken oder zu fühlen; Atmen und Gehen war alles, was sie tun konnte. Ihrem Empfinden nach schien diese schreckliche Zeit niemals zu Ende zu gehen.

Und doch besteht, wenn – wie in diesem Traum – ein Bild der Qualen erscheint, die Möglichkeit des Wandels, weil sich eine Geschichte zu bilden beginnt. Langsam beginnt etwas, was wir später als Seelenformung erkennen werden. Ein Bild bietet uns den Beginn einer Beziehung zu unserem Innenleben. Sein Erscheinen verrät uns, dass der Träumer, der Geschichtenmacher, immer noch am Leben ist. Doch der Traum dieser Frau ist so knapp, lakonisch und konkret, dass auch die betäubende Wirkung ihrer Qualen offensichtlich wird. Ein solcher Traum gibt kaum Trost; er ist ein dünner Lichtstrahl in einem bedrückenden Verlies.

Eine Prüfung erhält erst eine Bedeutung, wenn es heller zu werden beginnt. Am Anfang werden wir auf uns selbst reduziert, wie Aprikosen, die zu Marmelade eingekocht werden. Wir verlieren die oberen Bewusstseinsebenen und versinken in unserer Trauer. Wir steigen hinab, und die Dunkelheit hat keine spürbaren Ränder; weiter und weiter sinken wir hinunter in die finstere Nacht.

Die Zerstörung der Bilder

Wir brauchen unsere Bilder ebenso sehr, wie die Bilder uns brauchen. Im Zweiten Weltkrieg raubten die Nazis Gemälde und brachten sie zusammen mit ihren vorherigen Besitzern in die Sklaverei. Auf diese Weise versuchten die Räuber, die Geschichte der Seele und die Hoffnungen des Geistes zu erobern. Wer uns schädigen will, versucht oft, uns in seine Macht zu bringen, indem er unsere Bilder erobert oder verändert. In der antiken Welt des Orients wurden die Statuen früherer Könige entstellt. In China wurden während der Kulturrevolution Bildnisse, die die Kontinuität einer alten Kultur repräsentierten – alte Schriftrollen, Porzellan, jahrtausendealte, mumifizierte Leichname von Weisen – wahllos geraubt und zerstört. Nicht nur können unsere kostbarsten Bilder vernichtet werden, wir können uns auch vom Glanz unwahrer Bilder blenden lassen, die vernichtet werden müssen, wie Moses das Goldene Kalb zerstörte. Im Trojanischen Krieg trugen die Griechen den Sieg mit Hilfe eines falschen Bildnisses davon – das große Pferd, das voller Soldaten steckte, war ein Bild, das die Trojaner hätten zerstören sollen. Schlimmer noch, die Griechen behaupteten, das Pferd sei eine Wiedergutmachung für ihren zuvor an den Trojanern verübten Raub eines Bildes aus dem Schrein der Athene, und fügten dem Raub noch eine Fälschung hinzu.

Die Kraft von Bildern wird auch zerstört, wenn diese missbraucht und ihrer Bedeutung beraubt werden – wenn Hakenkreuze von Kindern, die nie von Hitler gehört haben, als Ohrringe benutzt werden oder Kruzifixe auf Dekolletés getragen werden ohne ein Bewusstsein ihres religiösen Inhalts. Es gab eine Reihe von Autoanzeigen im *New Yorker* mit Mannequins, in denen die Griechen Persephone und Hades erkannt hätten, auch wenn sie sich darüber gewundert hätten, wie ihre Beine sich im Tango verschlingen, oder Ares, der sich zu einem Schäferstündchen mit Aphrodite davonschleicht, während ihr Mann bei der Arbeit ist. Solche Bilder scheinen oft aufregend zu sein, sind aber seltsam inhaltsleer. Ihnen fehlt Kraft, weil sie uns nur eine äußere Befriedigung verleihen – unsere Seelen können schwerlich glauben, dass wir nur einen Lexus erwerben müssen, um zu Zeus zu werden. Wir werden also in Versuchung geführt, doch es fehlt das Gefühl von etwas, das größer ist als wir. Der Geist fehlt, und die Seele kann es nicht ganz glauben.

Wahrer Abstieg bereitet unserem alten Leben ein Ende. Im persönlichen Bereich gibt das Zerstören unserer Bilder unserer Niederlage eine verheerende Wut. Die Frau, die ihr Kind verlor, verlor ihren geplanten Weg in die Zukunft – den

Schulabschluss, die Karriere und Heirat ihrer Tochter und ihre Enkel. Und mit dem Verlust der Zukunft verfestigte sich die Vergangenheit, wurde starr und übersättigt. Wenn wir unsere Bilder verlieren, verlieren wir Träume und Götter, alles, was wir verehren, und die Richtung, in die wir beten.

In solchen Zeiten bleiben wir lange Gefangene der neuen alptraumhaften Bilder, und doch ist dies nicht das schlimmste Schicksal. Denn ohne die dunklen Bilder geht es zu Ende mit dem Traumleben und dem Leben der Kunst, wir werden empfindungslos. Das Zeugnis der alptraumhaften Zeiten findet sich in Goyas schrecklichen und faszinierenden Gemälden der Toten und Verwundeten aus Napoleons spanischem Feldzug und in Picassos Guernica. Auch Paul Celans dunkle Poesie und Primo Levis autobiografische Darstellungen des Holocaust zeugen davon. Doch selbst der größte Künstler kann daran scheitern, die Bilder und somit das Leben zu heilen; beide Schriftsteller nahmen sich das Leben und können daher zu den Toten des Holocaust gezählt werden. Kriegsveteranen, die zwanzig Jahre nach dem Kriegseinsatz zitternd und schreiend aufwachen, sind immer noch Gefangene der Alptraumbilder, versuchen, sie zu durchleben, ihren Weg zur Ganzheit zu träumen.

Die Reaktion der Empfindungslosigkeit und des Schweigens hingegen findet sich bei jenen, die sagen, es sei unmöglich, über den Holocaust, den Terror der Roten Khmer, den Völkermord in Ruanda zu schreiben, da diese Katastrophen nicht in Worte zu fassen seien. Wer es dennoch versuche, könne dem Geschehenen nicht gerecht werden und vergehe sich ein weiteres Mal an den Opfern. Einige Überlebende großer Traumata werden blind, ohne dass eine physische Ursache zu Grunde liegt, und wenden sich auf diese Weise von etwas

Heiligem, Quälendem und Unerträglichem ab. Der Verlust der Lieder und der Sprache von Stämmen, die ihrerseits verschwunden sind, die Stummheit der Geschlagenen und auch der zu Grunde gehenden Natur – dies sind die unausgesprochenen Reaktionen auf die Herrschaft der Nacht über uns.

Die trauernde Mutter, die durch die Nacht ihrer Träume marschiert, wandert am Rande des Schweigens. Ihr Traum rührt nicht an den schrecklichen Verlust, an die Zeit auf der Station für Knochenmarktransplantationen, die Verstümmelung durch die Operation, die Blutungen, die massiven Dosen Morphium in der letzten Nacht oder die lieben, herzergreifenden Gespräche mit den Schulfreunden des Kindes. Und doch ist dieser knappe Traum nicht völlig stumm; zumindest gibt er, während sämtliche andere Bilder weggenommen wurden, das Bild ihres Kampfes wieder.

Im Abstieg verlieren wir auch die Art und Weise, wie andere uns sehen. Das muss auf lange Sicht nicht schlecht sein, aber es ist demütigend und schmerzhaft. Die Maske, die wir der Welt darbieten, verrutscht, und das Gesicht dahinter – das Entsetzen, die Gier, Verzweiflung, Verlogenheit, alles, was wir sonst zu verbergen trachten – kommt zum Vorschein. Der Augenblick, da wir das alte Bild – des Lebens, des Selbst – aufgeben, ist der schmerzvollste. In diesen Stunden wissen wir, dass wir unseren Weg allein finden müssen, doch in unserer neuen Einsamkeit und Scham gehen wir manchmal unter, vorübergehend oder für immer. Dennoch ist das Herunterreißen der Maske, die uns mit dem verbindet, was wir normalerweise sind und tun, ein wesentlicher Teil des Abstiegs, der uns letztendlich zu einem neuen Anfang führt.

Eine optimistische alte Erzählung zeigt, wie wichtig es ist, die Bilder zu zerstören: Ein zerlumpter Zenmeister befand sich im Winter auf Reisen und erreichte am Ende des Tages einen Tempel, wo man ihn einlud zu übernachten. Draußen türmte sich der Schnee immer höher, und es war bitterlich kalt. Mitten in der Nacht nahm der Reisende die Buddhastatue vom Altar und steckte sie in Brand, um sich zu wärmen. Der Hausmeister kam protestierend herbeigeeilt. Der Meister fragte ihn, ob sich in der Asche die perlengleichen Reliquien finden würden, die Buddhas Asche enthalten soll. »Nein, nein«, sagte der Hausmeister, »sie ist ja nur aus Holz.« »Dann komm doch und wärme dich«, sagte der Meister.

Diese Geschichte wird in der Zentradition hochgehalten: Sie beschreibt, wie unsere Bilder erstarren können und manchmal sterben müssen. Es ist, als wäre alle Wärme in dem Abbild eingeschlossen. Nur wenn es zerstört wird, kann das Leben erhalten bleiben. Wenn unsere alten Bilder zerbrechen, leiden wir entsetzlich, doch wenn alles gut geht, bringen neues Licht und Wärme das Gefühl der Gemeinschaft und eine demütige Erkenntnis der Wirklichkeit.

Wahres und falsches Leiden

Freud war einer derer, die darauf hinwiesen, dass es wahres und falsches Leiden gibt. Das Zerstören der Bilder beendet unsere falsche Pein und macht Raum für die wahre. Falsches Leiden ist ein Mittel der Verteidigung gegen die Heftigkeit und Turbulenz der Erfahrung. Unser wahres Leiden ist das gemeinsame Schicksal der Menschheit. Wir lieben und wollen wiedergeliebt werden; wir müssen essen, wenn wir hungrig sind; wir gedeihen, wenn wir einmal außer Gefahr sind.

Dies sind die Bedürfnisse des Lebens. Doch sind sie nicht beständig. Krieg überzieht Städte; Hungersnöte, Erdbeben und Krankheiten wüten unter uns. Unser falsches Leiden stellt sich ein, wenn wir misstrauisch und grausam werden, weil unsere Zuneigung nicht erwidert wird, wenn wir gierig werden, weil wir einmal hungrig waren, wenn wir jene beneiden, die mehr Geschick zeigen als wir. Wenn unser Schmerz zu einer verzehrenden Lust auf Rache wird, dann ist aus notwendigem ein krankhaftes Leiden geworden. Es gibt Zeiten, in denen wir um die wahre, lästige Lebenspein eine seltsame Perle formen, ein Symptom, das auf einen Außenstehenden ästhetisch interessant wirkt, doch im Grunde überflüssig ist. Da ist die Frau, die in ihrem Streben nach Vollkommenheit zum Abendessen ein Pfund Schokolade essen und es vor dem Zubettgehen wieder von sich geben muss, oder der Mann, in dessen Seele Rebellion und Leistung stagnieren und der sich weigert, seine Dissertation zu beenden, und lieber ein ewiger Student bleibt. Der Abstieg in die Nacht verfeinert uns, sodass unser Schmerz immer authentischer wird. Je weniger wir ihm zu entkommen suchen, desto schrecklicher und tiefgreifender erfasst er uns; wir beginnen, uns für den Schmerz zu interessieren, der sich so für uns interessiert. Wahres Leiden ist bescheiden – es ist nicht bedeutungsvoll; es ist, was es ist.

Eine Frau entdeckte, dass ihr Freund eine Affäre mit einer anderen hatte. Bis zu diesem Augenblick war sie sich nicht einmal sicher gewesen, dass ihr etwas an ihm lag. Doch jetzt ging es ihr sehr nah. »Entweder wird alles zerbrechen«, sagte sie, »oder wir werden den Wasserfall zusammen hinunterstürzen, tiefer in die Beziehung eindringen, als wir eigentlich wollten. Beides jagt mir Angst ein.« Und beides würde zu einer Bereicherung ihres Lebens führen. Nur herausfinden, wie tief ihre Gefühle waren und wie viel ihr an einer Fortführung der Beziehung lag, war es schon wert. Ihre Hilflosigkeit war interessanter als ihre vorherige Gleichgültigkeit, wurde sogar interessanter als die Beziehung selbst. Sie verstand nun, dass ihre Erfahrung – ihre tiefe Pein, ihre Hoffnungen, alles, was ihren Alltag ausmachte – einen Wert hatte.

Wahres Leiden treibt uns weiter in neue Bereiche. Wir sind enttäuscht, wenn wir zu mühelos oder durch Tricks aus unserem Leiden herausfinden. Dann haben wir das Gefühl, einer Herausforderung ausgewichen zu sein, um das Geschenk der Schmerzen gebracht worden zu sein. Es ist, als habe uns das Schicksal nicht für die Wirklichkeit ausersehen, und wir huschen nur am Rand des Lebens entlang. Henry James berichtet in seiner Erzählung *Das Tier im Dschungel* von einem Mann, dem endlich klar wird, dass sein »großes Schicksal« darin bestand, dass ihm »nichts, ganz und gar nichts widerfahren sollte« und dass er die Frau übersehen hatte, die ihn liebte. Rilke formuliert es in der zehnten Duineser Elegie folgendermaßen:

O wie werdet ihr dann, Nächte, mir lieb sein,
gehärmte. Dass ich euch knieender nicht, untröstliche
                              Schwestern,
hinnahm, nicht in euer gelöstes
Haar mich gelöster ergab. Wir Vergeuder der Schmerzen.
Wie wir sie absehn voraus in die traurige Dauer,
ob sie nicht enden vielleicht. Sie aber sind ja
Zeiten von uns, unser Winter
währiges Laubwerk, Wiesen, Teiche, angeborene
                              Landschaft,
von Geschöpfen im Schilf und von Vögeln bewohnt.[3]

Verrat

Unsere Reise in die Tiefe mag noch so unvermeidlich sein, doch wenn wir in die Nacht und ihre Pein gestoßen werden, fühlen wir uns verletzt: Alles, worauf wir vertrauten, wurde uns entrissen. Im Kern vieler Religionen finden sich Mythen des Verrats – Judas, so wird uns erzählt, habe Jesus für eine Hand voll Silberlinge verkauft, Buddha entging einem Attentat, und Osiris wurde von seinem Bruder umgebracht. Diese Geschichten helfen uns, mit unseren eigenen Verlusten fertig zu werden. Wenn der Stifter einer Religion stirbt, scheint sich das Licht in das Reich zurückzuziehen, aus dem es kam, und die Menschen bleiben fröstelnd und orientierungslos zurück. Die Trauer über dieses riesige Vakuum verlangt nach einer Antwort, einer Erklärung. Wer beispielsweise Judas die Schuld am Tode Jesu gibt, ist wie der Ehemann, der den Sänger in der Band beschuldigt, ihm die Frau gestohlen zu haben.

Das Gefühl, verraten worden zu sein, fasst unsere überwältigende Trauer in ein Muster. Die Schuldgefühle Überlebender scheinen den gleichen Zweck zu erfüllen. Ein Mann, dessen Frau an einem Herzanfall starb, gab sich selbst die Schuld daran. Immer wieder ging er in Gedanken den Todestag durch, sah sie neben einer Eiche ins Gras sinken, rannte zu ihr, nahm sie in die Arme, schaute, ob sie noch atmete. Der Verlust entzog sich völlig seiner Kontrolle, doch er musste unbedingt herausfinden, was er falsch gemacht hatte. Sein Denken kehrte wie ein Tier, das Zuflucht sucht, immer und immer wieder zu seiner Schuld zurück. Seine Schuldgefühle stellten Ordnung her in einer zerrissenen Welt. Er drückte es so aus: »Wenn ich die Schuld habe, dann ist wenigstens irgendjemand verantwortlich.«

Dieses Verlangen nach einem verständlichen Muster liegt dem Gefühl der Nähe und Komplizenschaft zugrunde, das manchmal zwischen Verrätern und Verratenen entsteht. Das Gefühl, verraten worden zu sein, und das Gefühl, etwas Falsches getan zu haben, liegen eng beieinander. Eine Frau beschließt, eine lange Ehe zu beenden, weil sie das Gefühl hat, nicht genug gesehen und respektiert zu werden. Ja, ihr Mann ist ein Tyrann, der die Kinder demütigt, Möbel zertrümmert, wenn etwas nicht nach seinem Willen geschieht. Doch gleichzeitig versucht sie seit geraumer Zeit, ein Kind zu bekommen, und glaubt, dass sie schwanger sein könnte. Wie Borges schon sagte: »Die Liebe ist eine Religion mit einem fehlbaren Gott.« Für die Frau bedeutet jedes ihrer Gefühle einen Verrat an dessen Gegenteil – ihre Ehe ist ein Verrat an ihr selbst, ihr Verlangen, die Ehe zu beenden, ein Verrat an der Familie.

Oft scheint im Leben ein Voranschreiten nur durch Verrat möglich zu sein. Mit dem Leiden kommt die Erkenntnis des Widerspruchs, die Entdeckung, dass wir uns unserer Motive oder sogar unserer Absichten nicht mehr sicher sein können. Und indem wir lieben, tragen wir zum Verrat an uns selbst bei.

Der Tod ist eine Art des Vergessens, ein Akt der Untreue. Der Planet vergisst uns, so wie wir unserer ersten Liebe untreu werden. Verrat lehrt uns, dass die Welt geräumig und merkwürdig ist, gefährlicher und faszinierender, als wir dachten. Das Leben hat uns verführt, und wir werden zweifelsohne auf Grund dieser Verführung sterben. Doch es ist auch herrlich, und wenn wir uns nicht durch die Existenz verführen lassen, können uns die Finger der Ewigkeit nicht greifen.

Die positive Seite des Verrats ist, dass er das Leben bestätigt – die Weizenstoppeln dieses Jahres werden untergepflügt und nähren die Ernte des nächsten Jahres. Um erwachsen zu werden, muss ein Kind sich von seiner Kindheit abwenden, sein Leben mit Spielsachen, seine familiäre Geborgenheit verraten. Wir können unserem Leiden gegenüber zu loyal sein. Manchmal müssen wir es auch vergessen können, müssen unser eigenes Wissen verraten oder vernachlässigen. Wir können etwas wissen, was der andere noch nicht weiß: Beispielsweise dass eine Frau schon beschlossen hat, ihren Mann zu verlassen, während dieser noch ein Brot wie eine Violine vor sich her trägt und auf ein warmes Leuchten zuschreitet, das es am Küchentisch gar nicht mehr geben wird, wenn er schließlich ankommt, das aber in diesem Moment, da er den Duft des Brotes einatmet und ehe er davon erfährt, dennoch existiert. Und wir sehen ein Kind, das mit einem Freund in der Dämmerung zwischen den Bäumen herumläuft. Es überhört den Ruf zum Abendessen, sieht nichts als den Klang und das Leuchten seiner Glücksgefühle – während wir, die wir das Krankenblatt gesehen haben, wissen, dass es an Leukämie sterben wird.

In solchen Momenten kann das Nebeneinander von Unschuld und zukünftigem Leiden, der Gedanke, dass das Glücklichsein nichts ist als eine Illusion, unerträglich sein. Es kann uns vorkommen, als sei unser ohnmächtiges und stechendes Wissen irgendwie ein Komplize der Pein. Doch aus der Sicht eines Engels sind wir alle wie der Brot tragende Mann, der Junge in der Dämmerung: Wenn ein Kind geboren wird, weiß der Engel, dass es im Alter von fünf Jahren von einem Lastwagen überfahren werden wird; wenn die Braut den Brautstrauß wirft, sieht der Engel sie im Kindbett sterben. Es ist nicht so, wie T. S. Eliot sagt, dass der Mensch zu viel Wirklichkeit nicht ertragen kann;[4] vielmehr ist es schwer, den Weitblick des Engels zu haben, während wir gleichzeitig den intimen Blick auf den Mann haben, der mit seiner Familie Abendbrot essen möchte, auf den Jungen, der einfach weiterlaufen möchte, statt zum Abendessen nach Hause zu gehen. Wir müssen anerkennen, dass der Mann und der Junge glücklich waren, dass sie sich auf eine Zukunft freuten, die sie nie erleben werden; wir müssen zugeben, dass das Leben selbst schön ist, ehe wir von Folgen sprechen. Alles, was wir erfahren, wurde dem Tod entrissen: Unsere Pflicht ist es, es vollkommen zu erfahren. Wir verraten die Sicht des Engels, weil wir es müssen. Die, die wir lieben, sterben, und doch müssen wir essen, müssen singen, müssen sie trotzdem lieben – das ist unsere Aufgabe. Wir mögen neben der Sichtweise des Kindes auch die des Engels haben, aber nicht stattdessen. Wenn wir aufhören zu singen, ist unsere Zeit gekommen, dann gehen auch wir in die Finsternis.

Wir pflegen das Gefühl des Verrats, verankern seine Geschichten in den Gründungsmythen unserer Religionen, weil die Erfahrung von Verrat ein Weg ist, die Finsternis zu genießen und ihre Möglichkeiten zu ehren – aus einem leichten Winkel sozusagen, ohne dass wir es richtig zugeben. Die Rolle des Opfers ist eine Lösung für die Schmach und Trauer über unser Menschsein, eine Rolle, die uns für die Zeit ihrer Dauer mehr als sterblich macht. Es genügt nicht zu leiden. Da gibt es Kostüme und Arien, hehre Aufgaben und öffentliche Ohnmachtsanfälle. Was wir verloren haben, ist immer unsere Verbindung zum Himmel; wir wurden hinunter in die

Materie getrieben. Ein Bild des Verrats anzufertigen, es anzubieten, erlaubt uns, abzustürzen, mit der Finsternis zu gehen, verzweifelt und erregt, und dennoch das Gesicht zu wahren. Wenn wir den Verrat zu fassen bekommen, trägt er uns tiefer in die Nacht, hin zur Verzweiflung – denn das Labyrinth, das er enthüllt, hat keinen Ausgang, keine Fenster, und niemand wartet draußen und hält das andere Ende der Schnur.

Das Gespenst der Verzweiflung

Das Spezifische der Verzweiflung ist gerade
dies, in Unwissenheit darüber zu sein, dass es
Verzweiflung ist.   *Kierkegaard*[5]

Die Nacht wird dunkler, und wir sinken auf unserer Reise in das Tal der Verzweiflung. Der Abstieg ist jetzt fast getan. In der Verzweiflung bleibt uns keinerlei Hoffnung mehr. Wenn wir Verzweiflung (wie Kierkegaard) als fundamentale Unwissenheit definieren, dann können wir sie uns als eine Art Verschmelzung mit der vagen Masse der Nacht und somit als ein Nichtvorhandensein der Formhaftigkeit von Dingen vorstellen. Verzweiflung gibt uns keine Bilder oder Schreine, sie ist träge und unbeweglich, ohne Farbe und Geruch.

Innerhalb dieser amorphen Verschmelzung fühlen wir uns dem Leben nicht verbunden, sondern erdrückt in seinen trüben Fluten. Die Buddhisten erklären Verzweiflung so, dass sie aus der Entfernung entsteht, weil wir unsere Beziehung zur Quelle nicht verstehen, weil wir nicht verstehen, dass wir desselben Wesens sind wie die Bäume, Felsen und unsere Mitmenschen – Verwandte, Freunde, Feinde – und wie diese vom unsichtbaren Urquell genährt werden. Im Christentum wird die Verzweiflung mit Hilfe des Dogmas der Erbsünde eingeführt, als eine Verbannung aus unserem wahren Heim. Auch im Judentum hat sie ihre Wurzel in unserem Zustand des Exils: Der Messias, der einzig Vollkommene, ist stets und immer nah, doch nie ganz hier. Jede Tradition zeigt die Verzweiflung als eine Trennung vom Licht und gleichzeitig als ein Verschmelzen mit der Finsternis.

Verzweiflung ist eine Zeit des Wartens, der Lähmung, der Nicht-Zeit. Wenn wir uns in ihrem Reich befinden, unterscheiden wir nicht zwischen den Dingen. Unsere Erfahrung ist unvollständig, weil sie Nicht-Erfahrung ist; sie ist selbst nichts Besonderes und verwandelt sich auch nicht in etwas anderes. In der psychiatrischen Diagnose wird Verzweiflung Depression genannt. Die Liste der Symptome beschreibt vegetative Phänomene: Langsames Sprechen, mangelnde Aufmerksamkeit, die Unfähigkeit, Freude zu empfinden – als hätte sich ein Mensch in eine Pflanze verwandelt, sei passiv und verwurzelt geworden, eingehüllt in Winternebel, ohne Vitalität. Die Gefahr bei Verzweiflung ist oft dann am größten, wenn jemand wieder aus ihr auftaucht – erst dann wird ihm bewusst, dass er gelitten hat, und erst dann verfügt er über genug Energie, um sich das Leben zu nehmen.

Verzweiflung ist ein tiefes Loch ohne Erklärung. Melancholie, Midlife-Krise, chronische Krankheiten sind nur ein Teil – sie können mitspielen, aber andere Menschen haben die gleichen Probleme, ohne in Depressionen zu verfallen. Verzweiflung ist also eine eigene Erfahrung, einer der wahren Augenblicke des Lebens. Verzweiflung ist eine der unvollständigen Erfahrungen, etwas, was noch nicht ganz es selbst geworden ist, ein Wesen, das erst noch aus Schlamm und Wasser geformt werden muss. Eine Frau träumte:

> *Ich laufe am Rand eines großen Ozeans, kann ihn jedoch kaum sehen. Überall ist Nebel. Ich kann kaum meine Füße auf dem Strand erkennen.*

Dies ist vielleicht der größte Schmerz – keine Geschichte zu haben, keine Beweggründe zu haben, sondern nur das Bild vom Mangel an Bildern – Nebel und das Meer, kaum sichtbar.

Verzweiflung ist der Punkt, an dem sich der Abstieg verlangsamt, wo wir in die wahre Finsternis eintreten, in der wir nicht wirklich fallen, sondern dahintreiben. Im Abgrund nähern wir uns dem Herzen der Nacht. Die Unschuld ist verschwunden. Die Bilder, die uns stützen oder einengten, sind zerbrochen. Das Leben, die Kompromisse und Freuden, an denen wir uns aufrichteten, sind verschwunden, und wir sind in tiefste Verwirrung gestürzt. Die Qual und die heimliche Gabe der dunkelsten Nacht sind unser nächstes Thema.

4. Kapitel

Liebe in Zeiten
der Finsternis

Von der Nacht schwarz eingefärbt

Dunkelste Nacht ist faszinierend, weil wir uns alle so sehr davor fürchten. Die schreckliche Intensität des Abstiegs selbst kann eine Art Erfüllung darstellen. Männer wachen schweißüberströmt auf, weil sie sich an eine fünfzig Jahre zurückliegende Schlacht erinnert haben, aber neben der Todesangst fühlen sie auch eine heimliche Liebe zum erhöhten Leben jener Zeit, als jeder Augenblick am Rande des Todes gelebt wurde. Vieles, was wir im Abstieg tun, lässt sich nur erklären, wenn wir seine Schwerkraft erkennen: Die Finsternis zieht uns in sich hinein, bis sie ihre Reinform gefunden hat. Wenn die Nacht nicht vollständig ist, werden wir dazu getrieben, sie weiter zu verdunkeln, bis wir selbst schwarz eingefärbt sind. Dann verwandelt sich die Dunkelheit in eine Art Liebhaber: Wir leisten ihr um ihrer selbst willen Gesellschaft, lernen, uns in ihrem harten, schmalen Bett zu bewegen, Wärme zu finden in ihr, neue Kraft durch sie zu erhalten. Das erreichen wir, indem wir die Finsternis verfinstern.

Die Finsternis verfinstern

Wenn ich den Gram verdränge,
schmälere ich das Geschenk.
Eavan Boland[1]

Die Finsternis zu verfinstern muss kein bewusster Akt sein –
die Nacht kommt auch von selbst zu uns. Doch es kann uns
helfen, einen Wegweiser zu haben: zu wissen, dass die Nacht
sich, ob nun vom Schicksal geleitet oder durch unser eigenes
Handeln, vertiefen wird und die Qualen unserer Initiation
zunehmen werden. Verfinsterung hat etwas Unkontrollier-
bares an sich. Das macht sie so furchterregend und faszinierend. Doch ohne diese Eigenschaft könnte sie nicht funktio-
nieren: Nur was tatsächlich hinuntergesunken ist, kann auch
wieder emporsteigen.

Der Abstieg beginnt oft mit Verlust und der Erkenntnis
der Sterblichkeit; so können Krankheit, Beerdigungen und
Gedenkfeiern der Anlass unserer Verfinsterung sein. Die
Zerbrechlichkeit des Körpers ist eng verknüpft mit seinem
Vergnügen, und uns treibt, fast wie eine Pflicht, das Verlan-
gen herauszufinden, welche Art zu sterben die richtige ist für
uns und welche Art des Trauerns den Toten angemessen ist.
Dies ist ein Teil der Arbeit der dunklen Zeit.

Im traditionellen Buddhismus in Südostasien stellt man
sich dieser Aufgabe durch eine Sättigung mit Bildern von der
Vergänglichkeit des Körpers. Auch die schönsten von uns
werden bald faltig sein. Zähne fallen aus, Brüste hängen
schlaff herab, Operationen an Prostata und Gebärmutter
sind unser Schicksal. Schüler der Vergänglichkeit gehen hi-

naus in die Nacht und meditieren auf Friedhöfen, tauchen ein in die Wahrheit, die sie dort finden. Sie stellen sich vor, wie sie sterben, nacheinander all ihre Kräfte verlieren. Sie stellen sich einen wunderschönen Lebenspartner vor und stellen sich dieses liebliche Wesen dann gealtert, gebrechlich, sterbend und verwesend vor. Es klingt makaber, aber es wird im Dienst der Bewusstmachung unternommen. Wenn wir uns in der Dunkelheit auflösen, befreien wir uns von unserem Entsetzen. Wir entwickeln unsere Achtsamkeit in einem solchen Maß, dass sie uns in jeder Situation erhalten bleibt, einschließlich all der wüsten Vorgänge des Seelenbereichs und sogar der Aussicht auf unsere eigene unweigerliche Auflösung.

Die Meditation über die Finsternis muss nicht bewusst geschehen. Sobald wir uns dem Urquell zuwenden, beschwören wir die Nacht. Ein Mann wurde während intensiver Meditation vorübergehend blind. Er konnte seine Hände nicht mehr sehen, und Freunde mussten ihn einen Tag lang herumführen, bis sich die Blindheit wieder gab. Er fand zwar schließlich einen Arzt, der ihm eine physiologische Erklärung dafür gab, aber sein Symptom ist auch von einer gewissen symbolischen Schönheit. Der Zenmeister Koun Yamada pflegte zu sagen, dass die Meditation, die den Kopf von allem frei macht, falsche Blindheit wegnimmt und uns wahre Blindheit gibt. Die spirituelle Arbeit zieht uns zunächst hinunter zu den Fundamenten des Lebens, ehe sie uns emporsteigen lässt.

Hier ist eine weitere Geschichte der Verfinsterung – eine Totengedenkfeier für eine beruflich erfolgreiche junge Frau. Die zahlreichen Freunde hatten sich in ihrem Haus versammelt. Einige führten etwas vor, lasen Gedichte oder sprachen zu der toten Frau; fast alle tranken Alkohol. Auf einmal erfasste den Ehemann große Erregung, und er begann, ihren Namen zu rufen – ein Vorgang, der zugleich kompliziert und herzergreifend war, bei dem sich Elemente der hiobgleichen Anschuldigungen gegen Gott mit einer Bewegung hin zu der Toten verbanden. Einige der Anwesenden wurden recht ärgerlich und warfen ihm vor, die Zeremonie zu verderben, und gaben auch weiterem Groll Ausdruck. Ein junger Mann drehte völlig durch und griff den Witwer an; eine Fensterscheibe ging zu Bruch. Ich weiß noch, wie ich neben dem trauernden Mann auf dem Teppich lag, ihn hielt und gleichzeitig abschirmte, während er weiter murmelnd zu seiner toten Frau sprach. Fast alle gingen; die wenigen, die blieben, setzten sich auf das Bett und lasen aus Dylan Thomas vor. Dieser ruhige Akt der Achtsamkeit knüpfte die Seele des Abends wieder zusammen und machte ihr Auseinanderfallen zu etwas Bemerkenswertem, Überlebbarem und sogar Notwendigem.

Was war geschehen, um eine solche Unruhe auszulösen? Der Tod hatte den Mann gerufen, und dieser hatte auf ihn gehört, war eine Weile neben ihm geschritten, hatte dem Ungesell igen Gesellschaft geleistet. Es war, als habe sein Kummer den Schleier zwischen den Welten zur Seite gezogen und die Trauernden in einen Grenzbereich gezogen, in dem die Toten herumwirbeln und der Gram wie ein Wind dahingefegt. Als dann die Scheibe zu Bruch ging, beruhigten sich alle wieder: Der trauernde Mann taumelte zu Boden und blieb dort liegen. Es waren genug Opfer gebracht. Die Dichtung von Dylan Thomas flickte die menschlichen Verbindungen, die zerbrechlich schienen, wieder zusammen.

Verfinsterung – erregend, erschreckend – stößt uns weiter

in die Tiefen der Hölle hinab. Manchmal zieht uns die unwandelbare Finsternis in sich hinein, manchmal eilen wir aktiv und selbstzerstörerisch auf sie zu. In diesen Augenblicken ist es, als könnten wir nicht genug davon bekommen; wir wollen aufgehen in der urtümlichen Einfachheit der Nacht, unseres sterblichen Seins – erfüllt von Gefühl und dem Tode nah.

Gift – das Perverse und das Seltsame

Verfinsterung ist Seelenarbeit und läuft daher unserer Leidenschaft für Licht und Geist zuwider – unser Abstieg ist umgeben von einem Hauch des Paradoxen. Eine buddhistische Lehrrede erzählt, dass die Federn des Pfaus so leuchtend sind, weil er Gift isst, das dann in hübsche Farben verwandelt wird. So geht auch die Seele vor: Indem wir Gift und Verworrenheit aufnehmen, bewegen wir das Dunkle in unserem Leben hin zu Schönheit und Verbundenheit.

Masochismus, im Sinne einer gewissen Hingezogenheit zum Leiden und dessen ekstatischer Transformation, ist ein typisches Merkmal dieses Wegs. Der Grund dafür ist einfach. Das Leben bringt uns Leiden und trägt uns zur gleichen Zeit auf, es zu genießen. Leiden heißt also das Leben kosten. Der Abstieg fördert unsere Fähigkeit zu passivem Träumen, unsere Hinnahme des Schicksals, wie es auch aussehen mag. Wir können diese universelle Haltung am besten in ihrer ganz unverblümten Form erkennen – bei jemandem, der Bestrafung sucht.

Masochismus beginnt mit der Sehnsucht nach der Gewissheit von Überschreitung, Bestrafung und Vergebung. Ein Mann klopft an eine Tür und wird, nachdem ihm geöffnet wurde, gefesselt, ihm werden die Augen verbunden, und er muss warten; dann wird er ausgepeitscht, während man ihm seine imaginären Überschreitungen vorhält. Als leitender Angestellter empfindet er es als Erleichterung, keine Anordnungen geben zu müssen, etwas falsch gemacht zu haben, gedemütigt zu werden, einen anderen bestimmen zu lassen. Masochismus hat noch einen anderen Reiz. Durch Schmerz wird uns die Last des Bewusstseins genommen; die Körperlichkeit des Leidens bricht durch unsere Entfremdung und stellt sicher, dass wir an unserem eigenen Leben teilhaben. Und dieses Szenario gilt nicht nur für diejenigen mit ausgefallenen sexuellen Vorlieben, sondern stellt auch die Form der Liebe des Seniorchefs einer Anwaltskanzlei dar, dessen Frau solch heftige Wutanfälle bekommt, dass er jeden Tag mit immer tieferen Ringen unter den Augen zur Arbeit geht, während er mit zunehmender Unterwürfigkeit bei den trivialsten Handlungen ihre Erlaubnis einholt. Beim Masochismus werden wir von großen Kräften bewegt, und ihre Macht führt dazu, dass für kurze Zeit das Universum verständlich und die abstrusesten Regeln gerecht werden. Eine Welt voller Gründe ist voller Wichtigkeit. Selbst ihre Pein wirkt tröstlich.

Leiden kann Dazugehörigkeitsgefühl, moralische Erleichterung und Überlegenheit vermitteln. Der Wolf, der sich am Boden windet und seine Kehle zeigt, wird nicht angegriffen und hat einen wenn auch niedrigen Platz im Rudel. Wir unterliegen auch der Versuchung, uns den Status eines Opfers zu geben, selbst wenn wir dies in den Augen von Außenstehenden nicht verdienen, weil Opfersein gleichzeitig ein Appell und ein besonderes Schicksal ist – eine Haltung, die die Seele vor dem undurchdringlichen Blick der Ewigkeit einnimmt.

Das Perverse findet sich auch in den Fehlern unserer Mentoren. In der Tiefe der Nacht scheinen sogar unsere Führer beschädigt. Auch an den Helden des Geistes wie an jenen der Welt zehren ihre Verrücktheiten, ihre Wahnvorstellungen und heimlichen mitternächtlichen Stelldicheins. Die Überraschungen und Skandale spirituellen Lebens sind Teil seiner Bewegung zur Seele hin, interessant und notwendig wie die Magie.

Der Zen ist für seinen kriegerischen Stil und die markige Einstellung gegenüber dem Innenleben bekannt, doch als die Mönche des großen Tempels Nanzenji in Japan eines Morgens zum Meditieren hereinkamen, hing dort im ersten Zwielicht der Dämmerung ein Bündel von den Dachsparren: ihr Meister, tot. Die Leute flüsterten – konnte es sein, dass er nicht erleuchtet gewesen war? Doch diese Frage lässt sich unmöglich beantworten. Jener Lehrer ist nun jenseits unserer Erklärungen, unserer Hoffnungen und sogar unserer Vergebung; er hat sich auf seine eigene lange Reise gemacht, mit unbekanntem Ziel, und seine Tat ist zu einer Quelle unserer eigenen schmerzhaften Neugier geworden über den Preis, den wir zu zahlen haben, wenn wir – wie Ikarus, der der Sonne zu nahe kam – dem Geist zu nahe kommen.

Auch in unserer westlichen Gesellschaft finden sich Beispiele: Ein berühmter christlicher Prediger, ein Mann, dessen einziges Thema es war, gegen die fleischliche Lust zu predigen, wurde dabei ertappt, als er zu Prostituierten ging. Für seine Anhänger stellte dies zweifelsohne einen fürchterlichen Verrat dar, aber gleichzeitig wird er dadurch für uns alle zu einem Menschen, der komplizierter und einfühlsamer ist und näher an das Dunkel und dessen Möglichkeiten inneren Wachsens heranrückt. Die Laster der Großen sind uns teuer. Werden sie bloßgestellt, rufen sie Neid, Hass, Abscheu und Enttäuschung hervor. Wir erkennen, dass sie die Finsternis, durch die wir von ihnen geführt zu werden hoffen, noch nicht hinter sich gelassen haben – die Verheimlichung und das schäbige Mogeln zwischen dem öffentlichen und dem privaten Bereich.

Unsere höchsten Ideale werden stets verraten, weil sie in das Reich des vollkommenen Geistes gehören und kein einfacher Sterblicher sie lange aufrechterhalten kann. Doch auch im Scheitern findet sich Gutes, öffentliche Menschen werden dadurch in unsere Gemeinschaft gezogen, durchschaubar gemacht: Es stellt sich heraus, dass sie keine Denkmäler sind, sondern mit uns die heimlichen, fürchterlichen Orte der Initiation teilen. Diese Geschichten zeigen die raue Poesie der Reise in die Nacht, zeigen, wie viel Verzweiflung es selbst noch unter den Großen gibt und auch wie viel Komik – denn es ist letztendlich komisch, wenn die Helden auf Abwege geraten.

Fieber heilt man mit Fieber; Waldfeuer bekämpfen wir, indem wir ihm einen Brand entgegensetzen. Eine Schlange windet sich um den Heilstab des alten Gottes der Medizin, Äskulap, und man kann sie auch heute noch eingeritzt in die Glastüren von Krankenhäusern und Apotheken sehen. Äskulap soll Zugang zum Blut der tödlichen Gorgo Medusa gehabt haben. Blut aus dem rechten Arm tötete die Menschen, doch er konnte einen Blutstropfen aus dem linken Arm benutzen, um die Frischverstorbenen wieder zum Leben zu erwecken.

Aus unseren inneren Giften lassen sich also Heilmittel herstellen, wie in dem folgenden Traum über die Homöopathie des spirituellen und körperlichen Lebens. Die Träumerin war eine beruflich erfolgreiche Frau, die auf Grund einer körperlichen Erkrankung unter nebelhaften und quälenden Gefühlen litt.

Ich befinde mich in einem Dschungel. Ich beobachte eine ärztliche Behandlung, bei der eine Schlange auf die Brust eines Kindes gelegt wird, um das Gift herauszusaugen. Die Schlange ist leuchtend grün, gestreift, sehr lang und gewunden.

Die grüne Schlange im Traum ist wie der Dschungel voller Energie, in der Wellenform des Lebens. Das Bild sagt uns, dass wir einen Weg in die Tiefe der Gefühle und Fieberträume finden können, die uns krank machen, hin zu einer Lichtung in der inneren Wildnis, wo die Heilung darin besteht, vom Leben gebissen zu werden.

Die Vermählung mit der Nacht

Einerlei, ob das Schicksal uns hinwegträgt oder ob wir aktiv die Nacht suchen, es kommt eine Zeit, da wir uns, wie unbeabsichtigt auch immer, mit der Finsternis identifizieren – da wir uns mit ihr vermählen und in ihren Dienst treten. In solchen Zeiten können Trauer und Gram zunehmen, so als suchten wir einen Weg hindurch. Der antike Mythos, der diesen Augenblick beschreibt, ist die Geschichte der Persephone. Beim Spiel in den frühlingshaften Feldern stieß sie auf eine unwiderstehliche, herrlich duftende, hundertköpfige Narzisse, die von ihrer Großmutter, der Erdgöttin, hervorgebracht worden war. Doch als Persephone darauf zulief, um sie zu pflücken, öffnete sich die Erde weit, und Hades, Gott der Unterwelt, kam mit seinem von stampfenden Rossen gezogenen Wagen hervor und entführte sie hinunter in sein Reich der Stille. Ihre Mutter, Demeter, war so sehr von Trauer erfüllt – modern ausgedrückt, litt unter solchen Depressionen –, dass der Fortbestand der Erde gefährdet war, und Persephone durfte ans Licht des Tages zurückkehren. Doch in der Unterwelt hatte sie vom Marmortisch des Hades sieben Granatäpfel gegessen, und daher musste sie einen Teil jedes Jahres neben ihm als Königin der Toten regieren.

Der Mythos zeigt uns in unserer ersten Unschuld und zeigt auch, wie diese Unschuld vom Leben hinweggetragen werden muss. Die Erdgöttin setzt die Handlung in Gang, indem sie wie ein Töpfer eine unwiderstehliche Blume hervorbringt. Doch Persephone ist wie wir alle ebenfalls beteiligt. Sie isst, wie wir, von dem, was ihr an jenem dunklen Ort dargeboten wird, und akzeptiert damit die Sterblichkeit als Preis für die Inkarnation.

Wir sehen dieselbe innere Energie in einer zeitgenössischen Geschichte. Eine Frau war mit einem Mann verheiratet, der Feiertage und Geburtstage durch sein irrationales, gewalttätiges Verhalten ruinierte. Er gab ihr die Schuld an Dingen, für die sie nichts konnte, und schlug sie gelegentlich. Sie befanden sich fast ständig in finanziellen Schwierigkeiten. Von Freundinnen wurde der Frau geraten, ihren Mann zu verlassen, was sie, immer wenn er ihr wehgetan hatte, für kurze Zeit auch tat, aber sie fand jedes Mal wieder einen

Grund, zu ihm zurückzukehren. Eines Nachts hatte sie folgenden einfachen Traum:

> *Ich bin in einer Tiefgarage. Ein Gangster kommt mit seiner Limousine. Das Auto hält an, die Tür geht auf. Ich steige ein, und wir fahren davon.*

Hier zeigt sich eine falsche Vereinbarung im inneren Leben, ein Fortbestand des Status quo. Im Palast des Hades – der Tiefgarage, Spielplatz von Schießereien und von im Schatten lauernden Männern – steigt sie in den Wagen des Todes Gottes, des Fremdlings, der doch ewig vertraut scheint. Ihr Beschluss, mit dem Gangster zu gehen, die Ehe aufrechtzuerhalten, scheint im Dienst ihres Verlangens zu stehen, von einer harten Macht beherrscht zu werden, die Nacht zu vertiefen. Ihre Freundinnen redeten ihr zu und trauerten, genau wie Persephones Mutter. Aber sie bewirkten nichts: Die Frau aß weiter von den Granatapfelkernen im Haus ihres finsteren Herrn und war noch nicht bereit für den Frühling. Wenn sich jemand in der Hölle befindet und den Grund dafür nicht versteht, können wir nichts weiter tun, als ihm die Wärme unserer Hingabe zu gewähren und mit ihm zu trauern und seine Geschichte zu erzählen.

Manchmal scheinen wir in dramatischer Form die Finsternis eines früheren Traumas nachzuerleben, scheinen bei vollem Bewusstsein in die Nacht zu sinken, die wir in der Vergangenheit sahen, aber nie vollkommen erlebten. Eine Frau wuchs in einem ziemlich wohlhabenden Haushalt in Hollywood auf, der hinter einer ordentlichen Fassade von Glück und Schönheit ein dunkles Geheimnis barg: Ihr Vater vergriff sich sexuell an ihrer kleinen Schwester seit deren drittem Lebensjahr. Die Frau protestierte, doch da sie selbst damals nur ein Kind war, konnte sie nichts bewirken. Ihre Gefühle gegenüber ihren Erinnerungen waren vielschichtig – Trauer, Wut und sogar das Gefühl des Nichterwähltseins. Ihren ersten Selbstmordversuch unternahm sie als junger Teenager. In den folgenden Jahren verbrachte sie jeden Tag damit, sich vom Selbstmord abzuhalten. Nachdem sie diese schreckliche Zeit hinter sich gelassen hatte, schloss sie sich Motorradgangs an. Sie fuhr eine schwere, schnelle Maschine und betrieb Krafttraining. Sie lernte verschiedene Kampfsportarten. Würden wir diese Zeit ihres Lebens wie ein Gedicht lesen, dann war es, als habe sie die Rolle der Persephone in der Unterwelt akzeptiert und senkte ihr Bewusstsein herab. Es gibt Schamanen, die träumen, Tiere in der Unterwelt zu sein; Lucius, der Held im *Goldenen Esel* des Apuleius, wurde in einen Esel verwandelt und gezwungen, die Finsternis des Tierlebens kennen zu lernen. Die Frau schien aus den schmerzhaften Zutaten, die ihr von der Welt, in der sie aufwuchs, gegeben worden waren, ein Schaustück zu machen. Sie ging vollkommen in der Verzweiflung auf, aber ohne sichtbaren, öffentlichen Anschein von Schönheit oder Glück. Nicht selten war sie dem Tode nah. Wer sie liebte, konnte nichts tun, als sich zu sorgen, sie in seinem Bewusstsein zu halten und in der Rolle der Demeter abzuwarten.

Endlich zeigte sich die Dämmerung mit ihrem grauen Licht, und der Fiebertraum schien gebrochen. Die Frau konnte wieder weinen. Sie ging auf die Universität. Doch sie war wie ein Entdeckungsreisender des 19. Jahrhunderts, der in die Clubs von London zurückkehrt, das Gesicht noch von den Spuren einer tropischen Krankheit gezeichnet und die Arme mit Stammesmarkierungen versehen. Die Normalität blieb ihr stets ein wenig fremd: Ihre Wildheit, ihre Muskeln, die merkwürdige Originalität ihres Denkens schienen zu sagen: »Obwohl ich unter euch wandle, habe ich doch lange Zeit in der Nacht gelebt, und sie hat mich gezeichnet, und so wie ihr mich jetzt seht, so bin ich.« Während sie zwar Glück finden konnte, vergaß sie doch nie die Nacht und schien immer wie Persephone einen Teil des Jahres und ihres Selbst der Unterwelt zu widmen.

Die erste Kapitulation

Am Ende des Abstiegs kapitulieren wir, denn wir haben keine andere Wahl. Das bedeutet nicht, dass wir uns einer menschlichen Handlung ergeben: Wie Hiob fallen wir tiefer und tiefer in die Materie hinein, die gleichgültig ist gegenüber unseren Wünschen, unseren Schmeicheleien und unserer Intelligenz und die uns überwältigt. Als einziges Experiment bleibt, die raue, mahlende Kraft des Lebens an uns selbst zu erleben. In einem solchen Augenblick spricht keine einzige Stimme bewusst – es herrscht ein Stimmengewirr, eine Vielzahl von Fragmenten. Das Entsetzen steigert sich bis zu einem Punkt, da das Bewusstsein sich auflöst. Dann können uns sogar die heilenden Elemente verraten – wir träumen vielleicht, dass wir den Gartenschlauch andrehen und hervor kommen nur das Fell und die Schädelknochen einer Ratte, oder wir träumen von Wassertümpeln, auf denen ertrunkene Kinder schwimmen.

Dann scheinen wir nichts mehr zu sein als ein Körper, der dahin treibt, bloße Materie, die in den Wassern des Todes ge-

badet wird. Es gibt kein willentliches Bewegen, wir können
nichts tun – nackt ertragen wir, lassen mit uns geschehen.
Das Muster für unsere Kapitulation vor der Nacht findet
sich nicht im Geist, sondern im Körper – wenn wir krank
sind, wenn wir sterben, und bei Frauen vielleicht, wenn sie
ein Kind gebären. In solchen Zeiten ist es nicht möglich, das
Schiff des Bewusstseins zu steuern, denn wir sind in der
Macht von Kräften, die uns überlegen sind, und leben oder
sterben auf ihr Geheiß. Diese Kapitulation scheint uns wie
ein Tod zu sein.

So schwer es uns auch fällt, müssen wir dieser Absenkung
unserer Bewusstheit doch vertrauen, denn letztendlich müssen wir uns mit der Reise des Körpers zu seinem tatsächlichen, körperlichen Tod abfinden. Bei unserem Abstieg ist es
hilfreich, wenn wir unserem Leiden gegenüber die gleiche
Einstellung annehmen, die wir in Gegenwart eines Sterbenden haben, bei dem wir während seiner letzten Stunden sitzen. Ein Sterbender kann halluzinieren, dement sein, unfähig,
sich zu bewegen oder zu sprechen, im Koma liegen. Wenn
wir neben jemandem sitzen, der in einem solchen Zustand
ist, bleibt uns nur das Vertrauen. Wir vertrauen nicht darauf,
dass es ein Happy End geben wird, sondern darauf, dass dieser dunkle Augenblick selbst Leben darstellt und seine eigenen Gründe hat.

Wenn wir genau hinhören, erkennen wir ein Urbewusst-
sein, mit dem wir uns verbinden können, sogar im Koma. Es
gibt immer den Atemrhythmus, und es gibt die besondere
Geisteshaltung, die bei uns durch den Menschen, bei dem
wir sitzen, ausgelöst wird, die besonderen Bilder, die sich bei
uns einstellen, völlig anders als die Bilder, die von anderen
Menschen ausgelöst werden. Inmitten des neurologischen

Wracks rührt sich ganz leise etwas. Wer dem Tod Gesellschaft leistet, erweitert seine Fähigkeit, alle Teile des Lebens zu ehren, und lernt, dass selbst das Unerträgliche ertragen werden kann.

Unsere Träume von verletzten Körpern und unser starkes Interesse an Geschichten von Verlust und Sterblichkeit zeigen, dass sogar der Tod ein Etwas ist: Ihm beizuwohnen ist lediglich eine unserer Aufgaben als Lebewesen. Wenn wir unseren Abstieg beginnen, wird uns das zuteil, wofür wir bisher nur Mitgefühl empfanden. Dann ist es die Aufgabe der Welt, uns zu halten, denn wir können uns selbst nicht mehr halten.

Der Körper, das dunkle Fundament

Nun da meine Leiter nicht mehr ist,
muss ich liegen, wo aller Leitern Anfang,
im stinkenden Trödelladen des Herzens.
W. B. Yeats[2]

Der Grund der Nacht ist von solcher Dichte, dass die Alchemisten darin nicht einen Vorgang, sondern Materie sahen. Sie nannten ihn *prima materia,* weil er für sie den ersten rohen Aspekt des Lebens darstellte – urtümlich, unberührt von jeglichem Geist und doch Fundament für alles Folgende, für alle Weisheit und Kunst.

Wenn wir diese Stufe erreichen, bekommen die Dinge ihre höchste Festigkeit. Diese Grundsubstanz ist neutral und unpersönlich, doch zunächst empfinden wir sie als abstoßend und fremdartig – Fundamente haben keinen Sinn für Nettigkeiten. Ihre Schwere und Formlosigkeit erschweren eine Zusammenarbeit. Der Grund der Nacht hat keine direkte Stimme und spricht in Symptomen und Pathologien, auch über das, was wir an uns selbst unerträglich finden, und bittet uns, das Verachtete und Gefährliche als Teil unseres Selbst anzuerkennen.

Und je mehr wir uns mit diesem Widerstand und Schmerz beschäftigen, desto gründlicher, desto besser ist unsere Verfinsterung, vorausgesetzt, wir finden wieder aus ihr heraus. Alchemistische Autoren betonen die Wichtigkeit des richtigen Ausgangsmaterials, das von Alchemist zu Alchemist verschieden und gewöhnlich äußerst bizarr ist – Hundefäkalien, der Eiter aus offenen Wunden werden empfohlen. In unserem Innenleben können Trauer, Wut, Inkompetenz, Hilflosigkeit, Scham die Grundbestandteile der Finsternis sein. In gleicher Weise muss im Märchen von Dornröschen die böse Fee zur Taufe – dem Beginn des Lebens – eingeladen werden, weil sie andernfalls das Neugeborene verfluchen würde. Auch schreckliche Symptome können Bestandteile der Finsternis darstellen, wie zum Beispiel zügellose sexuelle Lust, ein heftiger Wutanfall, Drogenabhängigkeit oder ein merkwürdiges Symptom wie Transvestismus. Alles, was verachtet wird und keinen Platz erhält, wird selbst zur Quelle von noch ungeborener Schönheit.

Der Grundstoff der Materie ist dem Geist derart entgegengesetzt, dass aus diesem Gegensatz schon wieder eine Beziehung wird, wie im folgenden Traum einer Frau von dem, was wir vorfinden, wenn wir den Boden des Abgrunds erreichen. Das Traumfragment verknüpft ihre innere Lage mit einer antiken Geschichte, dem Abstieg des Geistes in die Materie.

Ich befinde mich am Fuß der Treppe. Zu meinen Füßen finde ich eine zusammengeknautschte Tüte, und ich schütte ihren Inhalt aus. Eine tote Krähe fällt heraus. Sie ist keines natürlichen Todes gestorben. Ihr Körper wurde grausam verstümmelt.

Dieses Bild erinnert an gnostische Legenden, in denen die Seele vom Himmel herabsteigt und verbogen und in Materie gezwängt wird. Die Traumkrähe ist eine aus dem Licht und der Luft herabgefallene Kreatur. Der Aasfresser ist zum Aas geworden; seine Federn sind dunkel, und sein Leben ist ausgehaucht. Nichts könnte nutzloser oder materieller sein als eine tote Krähe – sie ist nicht einmal Nahrung.

Doch je tiefer wir in die Nacht eindringen und je offensichtlicher und unbezweifelbarer die Hartnäckigkeit des Grundes wird, desto weniger abstoßend wirkt er. Manchmal erscheint das Fundament so klein, unbeachtet und unbedeutend, dass es keine Abscheu oder Angst mehr erregt – man nimmt es kaum noch wahr. Eine Engländerin gründete in einer damals ziemlich neuen melanesischen Nation ein Institut, in dem sie dort ansässige Künstler unterrichtete. Einer begann, indem er ihr sorgfältige Kopien von Cartoons brachte – von Plakaten, die er auf der Straße gesehen hatte. Das war alles, was er sich unter dem, was sie als Kunst bezeichnete, vorstellen konnte. Die Engländerin war der Verzweiflung nahe. Doch eines Tages entdeckte sie in der unteren Ecke einer Zeitung einen winzigen, schwarzen Krakel. Der Schüler sagte zaghaft, es sei eine Spinne. Dieses kleine, schwarze Insekt war seine erste eigene Kreation, und die Engländerin bat ihn um mehr davon. Das war der Wendepunkt. Vorher war nichts von ihm selbst wert gewesen, in das Werk eingebracht zu werden, und daher war nichts darin lebendig. Der nächste Krakel war größer. Der Mann begann, die Dinge um ihn herum – Menschen und Hubschrauber und Hunde – zu zeichnen und zu malen; seine überströmende Kraft des Sehens führte ihn in ein neues Leben als Künstler und zu internationalem Ansehen. Jener erste Krakel hatte keine besondere Form und kaum einen Inhalt, doch er bildete die Grundlage seines Werkes.

Zum Material der Seele vorzustoßen ist eine Leistung. Wenn wir damit beginnen, indem wir fallen, sind wir uns des Fundamentes kaum bewusst. Es ist Grundgestein, und wir müssen vollkommen zerlegt werden, ehe wir uns erreichen können.

Wenn das Fundament in seiner neutralen, unauffälligen Form auftaucht, ist die Reinigung nahezu abgeschlossen. Ein spiritueller Lehrer träumte von diesem Augenblick blanker, dichter Einfachheit.

In dem Traum gibt es nur einen schwarzen Stein, wie Nacht ohne Sterne. Er füllt mein Bewusstsein. Es gibt nichts außer ihm.

Ohne unsere Gefühle ist der Grundstoff, von dem wir abhängen, undifferenziert und unbestimmt. Doch sein Erscheinen markiert einen bedeutenden Augenblick. Dieser Felsen ist die Quelle. Die Kathedrale von Chartres besteht aus Steinen und ebenso das Häuschen eines Arbeiters, die Mauern von Machu Picchu und ein Küchenboden. Erst wenn wir das Fundament erreicht haben, erhält unsere Kapitulation einen Sinn – wir haben etwas gefunden, auf dem wir aufbauen können. Gary Snyder drückt es so aus:

Niemand liebt Gestein,
und doch sind wir hier.

Wenn die Grundsubstanz, wie in dem Traum von der toten Krähe, als ein totes oder verstümmeltes Tier erscheint, sind wir der Möglichkeit der Transformation nähergerückt. Eine Frau hatte allen Halt verloren und begonnen, durch ihr Leben zu fallen. Die Überzeugungen, an denen sie sich einst orientierte, ihre Lebensstrategien standen nun unter ungeheurem Druck. Sie hatte einen Traum, in dem Verstümmeln und Nähren verbunden waren.

Es ist Nacht in meinem Traum. Menschen haben sich um die Teile einer zerstückelten schwarzen Kuh versammelt.

Dieses Bild zeigt die versteckte Affinität zwischen der Nacht und dem hinzutretenden Geist. Die Kuh ist, anders als die Krähe, ein Bild aus der Welt der Materie, mit der wir arbeiten können – fruchtbar, nährend, zerstückelt, daliegend, jenseits allen Denkens –, und daher versammeln sich die Menschen um sie. Die Buddhisten sprechen von einem Speicher-Bewusstsein, einem Kompendium und unendlichen Trödelladen des Verstands, in dem sich alles befindet, was wir vergessen haben, alles, was unsere Vorfahren vergessen haben – der Anblick eines Mammuts neben einem Gletscher, der devonische Ozean, der in unseren Adern fließt, der Stoff in unseren Zellen, der keine Stimme hat. Da wir nicht unsere eigenen Kräfte einsetzen und dennoch irgend etwas das Leben erhält, haben wir den unwandelbaren Kern erreicht. Wir können das schwierige Etwas begrüßen. Die schwarze Kuh liegt in jenem Speicher, unterhalb von Bewusstsein und Verzierung. In Stücke gehackt ist sie nützlich, sie kann die Felder düngen, ihre Haut lässt sich zu einer Jacke oder Schuhen verarbeiten, und wir können sie essen, wie wir beim Abendmahl den Körper Gottes essen. Der Tod der schwarzen Kuh macht Leben möglich.

Mitgefühl um Mitternacht

Wenn sich die Urmaterie zeigt, wirkt sie nicht wie die Hauptattraktion. In unseren Träumen gibt es den Stein. Im spirituellen Leben gibt es ausgedörrte Wüsten oder eine Felswand, die uns den Weg versperrt. Dieses Urmaterial manifestiert sich auch als Ameisen bei einem Picknick, als Bettler in einem Mantel vor einem Café. Das Haar des Bettlers ist verfilzt, sein Blick irr, und er riecht. Er möchte Essen haben, er möchte unseren letzten Kanten Brot mit uns teilen, damit wir unsere Verwandschaft mit ihm und allem Demütigen, Zurückgewiesenen zeigen. Unser Verhalten ihm gegenüber stellt den Wendepunkt in unserem Leben dar. Wenn wir ihn annehmen, akzeptieren wir unsere eigene Finsternis und nehmen ihn gleichzeitig in die menschliche Gemeinschaft auf.

In alten Mythen verwandelt sich der Bettler in einem solchen Augenblick in einen Gott. Und was dürfen wir erwarten, wenn wir dem verkleideten Gott zu essen geben? Uns werden auf ewig die Segnungen des Himmels sicher sein. Und worin bestehen diese? Oh, in nichts Besonderem – Olivenöl, Weintrauben, ein Platz am Tisch, ein Bett, den Anblick von Kindern, die hinauslaufen in windiges Wetter – die wahre Farbe unseres Lebens wird sichtbar für uns, die Reichtümer der Seele. Im folgenden Traum einer Frau tritt der Urstoff ins Bewusstsein und bittet um unsere Zuwendung.

> *Ich habe ein Kind – es ist schwarz, vernachlässigt, unbekannt. Ich erkenne das Kind überhaupt nicht. Mir war gar nicht klar, dass ich noch ein Kind hatte. Ich bin zunächst sehr verwirrt. Doch dann merke ich, dass ich das Kind stillen kann, ob ich es nun erkenne oder nicht. Ich kann für es sorgen.*

In diesem Traum ist der Säugling wie das Jesuskind – ein Versteck für den Geist, das Göttliche in Verkleidung. Wenn wir das Fundament als einen Säugling sehen, können wir es lieben, und mit der Liebe stellt sich inmitten der Finsternis das Mitgefühl ein, ein Mitgefühl, das uns helfen wird, den Weg zurück zum Leben zu finden. In der nächsten Geschichte wird dieses Thema weitergeführt:

Eine Frau erzählte ihrem Geliebten, dass sie Krebs habe, obwohl das nicht stimmte. Diese Handlung ist so weit entfernt von jeglichem normalen Denken, dass sie als ein Akt aus der Tiefe des Abstiegs erkenntlich wird. Die Frau erklärte es vor sich selbst jedoch so, dass ihr Vater sie schlug, während er ihr sagte: »Wenn du nicht lügst, wirst du auch nicht geschlagen« – aber er schlug trotzdem. Sie begann als Gegenreaktion zu lügen, und zwar meistens, indem sie vorgab, dass sie krank sei. Sie wusste, dass sie sowohl bei ihrem Geliebten als auch bei ihrem Vater damit Mitleid und Verständnis – die freundlichen Gefühle, die die Menschen verknüpfen – hervorrufen und das ihrem Leben innewohnende Leiden lindern wollte. Eines Nachts hatte sie dann einen Traum:

Ich bin in dem Haus, in dem ich aufwuchs. Meine Eltern sehen müde und traurig aus. Das Haus müsste geputzt werden. Ich spüre den Wunsch, es für sie zu putzen, damit sie in einem sauberen, sonnigen Haus sind und glücklich sein können. Ich fange an zu putzen.

In diesem Traum geht es nicht darum, ob die Frau gerade Ärger mit ihrem Geliebten hat oder ob sie einsam ist. Er zeigt vielmehr, dass sie weicher wird gegenüber den Ikonen ihres inneren Lebens: Ihre Traumeltern sind klein und menschlich geworden, und Mitgefühl hat sich als Naturgewalt eingestellt. Die Träumerin macht sich Sorgen um andere, hat den Wunsch, den Dreck und die Flecken des Lebens anzugehen. Es zeigt sich vielleicht noch keine neue Orientierung, aber das Tor ist aufgestoßen. Mitleid für unsere Eltern zu empfinden heißt, Mitgefühl mit unseren eigenen Geschichten und wiederum mit der Geschichte unserer Eltern zu haben, heißt, die Sonne in die Schrecken der alten, doch stets so nahen Vergangenheit scheinen zu lassen. Und nachdem die Frau nun Mitgefühl mit ihren Eltern empfinden kann, ist auch der nächste Schritt zur Akzeptanz ihrer selbst, der ihr widerfahrenen Grausamkeiten und ihrer eigenen Fehler nicht mehr groß. Sie braucht nicht mehr einen Tropfen Mitgefühl aus einer erschöpften Quelle zu stehlen – sie träumt das reinigende Wasser selbst herbei.

Mitgefühl ist ein Geschenk, das sich unaufgefordert einstellt. Der traditionelle buddhistische Name für jemanden, der Mitgefühl hat, lautet *Bodhisattva*: der, der zum Wohle aller anderen lebt. Selbst nach der Erleuchtung bleibt der Bodhisattva mit anderen im Reich von Geburt und Tod und Trauer, weil er dem Licht im Zentrum der Dinge dient. Dieses Motiv stellt sich ganz natürlich ein, wenn wir uns am Grunde des Lebens befinden – wir könnten, sogar oder gerade wenn wir uns am verlorensten fühlen, in uns die Eigenschaften eines Bodhisattvas entdecken. Eine junge Frau, die mit unheilbar kranken Patienten zusammenarbeitet, hatte folgenden Traum:

Ich habe gerade erfahren, dass ich Magenkrebs habe. Ein schreckliches Gefühl des Verlusts frisst an mir. Mir wird klar, dass ich meine Zukunft verliere, meine Heiratspläne, die Kinder, die nun nicht geboren werden können, meine Karriere. All die Dinge, die ich nicht gelebt oder erfahren habe. Ich frage meine Freunde, doch niemand kann mir helfen. Dann stehe ich in einem Einkaufszentrum, und dort ist eine Frau, die sich im Endstadium von Magenkrebs befindet. Man zieht sie gerade um, direkt dort auf dem Boden vor den Blicken aller. Ihr wird jegliche Würde geraubt. Mir wird klar, dass mich das Gleiche erwartet. Ich rufe meinen Arzt an, und der sagt, dass es außerhalb von mir niemanden gibt, der mir helfen könnte. Ich muss das, was ich brauche, in mir selbst finden. Ich wache auf und fühle mich enttäuscht, verängstigt und allein.

Dies ist ein Traum der Einfühlung in andere Menschen. Die Träumerin befindet sich in der Lage der Patienten, die sie jeden Tag sieht, und ihre Distanz, die Mauer zwischen ihr und den anderen, ist zusammengebrochen. Sie ist nicht länger unschuldig, unterscheidet sich nicht länger von den Sterbenden – auch sie bricht auf, und am Ende wird nicht einmal ihr Schamgefühl durch ihre Kleider geschützt sein. Das Gute, das wir tun, hat seinen Preis. Hier sehen wir, welchen Preis diese Frau gezahlt hat, und die Schönheit dessen, was sie gezahlt hat. Andere Menschen werden ihr Leben nicht für sie leben; jetzt wird sie es selbst erleiden und genießen.

Im Abgrund tiefster Nacht steht uns die Figur der Pietà zur Seite. Dieses Bild mütterlicher Standhaftigkeit und Träumerei leugnet Zeit, Tod und die offensichtliche Wahrheit, dass das Leben zerbrochen ist; es zeigt sich in den Frauen, die den toten Jesus baden und salben, und in den Frauen in einem Wohnwagen, die den Körper eines toten Jungen massieren, damit sie seine Glieder beugen und ihn säubern und anziehen können. Nichts wird hier hervorgebracht, aber die Liebe wird erhalten, und das genügt; es wird genügen müssen. Aus diesem Mitgefühl auf dem Grund der Hölle wird alles andere geboren.

Einfühlung ist ein Akt der Phantasie – am Leben eines anderen Menschen teilhaben heißt eine Verbindung herstellen, die in der Nacht der Verzweiflung nicht möglich ist. Die Phantasie führt uns aus der Finsternis hinaus. Doch wenn wir uns in der Finsternis befinden, liegt jeglicher Willensakt, jegliche Anstrengung jenseits unserer Kräfte. So wird Mitgefühl, dieses armselige, kleine, erste Stück der Vorstellungswelt wie das Leben selbst aus dem Nichts geboren und ist jenseits all dessen, was wir beabsichtigen oder verdienen.

Coleridge hält den Augenblick des Wandels und seine ungewollte Anmut in dem Gedicht »Der alte Seemann« fest. Der Abstieg des Seemanns war ausgesprochen verheerend: Er hat den Albatros getötet, die Männer seines Schiffes verfluchten ihn, bevor sie starben, und nun geht er langsam zu Grunde, treibt auf dem Meer dahin, allein, zum Skelett abgemagert, von Durst und Reue gequält. Er versucht zu beten, doch kann es nicht. Wasserschlangen tauchen auf, Symbole des Verderbens, das er mit seinem Verbrechen in der Natur freigesetzt hat. Aber immerhin sind sie Leben: Sie spielen auf dem Ozean, ziehen ihrer Wege, ohne ihn zu bemerken. Und ihr Anblick allein führt in ihrem verzweifelten Zeugen eine Wandlung herbei:

> Oh, glücklich ihr! Wie schön ihr seid,
> Sagt eine Zunge nie!
> Ein Quell der Liebe strömte in mir,
> und glücklich pries ich sie.[4]

Die spontane Freude und Einfühlung des Seemanns brechen den Bann. Doch damit ist seine Pflicht noch nicht beendet. Er erhält eine andauernde und einzigartige Charakteraufgabe – Fremden seine Geschichte zu erzählen. Dies ist der Anfang des Wegs, der im Osten der Weg des Bodhisattvas heißt. Die Handlungen eines solchen Menschen sind nicht mehr selbstsüchtig, sondern werden zum Wohle des Ewigen unternommen. Mitgefühl, Bewegtheit hat ihn aus seiner Stagnation befreit, und nun muss er die Seelen anderer berühren.

Zum Wohle der Nacht und ihrer Wesen

Zum Wohle der Nacht zu handeln ist eine schwere Aufgabe. Für Dante leidet die Landschaft am Grunde der Hölle unter Mangel: Es gibt weder Gesang noch Lebewesen, noch Wärme. Alles ist Eis, erstarrt und bewegungslos. Im Innern der Menschen gibt es kein Sehen, keine Wahrnehmung, keine

Fähigkeit zur Hingabe. Indem wir zum Wohle der Nacht und des Lebens in der Finsternis handeln, fordern wir jene Stücke unseres Selbst zurück, die unwiderruflich in der Materie festzustecken scheinen, die Schwächen und Fehler all dessen, was vernachlässigt, unzulänglich, störrisch ist, sich der Erleuchtung widersetzt, sich nicht erheben kann. Wir halten nach der Dämmerung Ausschau in einer tiefen inneren Kluft, in der wir die Süße unserer Pein erfahren müssen, erkennen müssen, dass die Trauer wie die Freude ihre eigene Einheit und Landschaft darstellen. Die Leiden des Lebens erflehen Hingabe; sie sind Waisen, wollen geliebt werden, strecken ihre kleinen Hände aus, die größer und kräftiger werden, wenn wir sie ergreifen.

Der Körper Jesu, geschunden am Kreuz hängend, bietet ein Bild der Urmaterie. Es ist der Körper eines Verbrechers, der von seinen Gefährten im Stich gelassen wurde, der gemartert wurde und eines langsamen, schmachvollen Todes starb. Da ihm von Menschen nicht mehr geholfen werden kann, wird der Leichnam heruntergenommen und dem Fels des Grabes anheim gegeben, wo die Ewigkeit mit ihm nach Gutdünken verfahren kann. Und Frauen kommen, den Körper zu baden und zu salben: Ihre Fürsorge für den geschundenen Leichnam mildert die Finsternis ein wenig, und nach drei Tagen der Todesstarre öffnet sich eine Tür. Wenn eine neue Zeit beginnt, verschwindet die Finsternis nicht für immer und ewig. Mitgefühl zeigt uns unsere Aufgaben auf. Wie Dante mit seinem Führer verlassen wir die Hölle, um ins Fegefeuer einzutreten, den Ort, an dem Lasten um der Liebe willen übernommen werden.

5. Kapitel

Aufstieg zum Licht

Die Aufgaben der Liebe

Die Liebe ist, wie die Sterne über dunklen Feldern, das Geschenk der ewigen Mächte. Wir wissen nicht, woher sie kommt; sie ist das Lied, das das Universum sich vorsingt. Und wie andere Schönheiten auch ist sie ein anstrengender Gast. Sobald die Liebe sich einstellt, müssen wir ihr dienen – wir waren nackt und müssen uns nun Kleider überziehen und arbeiten.

Es macht glücklich, die Aufgaben anzugehen, die uns aus der Finsternis führen. Durch Arbeit erhalten wir einen Platz in der Welt – einen Platz, den das Kind findet, das mit einem kleinen Besen in der Küche hinter den Erwachsenen herläuft oder das Fell des Kängurus fest hält, das neben dem Feuer gehäutet wird. In Dantes Fegefeuer ertragen die Seelen, anders als in der Hölle, ihr Leiden freudig, denn sie wissen, dass es sie reinigt und Gott näher bringt. Dies ist die altehrwürdige Einstellung zu spirituellem Bemühen, bei dem die Freude aus einem Mangel an Selbstsucht kommt. Unser Vergnügen liegt darin, die richtige Last zu tragen, und das wird erreicht durch den Wandel, den wir in der Finsternis gemacht haben, als wir weder Kraft noch bewussten Willen hatten und die Liebe uns hindurchhalf.

Auf diese Weise bleibt ein Vater am Bett seines fiebernden Kindes sitzen und kühlt dessen Stirn. Er kann hundemüde sein und am nächsten Morgen zur Arbeit gehen müssen, und die Nacht ist lang und beängstigend, aber Schlaf ist nicht sein höchstes Verlangen. Das Kind erbricht sich über ihn, doch das ist ihm egal – er ist glücklich, sein Kind zu haben, das lebt und gewaschen werden muss. Diese Arbeiten machen ihn zu einem Vater, geben ihm ein Leben jenseits seiner selbst.

Eine solche Selbstlosigkeit kann sich auch in harten Zeiten zeigen. Einer der Nachbarn meiner Kindheit hatte an der berüchtigten Burma Road gearbeitet – ein Name, der allen, die ihn hörten, einen Schauer über den Rücken jagte. Im Zweiten Weltkrieg hatten die Japaner ihre Kriegsgefangenen als Sklaven herangezogen, um eine Verbindung durch den Tropenwald Südostasiens zu bauen. Die Männer mussten hungern, wurden nach Belieben verprügelt und umgebracht. Mein Nachbar wurde einer Gruppe von Bergleuten aus Cornwall zugewiesen, die Steine brachen. Es ist nicht klar, warum diese Männer für diese Arbeit auserwählt wurden – durch Zufall, Willkür oder einen anderen Grund. Doch die Bergleute retteten meinem Nachbarn das Leben – sie brachten ihm bei, auf den Klang des Hammers zu hören. Klopf, klopf, klopf, so klopften sie den ganzen Tag unter geringstmöglichem Krafteinsatz, lauschten auf die unterschiedlichen Stimmen, die dumpfen und die hallenden Töne, hinter denen sich Verwerfungen im Gestein verbargen. Abends, so erzählte er, gaben die Männer dem Felsen an der richtigen Stelle ein paar tüchtige Schläge, und er zersplitterte. Auf diese Weise hatte es den Anschein, als arbeiteten sie unentwegt, und sie produzierten auch ein kleines Quantum von herausgehauenem Stein. Ohne sich zu überanstrengen, ohne Aufmerksamkeit zu erregen, taten sie ganz, ganz langsam die ihnen zugewiesene Arbeit. Ihre Geduld und ihr intensives Horchen rettete sie, und sie halfen anderen mit ihrem Wissen: Achtsamkeit und Liebe waren hier miteinander verwoben.

Das Korn verlesen

Wenn wir aus der Nacht wieder emporsteigen, trennen wir uns ganz allmählich von ihrer undurchdringlichen Masse. In der Schöpfungsgeschichte kehrt mit der Teilung des Chaos in Tag und Nacht Ordnung ein. Himmel und Erde treten hervor, und alles andere folgt nach – Gras, Sterne, Tiere und das Drama des Bewusstseins. Der Geist haucht der dichten Materie Leben ein, Formen entstehen. An diesem Punkt unserer Reise, wenn wir uns gerade an unseren Aufstieg machen, findet auch in uns die Schöpfung statt.

In vielen alten Geschichten vom Aufstieg steht am Anfang die unmögliche Aufgabe des Sortierens und Unterscheidens. In dem Märchen von Amor und Psyche – einer Soap Opera der Klassik – berichtet Apuleius davon, wie die Heldin sich mittels unterschiedlicher Aufgaben aus der Finsternis erhebt. In dieser Geschichte sind viele Elemente der inneren Reise enthalten – der Fall aus der Unschuld, zwei Abstiege, nächtliche Aufgaben, darunter ein Abstecher in die Unterwelt, Hilfe von unerwarteter Seite und schließlich ein Aufstieg, gefolgt von einem Ehebündnis.

Psyche, gewöhnlich als »Seele« übersetzt, war die jüngste

von drei Schwestern und von solchem Liebreiz, dass die Menschen lieber ihr als dem Schrein der Venus ihre Aufwartung machten. Die Göttin der Liebe war verärgert und bat ihren Sohn Amor, Psyche in heißer Liebe zu dem verworfensten Menschen entbrennen zu lassen. Psyche ihrerseits war, da niemand den Mut besaß, einer solchen Schönheit näher zu treten, einsam und unglücklich und begann, ihren eigenen Liebreiz zu hassen. Ihre Eltern befragten ein Orakel, das ihnen riet, ihre Tochter auf eine Hochzeit mit einem abscheulichen, geflügelten Ungeheuer vorzubereiten, das selbst den Göttern Angst einjagte. Psyches Unschuld schien die Katastrophe angezogen zu haben, und sie bestand als gehorsame Tochter darauf, sich an das Orakel zu halten. Ihre Eltern kleideten sie in Schwarz und ließen sie auf einem Felsen zurück, wo sie auf ihren grausigen Bräutigam wartete.

Überraschenderweise blies der Wind Zephyros sie, während sie schlief, hinunter auf eine blühende Wiese. Sie erwachte ausgeruht und betrat einen herrlichen Palast, in dem sie von unsichtbaren Händen bedient und unsichtbaren Stimmen geleitet wurde. In der Finsternis der Nacht erschien ihr Ehemann. Er behandelte sie zuvorkommend, aber er hatte etwas Seltsames an sich, denn er verbat ihr, ihn zu sehen. Doch man gewöhnt sich auch an merkwürdige Dinge, und die Tage verflossen, bis Psyche eines Tages, nachdem sie schwanger geworden war, ihrer Familie mitteilen wollte, dass sie noch am Leben war.

Obwohl ihr Mann ihr davon abriet, holte sie ihre Schwestern in den Palast und beschenkte sie. Aber die Schwestern planten Böses. Sie beneideten Psyche um ihren Reichtum und redeten ihr zu, eine Lampe anzuzünden und ihren Geliebten im Schlaf zu töten, denn er sei ein Ungeheuer, das schwangere Frauen verzehre. Mit erhobenem Messer zündete Psyche die Lampe an und erblickte, in all seiner Pracht schlafend, Amor, den Gott der Liebe – tatsächlich ein schreckenerregendes, geflügeltes Monster, wenn auch wunderschön. Ihr schwanden fast die Sinne, und sie ließ einen Tropfen heißen Öls auf die betörende Schulter fallen; er erwachte und floh.

Daraufhin suchte Psyche überall nach ihrem Mann. Ihre Schwestern trieb sie durch deren eigenen Neid in den Tod. Doch sie konnte keinen Beschützer finden, und daher blieb ihr nichts anderes übrig, als sich der kalten Barmherzigkeit ihrer Schwiegermutter auszuliefern. Venus schlug das Mädchen und gab ihr vier Aufgaben.

Die erste Aufgabe bestand darin, einen riesigen Berg von Getreide – Weizen, Gerste, Hirse, Linsen, Bohnen, Mohn und Wicke – zu verlesen. Das war unmöglich, doch Ameisen halfen ihr, die Körner in Häufchen zu sortieren.

Psyches zweiter Auftrag bestand darin, goldene Wolle von menschenfressenden Schafen zu besorgen. Sie wollte sich in ihrer Verzweiflung schon das Leben nehmen, als ein demütiges, freundliches Schilfrohr ihr riet, bis zum frühen Abend zu warten, wenn die Schafe sich ausruhten und sie die Wolle von den Dornbüschen abpflücken konnte.

Als Drittes musste sie Wasser von der unzugänglichen Quelle des Styx holen, die von Drachen bewacht wurde. Ein Adler kam ihr zu Hilfe und füllte den Krug für sie.

Die vierte Aufgabe bestand darin, mit einer Büchse in die Unterwelt hinabzusteigen, die Königin dort um einen Teil ihrer Schönheit zu bitten und ihn Venus zu bringen. Diesmal erhielt Psyche Rat von einem freundlichen Turm, auf den sie gestiegen war, um sich voller Verzweiflung hinunterzustürzen. Der Turm trug ihr auf, auf ihrer Reise jegliche Bitten um Hilfe zu ignorieren, einerlei, wie bedürftig oder bedauernswert der Flehende auch wirken mochte. Auch solle sie im Palast der Unterwelt das Angebot eines Banketts und eines bequemen Stuhls ablehnen, sich stattdessen auf den Boden setzen und lediglich ein Stück Brot verzehren. Psyche folgte dem Rat und erhielt das Gewünschte. Da die Göttin der Liebe die Quelle der Schönheit ist, sollten wir misstrauisch sein, wenn sie uns bittet, mehr davon für sie zu besorgen, aber auf dem Rückweg aus der Unterwelt konnte Psyche der Versuchung nicht widerstehen und öffnete die Büchse. Sie fiel in einen tödlichen Schlaf, doch ihr liebeskranker Gemahl hatte sich inzwischen wieder erholt und konnte sie retten. Am Ende überredet Amor den Herrscher der Götter, der Ehe seinen Segen zu geben, und Psyche und Amor leben als Unsterbliche zusammen im Himmel.

Wir, die wir reisen, sind Psyche, die Naive. Wir fallen immer wieder und werden von allen verlassen. Auch Psyches erster Fall genügt nicht; er hat die Vorbedingungen für Bewusstheit geschaffen, doch nicht die Bewusstheit selbst. Die Nacht verfinstert sich weiterhin, und ein weiterer Abstieg erfolgt, wenn das Öl auf Amors Haut tropft. Psyche muss eins werden mit der Kargheit der Nacht, sogar im Palast der Unterwelt ist sie noch nicht auf dem Grund angelangt und muss weiter sinken, bis sie schließlich auf dem Boden sitzt und nichts als Brot isst.

Venus hasst Psyche aus den bekannten schwiegermütterlichen Gründen, doch hinter diesem Anlass für deren Qualen findet sich eine tiefere Wahrheit. Ehe wir Vereinigung finden, müssen wir Trennung erleben: Wir müssen ausgesondert werden, ehe wir geliebt werden und uns im Licht des Tages zu den anderen stellen können. Als Psyche die Körner verliest, wird sie nicht mehr ausschließlich durch ihre Beziehung zu ihrem Geliebten, Amor, bestimmt. Sie entdeckt, dass auch sie fähig ist, etwas zu tun, zu schaffen, bewusst zu sein.

Das Leben des Einzelnen tritt hervor, wenn wir uns von unserem dunklen Bett erheben. Wir haben gesehen, wie eine Frau das Mitgefühl entdeckte, als sie davon träumte, das Haus ihrer Eltern zu putzen. Wie Psyche wird sie nicht länger über ihre Eltern definiert, und indem sie Dinge für sie erledigt, schafft sie sich ein eigenes Leben. Sie hat ihr eigenes Schicksal, ihre inneren Erfahrungen, ihr Leiden gefunden. Sie kann mit ihren Eltern fühlen, weil sie ein Eigenleben hat; diese Trennung ist der Beginn der Freiheit. Auch Hiob profitiert davon, dass sein Gott verschieden ist von ihm; so kann er mit ihm streiten. Bewusstsein ist also kein passives Empfangen, sondern eine Leistung, das Resultat vieler Aufgaben. Am Anfang des Aufstiegs müssen wir unser Bewusstsein verdienen und uns aktiv bemühen, es zu schärfen.

Bei ihrer Reise zum tiefen Urzustand der Materie erhält Psyche unaufgefordert Hilfe, selbst von unbelebten Dingen. Sie erfährt eine Welle der Einfühlung, der Teilnahme, ein Gefühl der Wesensverwandtschaft mit Schilfrohr und Türmen und Vögeln. Und was ist mit den Ameisen, die ihr beim Verlesen der Körner helfen? Mir scheint, sie sind der Geist in Verkleidung, der mit den merkwürdigen Formen, die er annehmen kann, nur zu leicht übersehen wird, der sich in den ignorierten Stücken des Lebens versteckt und einer Frau beisteht, wenn ihr niemand anders mehr helfen kann.

Die Wege des Verstandes versperren

Auf ihren Reisen in die Unterwelt muss Psyche sich weigern, jenen zu helfen, die sie anflehen – wenn sie deren Welt beträte, würde sie dort fest gehalten und nie mehr in die Freiheit entlassen. Den Ruf der Welt zu ignorieren ist auf manchen Stufen des Weges unerlässlich. Abzulehnen, worum man gebeten oder was einem angeboten wird, öffnet uns dem Geist, und es ist erfrischend für die Seele, an jeglicher Aktivität gehindert zu werden, brachzuliegen mit der schwarzen Erde, nach nichts zu streben und nichts zu vermeiden.

Als der exzentrische Zenmeister Ikkyu, der angeblich ein unehelicher Sohn des Kaisers war, gefragt wurde: »Was ist das Wesentliche des Zen?«, antwortete er: »Achtsamkeit, Achtsamkeit, Achtsamkeit.« Nun, da der erste Aufstieg beginnt, wenden wir uns auf unserer Reise erneut nach oben, hin zum Licht unserer Unschuld. Achtsamkeit zu entwickeln ist die erste Aufgabe dieses Schritts und Voraussetzung für andere Aufgaben. Es gibt viele Möglichkeiten zur Übung der Achtsamkeit – Angeln, Steinehauen, Geigespielen, Operieren, Telefonieren –, doch ihnen allen gemeinsam ist die spirituelle Arbeit des Meditierens oder Betens, der Dienst am ewigen Herrscher, dessen rechtmäßige Kinder wir alle sind.

Die Meditation erfüllt nicht selbst die Aufgaben des Lebens, aber sie gibt uns den Raum, rückt den großen Hintergrund nach vorne, sodass alles, was wir tun, was sich in der Stille erhebt, von Kraft und Schönheit erfüllt ist. Beim Meditieren nehmen wir uns Zeit, setzen uns hin, schauen, während die Stille zunimmt – so versammelt sich der Geist in einem Gefäß, das die Seele bereitet hat. Dieses Schweigen ist die Transformation der ruhigen Stille des Todes, die so nah und überwältigend ist, wenn wir am Tiefpunkt der Reise in die Materie versunken sind. Spirituelle Stille kann sich bei jeder konzentrierten Tätigkeit einstellen. Bei unserem Aufstieg wird sie immer häufiger bei uns sein, wird Alltagsgeschehnisse durchdringen und uns bis in den Kern einfärben, doch am besten lässt sie sich durch die Meditation pflegen, denn hinter der Meditation liegt kein Zweck.

Zuerst ist die Übung von »Achtsamkeit, Achtsamkeit, Achtsamkeit« ein mühsames Unterfangen. Wir merken, wie sehr wir mit der Finsternis im Bunde standen. Wir wenden uns der Stille zu, doch unsere Gedanken und Gefühle stellen sich dazwischen. Sie, die selbst Leben darstellen, kommen in solcher Hülle und Fülle, dass sie das Leben hinausdrängen. Wir sehen daran, wie wir unsere Sinne haben dünner, schwächer, blass werden lassen. Ich begann gezielt mit dem Meditieren, als ich merkte, dass es mir unmöglich war, einen Sonnenuntergang zu betrachten. Beim Anblick der unendlichen blaugoldenen Landschaft von Queensland konnte ich einschätzen, kommentieren und Meinungen äußern, doch es gelang mir nicht, die Landschaft und das schwindende Licht einfach auf mich wirken zu lassen; mein unruhiges Bewusstsein ließ mich inmitten der Fülle darben.

Wenn wir uns in einem solchen Augenblick nach innen wenden, erkennen wir, dass wir immer noch im Abstieg, dem Absturz des Bewusstseins, verfangen sind – Gedanken, Gefühle und Empfindungen laufen wirr durcheinander. Ja, normalerweise herrscht eine außergewöhnliche Unordnung – ein Durcheinander von Plänen, Klagen, fixen Ideen, Freuden, Vergleichen, Vergnügen, Heiterkeit. Nichts davon ist an sich falsch, aber ihre Anhäufung bringt uns Leid. Nicht nur unsere Handlungen, sondern auch unsere Gedanken und Gefühle drücken uns nieder. Ein alter chinesischer Meister, Wumen Huaikai Mumon, drückte es so aus:

> Hat man die Wege des alltäglichen Verstandes
> nicht ausgelöscht, gleicht man einem Gespenst,
> das in Sträuchern und Bäumen herumspukt.[1]

Die Meditation ist also eine Fastenkur des Herzens, bei der wir für eine Weile nicht unserem Verlangen und unserer Angst folgen. Wir hören auf, uns an die Dinge unseres Lebens zu klammern, nicht, weil diese keinen Wert hätten, sondern weil, wenn wir von ihnen erfüllt sind, von uns selbst zu wenig übrig bleibt; wir können die Dinge nicht mehr richtig unterscheiden oder sie genug lieben.

Das Leben ist ein Geschenk, das wir nicht verdienen. Es ist eines der Paradoxa des Geistes, dass wir Bewusstsein üben müssen, um dieses Geschenk zu empfangen. Gelegentlich genügt es, uns einfach dem zu öffnen, was kommt; doch irgendwann müssen wir uns die richtigen Fertigkeiten dafür aneignen. Darin unterscheidet sich die innere Arbeit nicht vom Erlernen eines Instruments. Die erste Aufgabe der Meditation besteht darin, uns vollkommen auf den Atem zu konzentrieren. Bei dieser Übung, die einem Bach-Präludium gleicht, achten wir, solange die Meditation andauert, auf nichts anderes als den Atem.

Wir gehen nicht auf das ein, was sich in das Bewusstsein schiebt. Wenn wir glücklich sind, kehren wir zum Atem zurück; wenn wir traurig sind, kehren wir zum Atem zurück; wenn wir gelangweilt sind oder die Meditation gründlich leid sind, kehren wir zum Atem zurück. Wenn wir von Frieden und Gelassenheit erfüllt und sicher sind, Fortschritte zu machen, auch dann wenden wir unsere Aufmerksamkeit wieder dem Atem zu.

Wenn wir unsere Achtsamkeit auf diese elementare Art entwickeln, sind wir wie Psyche, die einen bequemen Stuhl und ein Bankett zurückweist. Wir wissen, dass wir uns immer noch nahe der Finsternis befinden, in der es gut ist, einfach zu sein, bescheiden zu essen; wir sind noch nicht bereit für ein Festmahl. Also sind wir achtsam und bleiben achtsam. Innen und außen, die Welt kommt und geht, während der Atem – die grundlegende und natürliche Bewegung des Lebens – bleibt.

Wenn die inneren Ablenkungen abnehmen, erkennen wir, dass unsere Achtsamkeit bisher zu beschränkt war, dass wir Möglichkeiten des Menschseins zu eng sahen. Unsere Pläne und Ängste und Hoffnungen verbrauchen unsere Energie, sind aber oft eine Art von Träumen ohne Bezug zu ihrem Gegenstand – wir wollen dies, wir können jenes nicht ausstehen, wir sind verwirrt über etwas anderes, und dieses Auf und Ab ist nichts als eine Art Oper, die sich ständig im Inneren abspielt. Wir entdecken durch Erfahrung, dass es unsere Rolle in dieser Oper ist zu leiden.

> Nicht durch die Schuld der Sterne, lieber Brutus
> durch eigne Schuld nur sind wir Schwächlinge.
> *Shakespeare: Julius Caesar*[3]

Wer Dinge anhäuft, wird nach immer mehr Dingen verlangen, wer andere Menschen hasst, gebiert mehr Haß, auch Ambivalenz nährt sich selbst. Wir können dies durch Beobachtung auf die Probe stellen und merken, dass wir, wenn wir jegliche Aktivität zur Ruhe kommen lassen, die Erben einer natürlichen Freude sind. Uns fehlen unsere früheren Denkgewohnheiten nicht. Sie scheinen einer anderen, geisterhaften Existenz anzugehören, sind gegenstandslos, unfrei, schweifen hierhin und dorthin. Es ist eine Erleichterung zu sehen, was wir sehen, und zu hören, was wir hören, und uns nicht zu wünschen, dass irgendetwas anders wäre. »An keine Not zu denken beim Klang des Windes, beim Klang einiger Blätter«, wie Wallace Stevens schreibt.[3]

Wenn das Herz fastet und wir die Welt nicht verfolgen, dann beginnt die Welt, zu uns zu kommen. So, wie die Beschränkung Psyche auf ihre wahre Ehe vorbereitete, bereitet uns innere Askese auf die atemberaubenden Reichtümer des Lebens vor, für die wir noch nicht ganz bereit sind. Eine Frau hatte einen Traum, der Psyches Entscheidung gleicht, sich nicht ablenken zu lassen, sich auch für eine scheinbar gute Sache nicht vom Leben abzuwenden.

Ich komme in einen Ballsaal und will gerade auf die Tanzfläche treten, als eine Frau versucht, meine Aufmerksamkeit zu erregen. Sie sieht bleich und hilflos aus, als brauchte sie Zuwendung. Ich bleibe einen Augenblick stehen, fühle mich zu ihr hingezogen, doch dann wende ich mich ab, hin zum Ballsaal, und tanze auf die Fläche hinaus.

Einige Dinge, die wir geliebt haben, werden sterben – in diesem Traum verschwindet die Frau, die nicht am Tanz teilnimmt, aus den Gedanken der Träumerin, genau wie jene Personen, vor deren Bitten sich Psyche verschließt, auf ihrer

Weiterreise aus ihrem Bewusstsein sinken. Die Seele weiß, dass ein jedes seine Zeit hat und etwas, das stirbt, dem Neuen Platz macht.

Achtsamkeit nährt das neue Leben. Während wir meditieren, sind wir sogar frei von unseren eigenen Wünschen und Begierden. Wir kümmern uns nicht mehr um Dinge im Verstand, sondern um den Grund des Verstandes selbst. Wir wollen nichts und vermeiden nichts. Wir klären keine Verwirrung, wir streiten mit niemandem in unserem Kopf, wir haben weder Recht noch Unrecht, wir sind weder schuldig noch erfolgreich. Wir sind wie Walt Whitmans Tiere: »Keins ist Respektsperson oder unglücklich auf der ganzen Erde.«[4]

In einem anderen Traum wird die Träumerin Zeugin einer der größten Geschichten unseres Jahrhunderts:

Am Horizont wandert eine unendliche Schlange von Flüchtlingen. Sie sind hungrig und frieren. Ich begegne einem, der nur ein Bein hat. Sein Schicksal geht mir schrecklich nah, und ich ertrage sein Leiden kaum. Doch als ich näher trete, ist er unbekümmert. Er raucht fröhlich und lacht und scherzt mit den Umstehenden.

Ein solcher Traum heißt nicht, dass wir Flüchtlinge ignorieren sollten, die für uns nicht nur ihre eigene Bedeutung, sondern auch die Erinnerung an unsere Vorfahren und deren Wanderungen tragen. Vielmehr scheint der Traum eine innere Einstellung zu kritisieren, bei der wir dermaßen in Schmerz und Leid aufgehen, dass wir die trägen, sonnenbeschienenen Kräfte des Wachstums nicht mehr sehen. Simone Weil hungerte sich in London während des Zweiten Weltkriegs zu Tode, indem sie von den Rationen lebte, die der Bevölkerung des besetzten Paris zugeteilt wurden. Doch wie jemand anmerkte, der in Paris war, gab es in Frankreich einen Schwarzmarkt, und die Menschen bedienten sich aller möglichen Tricks, um zu überleben.

Weils Leiden war eine Bewegung in die Welt des Geistes, ein Kapitulieren dieser Welt vor dem so offensichtlichen Bösen. Wir ehren diese Geste – wir können nicht sagen, dass sie falsch war. Sie ist wie die der Albigenser in der Provence, die im 13. Jahrhundert von den Soldaten der katholischen Kirche bei lebendigem Leib verbrannt wurden. Sie waren Gnostiker, die die Welt als von Grund auf böse empfanden. Ihre Gemeinschaft brachte große Dichter und Sänger hervor und behandelte Frauen mit Respekt, und dennoch starben sie, weil sie sich nicht mit der Unreinheit des Lebens abfinden konnten. Im Laufe der Jahrhunderte treten immer wieder Haltungen wie diese hervor und sinken zurück. Doch die träumende Frau entscheidet sich für einen anderen Weg als Simone Weil. Sie hat entdeckt, dass es im Leben sichtbares Glück geben kann, und hat Psyches Weg hin zur Liebe *dieser* Welt eingeschlagen.

Die der Psyche auferlegten Aufgaben sind ganz offensichtlich unerfüllbar, und wenn wir zu meditieren beginnen, ist es dasselbe. Am Anfang, als ich mit dem Meditieren begann, fehlte mir einfach die Konzentration. Ich konnte mich hinsetzen, aber meine Gedanken nicht in ruhige Bahnen lenken oder mich auf meinen Atem konzentrieren. Eine der Standardmethoden der Konzentration besteht darin, sich auf das Ausatmen zu konzentrieren. Es bedeutete schon viel, wenn ich das bei zwei oder drei Atemzügen schaffte. Also beschloss ich, mich zweimal am Tag für eine halbe Stunde ruhig hinzusetzen, ohne mir über die Qualität dessen, was geschah, Sorgen zu machen. Dieser Augenblick entsprach dem Moment, da Psyche aufgibt und hilflos wartet in dem Zimmer mit dem Getreideberg, den sie nicht verlesen kann. Es dauerte ungefähr vier Jahre, ehe meine Meditation sich einigermaßen festigte und klärte, doch jene vier Jahre waren eine kostbare Zeit, als das Wogen meines äußeren und inneren Lebens allmählich Form annahm. Bei dieser Methode sprechen wir nicht direkt das an, was wir verändern wollen; vielmehr warten wir ab, bleiben in dem uns vom Leben gegebenen Dilemma und überlassen die Welt für eine Weile sich selbst.

Aufbegehren gegen die Nacht

Wir müssen die Trolle bekämpfen.
Ibsen[5]

Auch bei der spirituellen Arbeit gibt es das Anfängerglück, und schon bald erleben wir Augenblicke der Mühelosigkeit und des Friedens. Doch diese geben nur einen Vorgeschmack der Dinge, die noch kommen sollen; zunächst sind sie schnell wieder vorbei. Nun muss die Methode, der wir folgen, mit härteren Bildern beschrieben werden. In Zentempeln steht auf dem Altar oft eine Figur des Manjusri, der – wie ein Jesuit – ein Schwert und ein Buch hält. Das Buch enthält Weisheit; das Schwert tötet die alten Gewohnheiten des Herzens, das mit der dunklen Materie verschmolzene Unbewusste. Die Anwesenheit des Schwertes sagt uns, dass unser Aufstieg auch Mühen und Opfer verlangt.

Die Finsternis klammert sich fest wie Läuse im Haar eines Schuljungen – sie nistet sich wohlig ein; sie möchte unsere warmen Körper nicht verlassen; sie behindert uns und greift uns an. Immer wenn wir uns gerade zu entspannen beginnen, kehrt die Nacht zurück. Dies kann über unsere schmerzlichen Stimmungen geschehen, in denen sich vielleicht die Seele bemerkbar macht, die sich allmählich vernachlässigt fühlt. Vielleicht sind sie lediglich ein Merkmal der Landschaft, wie die Furcht erregenden Wege, die Psyche gehen muss. Wir können nicht viel gegen sie machen, nur das Schwert schwingen und zurück auf den Weg gehen. Indem wir mit ihnen kämpfen, vergrößern wir unser Selbstvertrauen und unser Selbstwertgefühl. Auch wenn wir wieder von der Finsternis überwältigt werden sollten, sind wir, falls wir einen echten Kampf geliefert haben, anschließend stärker, sobald das Rad sich erneut nach oben dreht.

Stimmungen haben etwas Unmenschliches an sich. In alten Erzählungen erscheinen sie als Füchse, Feen, Trolle und Engel, deren Kräfte und Absichten in keinem Verhältnis zu unserem Reich und Zustand stehen. Wenn wir uns ihnen gegenüber zu gastfreundlich zeigen, können uns selbst die wohltuendsten zerstören. Es gibt also Zeiten, da wir einer Stimmung widerstehen sollten, die Kette von Emotionen unterbrechen sollten, weil wir sonst von ihr überwältigt werden und uns mit ihr identifizieren.

Beim Meditieren ist dies die Zeit der Härte und Ausdauer. Wenn wir meditieren und es hassen, dann meditieren wir weiter. Unsere großartigen, neuen Ideen führen uns weg von den einfachen Aufgaben zum Beginn des Aufstiegs. In dem Augenblick, als Prinz Hal zu Heinrich V. wird, verlässt er Falstaff, den betrunkenen Kumpan aus wilden Tagen, ohne auch nur einen einzigen Blick zurückzuwerfen. In gleicher Weise trennt uns das Schwert der Achtsamkeit von den falschen Freunden unseres unbewussten Lebens.

Das Problem bei Stimmungen ist nicht der Stoff, von dem sie erfüllt sind – die Geschichten und Atmosphären –, sondern ihre Einfachheit und Unrichtigkeit. Eine Stimmung ist wie ein Dämon, immanent falsch. Stimmungen sind zu gehoben oder zu gedrückt. Im ersten Fall werden wir wie von einem gelben Ballon in die Höhe gehoben; eine Stimme sagt uns, dass wir faszinierend und erfolgreich sind. Wir können ihr stundenlang zuhören, aber schon nach einer kurzen Weile schwächt sie uns, liefert uns Vergleichen und Neid aus.

Im zweiten Fall zerbirst der Ballon plötzlich, und wir stürzen ab ohne Hoffnung auf eine weiche Landung. Wir reiten eine Art Attacke gegen uns selbst, bei der wir unsere Fehler und Schwächen überbetonen. Wir hören uns sagen, dass wir etwas falsch gemacht haben und nie wieder berichtigen können, dass wir nie glücklich sein oder Liebe verdienen werden, nie Erfolg haben werden bei den wichtigsten Projekten. Dieser Augenblick ist nicht der gleiche wie die Zeit völliger Finsternis, da wir im dunklen Loch der Verzweiflung stecken, unfähig, uns eine Meinung zu bilden oder Pläne zu schmieden. Dieser Angriff findet statt, während wir auf dem Weg heraus aus der finsteren Nacht sind.

Mit Stimmungen gehen großartige Worte und allgemeine Ideen einher, aber an Intelligenz sind sie uns unterlegen, sie neigen zu Schubladendenken – zu Unterteilungen in das Beste und das Schlimmste – und zu unnötigen Vergleichen, die das Leben hinausdrängen. Beim Sonnenuntergang gibt es kein Bestes oder Schlimmstes. Die Flotte der Fischerboote hebt sich schwarz gegen den Horizont ab, die Brandung bricht sich am Strand, und die Schaumkronen laufen gegen die Felsen; die Nebelbank verschluckt die Sonne, ehe diese den Himmel verfärben kann, die Kälte wischt über unsere Wangen, und wir erinnern uns an einen lange vergangenen Augenblick, da wir glücklich waren und froren; und wieder bricht sich die Brandung, und Pelikane, die Frachter der Vogelwelt und auch eine Art Flotte, tauchen in die dunkler werdenden Wasser, mitten in die Heringsschwärme. Eine Stimmung kann uns nur von der Eindringlichkeit des Abends wegtragen. Viele Menschen glauben, Stimmungen und Verzweiflung seien wahrhaft verdient und ein Teil ihrer Persönlichkeit, aber darin täuschen sie sich – sie sind die Propaganda des Ministeriums für Verzweiflung und des Amtes für Überheblichkeit. Indem Psyche sich von ihnen abwendet, indem die Meditation demütig weiter vor sich hin trottet, welken diese Stimmungen, wie andere Werbestrategien, und verdorren.

Bei unserem Bemühen um Achtsamkeit erkennen wir an, dass wir nicht unschuldig sind, dass die Finsternis auch Teil von uns ist – dass wir einen Sinn für die Nacht, für das Scheitern und die Not haben. Das ist es, dem wir uns in uns selbst stellen müssen. Es wird zu einem Akt des Willens, schweigend zu sitzen und bewusst zu sein oder auch nur morgens aus dem Bett zu steigen.

Befreiung vom Herrn des Todes

Die Kraft, uns von der Nacht zu trennen, wächst in uns, je vertrauter wir mit ihren Bewohnern und Methoden werden. So geschieht es im folgenden Traum einer Frau, die sich die Beziehung mit der Dunkelheit als eine Art schlechte Liebesaffäre vorstellt, von der sie sich frei machen muss. Sie befindet sich im Aufstieg und spürt doch das Ziehen von unten.

Ich war in einem Zimmer und hörte draußen Schreie. Ich ging zum Fenster und sah, wie ein Mann eine Frau die Straße entlangzerrte. Die Frau war in einem aufwendigen Geschirr wie in einer Zwangsjacke festgezurrt. Ich ging hinaus und brüllte den Mann an, er soll sie frei lassen. Er tat es.

Der Traum zeigt Hades und seine Königin in einem häuslichen Augenblick. Auch in einem ruhigen, gelassenen Leben gibt es Dinge, die uns bedrücken – Selbstkritik, die Meinung anderer, das allgemeine Leid in uns und um uns herum –, und diese Frau wird sich bewusst, dass innere Vorgänge tatsächlich eine Auswirkung haben. Der Kampf darum, in die nächste Phase ihres Lebens einzutreten, hat begonnen. Wenn der Traum hier zu Ende wäre, wäre er eine wunderbare Illustration des Trennungsprozesses, doch er geht weiter:

Darauf bat mich der Mann, meinerseits das Geschirr anzulegen, und ich willigte ein, weil ich mich so mächtig fühlte. Dann überredete ich den Mann, mich, ganz nach seinem eigenen Willen, wieder freizulassen.

In einer komplizierten Wendung der Geschichte legt die Träumerin selbst das Geschirr an. Das ist Besorgnis erregend – wie der Augenblick, da Psyche auf dem Rückweg zu Venus die Büchse mit dem tödlichen Schlaf öffnet, oder der Moment, als Orpheus am Tor zur Unterwelt kehrtmacht und Eurydike, die Geliebte, verliert. Psyche fühlt sich immer zur warmen Dunkelheit hingezogen, die das Leben umarmt, es zerstört und erneut möglich macht; sie wird stets die Büchse öffnen, die geschlossen bleiben sollte. Wir mögen uns zwar danach sehnen aufzusteigen, doch wir werden auch hinuntergezogen, von dem Wunsch getrieben, mit der Seele in die engen Grenzen ihres Palastes zurückzukehren, uns befriedigt in der Finsternis niederzulegen, während ihr ungesehener Liebhaber kommt und geht. In dieser Enge schwebt sie vertrauensvoll unter den Unsichtbaren, ohne Wahl oder Pein. Dieses Ziehen nach unten ist so stark, dass wir wieder und wieder die gleichen Arbeiten vollbringen müssen, und deshalb scheint die innere Arbeit manchmal kein Ende zu nehmen.

Doch eine weitere tiefe Wahrheit offenbart sich, als die Träumerin das Geschirr anlegt und als Psyche die Büchse öffnet: Beide finden dadurch zu einem Fegefeuer. Beim Aufstieg geschieht auch das, was wie ein Irrtum aussieht, zu unserem Besten. Beide Frauen triumphieren durch Ungehorsam: Psyche handelt ihrer Schwiegermutter zuwider, und die Träumerin verstößt gegen den gesunden Menschenverstand. Sie handeln gegen unsere Erwartungen, und das macht sie einzigartig. Die Seele wird vom Kampf entbunden und schreitet voran, gerade indem sie in die Finsternis geht, und dies führt schließlich zur Freiheit. Wir steigen weiter auf, und das Unerwartete wird selbstverständlich.

6. Kapitel

Im Anfang war Stille

Die Unschuld taucht wieder auf

Die Blumen im Frühling – der Mond im Herbst,
im Sommer die kühle Brise – im Winter der Schnee!
Wenn unnütze Sachen den Geist nicht vernebeln,
ist dies des Menschen glücklichste Jahreszeit!
Wumen Huaikai (Mumon Ekai)[1]

Wenn wir, ohne nachzulassen, die Aufgaben auf dem Weg nach oben erfüllen, entdecken wir, dass das Anhalten des Verstands keine zusätzliche Anstrengung ist, kein Kampf, um bei Atem zu bleiben, sondern eine Befreiung von unseren Bürden – unserem Stolz, unserem ängstlichen Klammern an die banalsten Resultate, unserem alten Groll, unseren Bemühungen, gut zu sein. Psyche versinkt in Schlaf, und dann können andere Kräfte ihr helfen. Schon ganz am Anfang des Meditierens, wenn wir uns bemühen, die Ranken der Nacht zu entwirren, erhaschen wir einen Blick auf einen Ort, den zu bewohnen wir noch nicht bereit sind – ein Feld der Stille und Frische von Neuschnee. Die tugendhaften Schmerzen des Fegefeuers lassen nach, die Unschuld rückt wieder näher, und die Motoren der Ewigkeit tragen uns nach oben. Die Erfahrung der Meditation wird nun nicht mehr durch das beschrieben, woran wir uns festhalten – den Atem, obwohl wir uns tatsächlich noch an ihn klammern –, sondern durch das, was an uns festhält – das uranfängliche Schweigen. Dann ist unser Meditieren wie Psyches Schlaf.

Die alte Grundlage spiritueller Praxis sind Stille und Schweigen. Wir können unter einem Baum sitzen oder im Schneidersitz in einem ruhigen Zimmer oder neben dem Kamin; worauf es ankommt ist, dass wir uns einer intensiven Innerlichkeit zuwenden. Dann kommt die Stille aus der Frühzeit der Welt zu uns – aus dem Kreis derer, die sich in Erwartung des Sonnenaufgangs auf den Sandsteinfelsen versammeln, von dem Jäger, der im Stachelkopfgras dem Känguru auflauert, den Speer außer Sichtweite zwischen seinen Zehen haltend.

Wir stehen in der Morgendämmerung am Wasserloch. Die Tiere kommen und trinken und ziehen ab, doch wir bleiben. Gedanken, Erinnerungen, Sorgen, Spannungen – sie kommen auf, bleiben eine Weile und verschwinden wieder. Wir sinken tiefer in die Stille, bis sie ihre eigene Sehnsucht und Erfüllung wird. Wir sehnen uns danach einzutauchen, diesen Boden jeden Tag zu berühren. Doch auch unser Verlangen ist nur in unserem Kopf, eine Mauer vor der wahren Stille und der reinsten Wahrnehmung. Wenn wir uns nicht einmal mehr an spirituelle Dinge klammern, dann finden wir uns im Mysterium unterhalb der tiefsten Tiefe des Leben wieder, unter der dunklen Materie, jenseits von Wissen und Nichtwissen – und in diesem Augenblick kehrt das Leben ohne seine Schleier zu uns zurück. Achtsamkeit bringt uns mit unserer Quelle in Verbindung. Alles wird aus der Stille geboren – das Gras, die Flüsse, die Sterne, die Kinder, die Tiere und die Liebe.

Die Tiere beim Namen nennen

Von der großen Stille aus gesehen wird die Arbeit des Getreideverlesers, die zuvor so schwierig schien, einfach und angenehm: Alle Wesen kommen uns zu Hilfe. Wir kehren in eine vollkommen neue, frische Zeit zurück – wir geben den Tieren im Paradies ihren Namen. Alles Neugeborene braucht einen Namen, und nun, da wir der Stille immer mehr willkommen sind, wird die Namensgebung unsere Aufgabe – wir müssen die Tiere vor uns, die wilden wie die anschmiegsamen, erkennen und ihnen unsere Achtsamkeit schenken.

Etwas benennen heißt, die Arbeit des Verlesens und selbst den Umgang mit schwierigen Geistesverfassungen mit einer Haltung des Staunens anzugehen. Wenn wir das, was mit uns geschieht, benennen können, sind wir nicht länger vollkommen mit ihm identisch und fangen an, uns von der habgierigen Finsternis loszumachen. Wenn das, was wir empfinden, als Tiger bekannt und benannt ist, dann ist die ganze Welt Nicht-Tiger. Wir können den Zwang und das Bild, die Handlung und die Emotion unterscheiden. Dann bewegen wir uns durch eine Landschaft, in der Bäume ihre eigenen Streifen auf den Waldboden werfen, Orte, an denen es Tiger nicht gibt.

In der Dämmerung erscheint die Welt an den Ufern des weiten Ozeans. Aus dem Nebel kommen Krokodile, Wombats, Range Rover und Gerichtsgebäude. Unterscheidung gibt uns Sein und Welt. Sein sammelt sich in jedem der Dinge, die aus den Wassern auftauchen. Und *dort* am Strand verlieben wir uns, die wir noch kaum getrocknet sind, wir, die wir auch Teile des Ursprungsstoffes sind, in andere

Dinge, sagen mit urtümlichem Vergnügen, »Frau«, »Mann«, »Apfel«.

Alles muss willkommen geheißen und anerkannt werden, und in dieser Bewegung verwebt auch die Seele sich mit unserem Aufstieg. Wenn wir Namen geben, stellen wir eine enge Bindung zu dem Benannten her, wir nehmen Pflichten auf uns, die dazu dienen, uns fester in das Reich des Tageslichts einzubinden. Adam benannte die Tiere, die an ihm vorbeizogen, und die Biologin im Hochland von Papua-Neuguinea sagt zu sich selbst: »Dies, nicht das«, immer und immer wieder, bis sie einen Namen für den handtellergroßen, blauen Schmetterling gefunden hatte, der vor ihr dahinschwebte. Etwas benennen bedeutet, der Welt ein Stück von uns geben.

Und etwas, ein Teil unserer Seele, hat Verlust und Abstieg überdauert und setzt mit uns zur anderen Seite über. Die Nacht selbst hat Liebe hervorgebracht, zusammen mit ihren Bildern. Wenn wir diese sortieren und benennen, bauen wir Verbindungen zu den Bildern auf und verzerren sie bei der Aneignung, die das Leben braucht. Vergil beschreibt, wie Aeneas, der trojanische Held, beim Kampf um Troja, mit seinem Vater auf dem Rücken aus der brennenden Stadt entkommt. Der Vater wiederum trägt die kleinen Bilder der Götter, die als eine Art Samen dienen, um die neue Stadt zu gründen, aus der einmal Rom werden soll. Wie Namen geben die Bilder dem, was wir entdecken, Kontinuität und Gestalt. Die Seele macht sich heimlich ans Werk, verleiht der fremdartigen Neuheit, die wir betreten, wenn wir der Finsternis entkommen sind, Tiefe und Reichtum.

Später wird das, was wir unterteilt haben, zu fest erscheinen und muss vielleicht wieder in einer Verbindung von

Geist und Seele aufgelöst werden. Doch vorläufig ist dies genau das, was wir brauchen: die herrliche Voraussagbarkeit und Andersartigkeit der Dinge, der Beginn von Bewusstsein.

Die zweite Kapitulation

Während wir uns mit der Arbeit des Geistes abmühen, merken wir, dass wir ein zweites Mal freiwillig kapitulieren, und unsere Verzweiflung ähnelt der des vorangegangenen Abstiegs. Beim ersten Mal ergaben wir uns, weil wir keine Wahl hatten. Nun, beim Aufstieg, ergeben wir uns, indem wir loslassen, was uns niederdrückt und an die Nacht bindet. Danach kann kein Zweifel mehr daran bestehen, ob wir mit unserer Reise fortfahren sollen. Wir werden zu Asketen in einer üppigen, lässigen Art und Weise: Wir geben auf, was immer uns im Weg steht, weil wir erkennen, dass Zurückhaltung die Vorbedingung für Süßes ist. Dies ist keine Askese um ihrer selbst willen. Im Kloster des Herzens ist Entsagung unser Luxus und bittet das Leben herein.

Man erzählt sich die Geschichte von einem Gelehrten, der zum Studium zu einem Zenmeister kam. Der Gelehrte wusste genau über die Meditation Bescheid und wollte sofort damit beginnen. Der Meister war höflich und bot ihm Tee an. Der Gelehrte versuchte seine Ungeduld zu zügeln, während das Wasser erhitzt wurde. Schließlich servierte der Meister den Tee. Doch als die Tasse voll war, hörte er nicht auf einzugießen, und der Tee floss an den Seiten der Tasse herab auf den Tisch und über die Tischkante auf die teuren Tatamimatten. Der Gelehrte rief entsetzt: »Halt! Halt! Die Tasse ist voll.« Darauf erklärte ihm der Meister, dass auch der Geist nichts Neues aufnehmen kann, ehe er nicht geleert wurde. Diese Geschichte zeigt, wie wichtig es ist, durch die Finsternis des Abstiegs zu gehen – Leiden leert die Tasse.

Geistige Arbeit verläuft wechselhaft, bis wir uns entschließen – egal was passiert –, mit ihr fortzufahren, die Übung der Achtsamkeit zu einem normalen Teil unseres Lebens zu machen. Auch durch eine Kapitulation wird die Kraft dieser guten Arbeit anerkannt; es wird akzeptiert, dass sie weitergeht, selbst wenn keine Ergebnisse sichtbar sind. Dies ist eine tröstende Erkenntnis, wie wir an einer weiteren Geschichte der Frau ablesen können, die in ihrem vorigen Traum auf die Tanzfläche hinaustrat.

Kürzlich traf ich vor einer einwöchigen Meditationsübung einen jungen Mann, der oft schmerzhafte Erfahrungen beim Meditieren hatte, und wünschte ihm »eine gute Übungswoche«. »Ich weiß, alle deine Übungswochen sind wundervoll«, sagte er, und ich dachte: »Nein, es ist nur so, dass die schrecklichen auch wunderbar geworden sind.«

Die Tränen des Weges

Wenn wir kapitulieren, beginnt die Seele, uns bei dem spirituellen Projekt zu helfen. Seelen scheinen sich nicht schneller als ein Pferd fortzubewegen und lassen daher den Geist warten, bis sie ihn eingeholt haben. Genau dann, wenn wir das Gefühl haben, sehr gut voranzukommen, kann eine plötzliche Rückwärtsbewegung eintreten. Dieses Zögern erlaubt uns, wieder zu Atem zu kommen und unsere Taschen abzuklopfen, um nachzuprüfen, ob wir alles dabei haben, ehe wir in das neue Leben eintreten. Dies ist wie der Augenblick, in dem Psyche, nachdem sie nahezu jede für ihre Freiheit nötige Prüfung überstanden hat, die Büchse öffnet, die sie aus der Unterwelt zurückträgt, und von tödlichem Schlaf übermannt wird. In solchen Momenten können wir den Boden unserer Emotionen oder ihre Richtung nicht ausmachen. Jeder neue Grad der Nacktheit scheint eine absolute Forderung an uns zu sein. Wir müssen geduldig sogar unsere Schwäche segnen, diese merkwürdige Schwäche, die sich nicht in der finstersten Nacht einstellt, wenn wir hilflos sind, sondern wenn wir uns voller Stärke auf dem Aufstieg befinden.

Ein solcher Rückfall in unerklärliches Warten geschah einer Frau, die beträchtliche spirituelle Kraft erlangt hatte. Sie befand sich in einer Übungswoche, hatte die Festigkeit und das Selbstvertrauen, weiterzugehen, und fühlte Sicherheit und Klarheit weiterzugehen – nichts Aufsehen Erregendes, aber eine wachsende Zuversicht in ihr Willkommensein auf der Erde. Dann wurde sie plötzlich von unerwarteter Trauer überwältigt. Im Laufe der Woche sah sie nur noch zu, wie das Leben an ihr vorbeizog, und weinte Tag für Tag, bis ihr Weinen selbst sich zu wandeln begann.

Ich hatte tief meditiert und spürte, dass ich durch die Meditation zum ersten Mal mein Gleichgewicht fand. Da überfluteten Erinnerungen an meinen Vater und an die Schmerzen, die ich gelitten hatte, weil er ständig abwesend war und ich von Pflegeheim zu Pflegeheim herumgereicht,

vernachlässigt und ignoriert wurde. Ich hatte gedacht,
dass ich gerade dabei war, mich zu öffnen, und nun ergriff
mich plötzlich dieser dichte, persönliche Stoff, saugte
mich völlig in sich hinein. Ich weinte und weinte. Alles,
was ich sah, gab neuen Anlass zu Tränen. Im Laufe des
Tages gingen mit meiner Stimmung Veränderungen vor,
und die Tränen wurden unpersönlicher, grundloser – ich
weinte, weil mich das Leben rührte. Mich erfasste eine
Zärtlichkeit, vor allem für unbemerkte, vernachlässigte
und missachtete Dinge – einen bestimmten Blauton des
Himmels in der Dämmerung oder von Eulen fallen gelas-
sene Mäuseknochen.

Diese späteren Tränen sind die Tränen der Initiation. Wie
Blut sind Tränen das Wasser des Lebens, eine Flüssigkeit, die
die Zeit salbt, die Hindernisse und eine Verhärtung des Herzens auflöst. Sie befreien uns, bringen uns zu uns selbst, sind
das Medium, in dem wir uns von einer Lebensweise in die
andere bewegen. Wir können nicht sagen, dass wir irgendeine andere besondere Bedeutung haben. Und während Tränen dieser Art nicht das Gleiche sind wie Tränen der Trauer,
nehmen sie doch den Platz ein, an dem Kummer und Gram
sagen: Etwas Großes bewegt sich in unserm Innern, und das
bedeutet, dass einschneidende Veränderungen bevorstehen.
Wir werden nicht mehr sein, wer wir waren, und müssen ein
wenig dessen gedenken, was wir zurückgelassen haben.

Auch unsere ehrlichsten Anstrengungen können uns nur
bis zum Zerschellen der Gewissheit bringen. Dann führt der
Weg durch die Meerengen des Übergangs, und wir verab-
schieden uns weinend von unseren Vorurteilen, kindischen
Wünschen und von der Kontrolle über unser Schicksal. Wir

werden in die Größe aufgenommen. Ich erfuhr dies während eines einmonatigen Meditationsseminars, als ich mich trotz oder vielleicht wegen meines starken inneren Aufruhrs zu öffnen begann.

Eine meiner ersten intensiven Retreatzeiten wurden von einem vergnügten tibetischen Lama geleitet, der zusammen mit seinem vergrämten Assistenten, auch einem Tibeter, Australien besuchte. Sie glichen ihre Unerfahrenheit im Umgang mit Abendländern durch Begeisterung, Großzügigkeit und äußerst traditionelle asiatische Lehren aus. Der vergrämte Assistent, der mir nicht besonders sympathisch war, redete die ganzen langen Sommerabende eintönig vor sich hin, und ich wurde zappelig wie ein Schulkind. Ich hatte den Verdacht, dass meine Gereiztheit ziemlich oberflächlich war und keine große Bedeutung hatte. Eines Tages, als ich zuhörte und meditierte und nichts Besonderes tat, fing ich an zu weinen. Das geschah völlig ungewollt. Weinen gehörte damals nicht zu meinen Gewohnheiten, und doch überkam mich nicht der Wunsch, die Tränen zurückzuhalten. In jenem Augenblick hatte ich das Gefühl, an den Ufern von Galiläa zu stehen und Jesus reden zu hören, und erkannte, dass alle große Weisheit aus derselben Quelle kommt.

Zugleich mit Staunen erwachte Mitgefühl in mir. Es war nicht mehr wichtig, dass mein Lehrer uns Abendländer nicht verstand, dass er kein herausragender Lehrer war, dass ich als Schüler auch nicht überwältigend war, dass mein Charakter unfruchtbaren Boden darstellte. Ich wusste, dass ich diese Dinge nicht wirklich beurteilen konnte; in jenem Augenblick verlor dies alles an Bedeutung. Ich weinte die Tränen des Weges.

Leichtigkeit

Während die Seele im Boden verwurzelt und feucht ist, scheint der Geist sich erheben zu wollen – in die Luft, zu den weißen Bergen, in den Himmel und zu den Panoramablicken auf das sterbliche Leben. Unser Aufstieg zum Licht gehört also, obwohl er mit Augenblicken der Seele verwoben ist, hauptsächlich in das transzendente Reich des Geistes.

Nirwana, der traditionelle Sanskritbegriff für das Erwachtsein, bezieht sich auf das Auslöschen einer Lampe und, im übertragenen Sinne, allen Begehrens und Festhaltens am Leben. Dieser Aspekt der östlichen Tradition entspricht einer Haltung, die den Geist in den Mittelpunkt stellt. Buddhisten, die sich auf Steine, Schnee oder das Nichts bezogene Initiationsnamen geben, oder Christen, die danach streben, Jesus nachzueifern, ohne Fehl zu leben, das Zölibat achten, nur die Werke Gottes zu tun, folgen diesem Impuls. Der Geist tröstet und heilt durch seine unpersönliche Kraft. In seinem Wohnzimmer gibt es viel Raum, doch keine Möbel. Diese Einstellung findet sich überall wieder: In vielen Traditionen handeln orthodoxe spirituelle Phantasien von Durchlässigkeit, Stille, Gleichmut, Ausstieg aus dem Strom. Die Sehnsucht nach Transzendenz bringt ein Abwenden vom Körper mit sich, eine Zurückweisung des Zustands, in dem wir, wie Yeats so eindrücklich sagt, »an ein sterbendes Tier« gekettet sind. Selbst in der heidnischen Welt durfte niemand auf der Insel Delos sterben oder geboren werden – der dortige Schrein sollte nicht durch unser Blut, unsere Sterblichkeit, unser Leben befleckt werden.

Meine damaligen tibetischen Lehrer verfuhren nach der

Methode von Zuckerbrot und Peitsche. Der lachende rief Lebensfreude in uns hervor und überließ uns dann seinem Assistenten, der auf die Unvermeidbarkeit des Leids hinwies und uns beibrachte, uns den eigenen Tod auszumalen – den Abschied vom Leben, den Zerfall des Körpers, das Bewusstsein, das zurückbleibt. Heute scheint es mir, nachdem ich häufiger den Tod gesehen habe, ein natürlicher Prozess, doch damals haderte ich mit mir, was ich wohl als Erstes aufgeben würde – als ob ich eine Wahl hätte. Ein Großteil des mühevollen Versuchs, den Tod zu akzeptieren, schien unbewusst vor sich zu gehen und offenbarte sich in den Schwierigkeiten, die wir alle damit hatten, uns zu konzentrieren, in der Leichtigkeit, mit der wir während der endlosen Vorträge einschliefen, in der Häufigkeit, mit der wir uns zu einem Schäferstündchen oder auf der Suche nach Schokolade davonstahlen. Dieses Meditationsseminar war ein leidensreicher Kampf, doch es gelang mir, die Schmerzen, Sorgen, Pläne, Erinnerungen, spirituellen Ambitionen und andere verbreitete Arten des Zeitvertreibs zu ignorieren und Meditation zu entdecken, die aus nichts bestand als leerem Raum. Das Strahlen des vergnügten Lamas ergab allmählich einen Sinn, weil sein heiterer Geist auf einem objektiven Wissen des Verstandes gründete und darauf, dass er den Abstieg zum Leiden anerkannte. Und dies ist die Strategie des Geistes – dass wir uns freimachen von unserem festen Griff auf den Vordergrund des Lebens und uns dem weiten Hintergrund zuwenden, den wir Gott nennen. Dort sind wir dankbar für die Entfernungen und den Raum, aus denen der Geist besteht.

Diese hauchdünne Vergänglichkeit, diese Leichtigkeit des Geistes zeigt sich in vielen Formen. Einige Ärzte in der Notaufnahme nehmen Zuflucht zu schwarzem Humor, um nicht den Verstand zu verlieren und sich ihr Mitgefühl zu erhalten, ohne sich dabei mit allem Leid zu identifizieren, das zur Tür hereingerollt wird. Und ein Sterbender mag gar nicht an seinen Schmerzen interessiert sein, mag sich erfreuen am Anblick einer Rose, einer müden Krankenschwester, die sich das Haar aus dem Gesicht streicht, mag verstehen, dass dieser Augenblick auf der Krebsstation auch das ewige Leben ist. Seine spirituelle Übung besteht darin, einfach zuzuhören und zu beobachten und zu atmen.

Die Unsterblichkeit der Kindheit

Tränen reinigen uns und hüllen uns in den gegenwärtigen Augenblick ein. Dann übernimmt der Geist wieder das Szepter, und die Meditation holt den verlorenen, endlosen Nachmittag der Kindheit zurück – Unschuld in gutem Sinne. In dem Augenblick, da das Neugeborene in das menschliche Reich von Geschrei und Hunger und zarter Haut geworfen wird, scheinen seine Augen die Erinnerung an die wolkenlosen Weiten zu enthalten, die es gerade erst verlassen hat. Es ist, als blinzele ein riesiges Wesen aus der winzigen Gestalt, und für ein kleines Weilchen können wir in die Gegenrichtung zurückschauen und die Ewigkeit erblicken. Der jugendliche, unberührte, von der Erfahrung noch nicht zerfurchte Geist ist wesensverwandt mit dem des Kindes. Wir erinnern uns das ganze Leben lang an Dinge, denen wir als Kinder begegneten – dem Küchengeruch nach Bratöl, Rosmarin und Thymian, der frühen Winterdunkelheit, die sich um unsere Schultern legt. Diese Dinge bilden unsere Welt, den Geschmack des Lebens selbst, die Fäden, aus denen wir unsere Geschichte weben, und den Grund, aus dem wir hierher kamen, einen Körper haben, in Häusern wohnen und durch Einkaufszentren schlendern. Wenn die Seele heranwächst, wird sie mit diesen Zutaten arbeiten und sie verdichten und zum Klingen bringen, doch im Moment sind sie einfach nur klar und lebhaft da. Der Zenmeister Shunryu Suzuki prägte den Begriff des Anfängergeistes – im Geist des Anfängers gebe es viele Möglichkeiten, in dem des Fachmanns nur wenige. Das ist der Geist des Aufbruchs. Wenn ich meine kleine Tochter hoch hebe, damit sie ihre erste Rose sehen kann, weiten sich ihre Augen; es ist, als falle sie in das Rund der Blütenblätter. Und wenn ich sie so betrachte, ist sie meine Rose; auch ich versinke in der Neuheit, die sie immer noch umgibt.

Der ungetrübte Verstand gehört zum Wesen des Geistes. Wenn wir Orangenmarmelade – so bitter und süß – essen, gibt es im Reich des Geistes in diesem Augenblick nichts anderes auf der Welt; wenn wir Regen hören, ist es ewiger Regen, der Regen, der auf das Wellblechdach einer Hütte in den Bergen Tasmaniens trommelt, der Regen, der lautlos an den Fenstern eines hohen Zimmers im Fairmont Hotel in San Francisco herabrinnt, während unten der Verkehr in Strömen von Licht dahinfließt. Der ewige Regen ist weder glücklich noch traurig, er ist ewig; und das allein erfüllt uns schon mit Freude.

Im Augenblick der Geburt ist der Geist das Leben selbst, ist alles. Doch es gibt nichts, was diese Erfahrung festhalten könnte – Seele und Charakter mögen sich zwar Augenblick für Augenblick entwickeln, doch sie sind noch nicht da. In unseren reiferen Tagen trifft oft das Gegenteil zu: Das Bewusstsein hat sich entwickelt, aber es gibt keine Offenheit mehr. Um zu wachsen, müssen wir eine bestimmte Form annehmen und allen anderen abschwören, müssen eine Art des Liebens und Streitens, einen Geschmack in der Musik und im Essen entwickeln. Wir wählen aus, ohne zu wissen, wohin unsere Wahl uns führen wird – wir werden durch das geformt, was wir übernehmen und was wir zurückweisen. Dieser Pfad ist menschlich und gut, doch wir gehen ihn um den Preis unserer ursprünglichen Einheit mit dem Ewigen, als unsere Tage fast ganz vom Geist erfüllt waren. Wenn der Geist also zu uns als Erwachsenen kommt, ist es eine Wiederkehr und eine Überraschung – er, der Unmögliche, Schöne, Beruhigende, bricht uns auf.

Ich weiß noch, wie ich als Junge am Rande einer Schlucht in Launceston, Tasmanien, stand und auf das dahinschießende, flache Wasser schaute, in dem bis zu den Knien ein Mädchen stand. Alles lag ruhig und friedlich im Sonnenschein. Während ich schaute, fingen die Berge an zu singen – ich konnte sie als undeutlichen Chor vernehmen. Dann begannen sie, zu glitzern und zu tanzen. Es schien offensichtlich, dass wir – Berge und Menschen – auf tiefe, objektive Weise miteinander verbunden waren. Und diese Verbindung machte das Leben wahrhaftig und meine üblichen Ängste unwichtig. Meine normalen Sorgen über Liebe, Streit, Prüfungen, Footballspiele und sogar über den Tod von Freunden – sie alle waren der Vordergrund vor einem großartigen Hintergrund, und in jenem Augenblick innerer Stille war der Hintergrund nach vorne gerückt.

Jahre später fand ich heraus, dass dies eine normale Erfahrung im Zen ist – die Berge tanzen zu sehen und die heimliche Freude im Herzen des Universums zu erleben. Doch damals neigte ich nicht sonderlich zu Spiritualität; ich war auf der High School, ein Footballspieler mit Interesse an Literatur. Im Nachhinein erscheint es merkwürdig, dass ich nicht überrascht war, aber so war es. »Ah, es stimmt also«, dachte ich. »Dies habe ich, ohne es zu wissen, schon immer vermutet.« Die meisten von uns haben, ohne sich darum zu bemühen, diese Art von Mystik kennen gelernt – wir gehen unserem normalen Alltag nach, und plötzlich berührt uns ein Engel an der Schulter. Wir erkennen diesen leichten Druck; es ist, als hätten wir unser ganzes Leben darauf gewartet. Manchmal sagt ein kleines Kind beispielsweise: »Der Baum da spricht mit mir.« Das Kind ist nicht einfach nur ein Animist, der sein eigenes Leben in allen anderen Dingen sieht; vielmehr findet seinem Verständnis nach zwischen allen Dingen des Universums eine Zwiesprache statt.

Eine Frau, die eine sterbende Freundin pflegte, nahm sich ein Wochenende frei und fuhr ans Meer. Bei einem Spaziergang wurde die Landschaft weit, und sie sah jedes Gänseblümchen und jede Mohnblume auf dem Feld als die ganze Welt, und sie fiel in sie hinein – löste sich auf in der Weite des Himmels und der Luft und der Blumen. Monets späte Freilichtbilder sprechen von dieser Art Epiphanie und auch William Blakes Zeilen:

> Die Welt sehn in einem Körnchen Sand,
> den Himmel in einem Blütenrund,
> die Unendlichkeit halten in der Hand,
> die Ewigkeit in einer Stund.[2]

Wenn wir so die Stimmen der Grillen vernehmen und den Puls der Berge, dann kennen wir den Grundton der Freude unter menschlichem Leid und Vergnügen. Wir sind mit unserem Anteil an der Großartigkeit des Lebens und auch an seinem Kummer zufrieden. Die bloße Erinnerung an eine derartige Erfahrung kann uns durch schlimmste Zeiten hindurchhelfen. Als nach dem Tod von Blaise Pascal die Haushälterin seinen Mantel in die Hand nahm, kam er ihr merkwürdig schwer vor. In das Futter eingenäht waren die Aufzeichnungen seiner eigenen Begegnung mit der Ewigkeit, die er, direkt auf seiner Haut, immer und überall bei sich trug. »Tränen«, schrieb er, »Tränen der Freude.«[3] Eine gute spirituelle Lehre gibt uns einen Wegweiser für diese Erfahrungen und eine Methode, das Geschenk zu festigen, ein Päckchen, das wir im Mantel mit uns herumtragen können und dessen Gewicht wir im Supermarkt und im Sitzungssaal spüren.

Als Kind warf ich einmal eine Münze vom Kai aus ins dunkle Wasser. Ich spüre immer noch den Schauder, der mir über den Rücken fuhr, als sie verschwand. Jetzt denke ich an Wunschbrunnen, in die Geld geworfen wird als Bezahlung dafür, dass wir unsere Träume vorbringen dürfen, und an Meditation, bei der alles, woran wir uns halten, bald aufgelöst wird und verschwindet, ohne eine Spur zu hinterlassen. Ich nehme an, der Junge, der ins Wasser starrte, stand an der Schwelle des Lebens, das so viel größer war als er selbst und doch einzig von ihm handelte. Alles, was er tat, schien unwiderruflich, und was er geopfert hatte, nur um leben und wachsen zu können, schien für immer verloren. Als ich die Meditation entdeckte, wurde sie für mich ein Weg, jene Kindheitsmünze wieder zu finden.

Richtige Wiederholung

Es gibt Hilfsmittel der Transformation. Die Kunststudentin zeichnet eine Hand, ein Gesicht, die Rundung eines Rückens, wieder und wieder, schnell und langsam. Allmählich wandelt sich ihr Bewusstsein, und die Hand, der Akt des Zeichnens und die zeichnende Person werden durchsichtig; die Einheit der Welt wird wieder hergestellt. In diesem Augenblick scheint der Vorgang abgeschlossen, die Studentin ist keine Anfängerin mehr. Einige tibetische Buddhisten unterziehen sich einer gewöhnlich mehrere Jahre dauernden Grundlagenübung, bei der sie unter anderem hunderttausend umständliche Niederwerfungen ausführen. Dies scheint auf den ersten Blick völlig sinnlos zu sein und niemand zu nützen, und doch stellt es einen Weg dar, ganz und gar in das Leben einzutreten. Ein Lama lachte und sagte, dass seine ersten zehntausend Niederwerfungen gar nicht gut gewesen seien, und daher warf er sie weg. Dann begann er, sie einfacher, umfassender auszuführen. Die Tage und Monate vergingen, und die Bäume erwachten zum Leben, die Augen der Menschen, denen er begegnete, sprachen lebhaft von ihrer Geschichte.

Wiederholung ist einengend und erstickt uns, falls sie mechanisch erfolgt, aber sie kann uns auch ermöglichen, tiefer einzudringen. Bei der Meditation wiederholen wir uns Tag für Tag, kehren zurück zur Stille und zum Atem, erkennen wieder und wieder, dass wir sie noch nicht vollständig erfahren haben, dass sie immer noch subtil ist. Richtig durchgeführte Wiederholung gleitet fast unmerklich in weite, neue Reiche, doch mit einer Langsamkeit, die Vertiefung, Schönheit und Wertschätzung des missachteten Augenblicks erlaubt. Sie stabilisiert unsere Beziehung zur Ewigkeit.

Auch jede gute Beziehung – zwischen Ehepartnern, Liebenden und Freunden, zwischen Lehrer und Schüler – hängt von dieser Art steter, aufmerksamer Wiederholung ab. Gemeinsame Erlebnisse, wie ein gemeinsames Frühstück, werden reich an Bedeutung. Die Wiederholung lehrt uns, dass das, was wir tun, nicht auf seinen praktischen Wert beschränkt ist. Sich zu verbeugen oder auch nur eine Gabel vom Teller aufzunehmen macht uns bewusst, dass einfache Akte von derselben Zeitlosigkeit sind wie der Klang des Frühlingswindes und der Zweige, die gegen die Regenrinne schlagen.

Der nächste Schritt

Wiederholung mag wie eine Folge kleiner Augenblicke erscheinen, bescheiden und ereignislos. Doch Wiederholung erfüllt auch einen gewissen hintergründigen Zweck: Sie zwingt uns, eine Weile zu verharren. Die so gewonnene Zeitspanne verändert uns – wir eignen uns die kleinen Kunstfertigkeiten der Achtsamkeit an und lernen die häuslichen Momente zwischen den großen Augenblicken lieben; wir werden friedlicher. Doch der Weg der Wiederholung macht uns nicht nur ruhiger, sanftmütiger gegen uns selbst. Der stete Rhythmus erweitert sich mit der Zeit zu einer Überraschung.

Denn die Wiederholung macht uns verletzlich gegenüber den anscheinend zufälligen Epiphanien, die auftreten, selbst wenn wir am Geist nicht interessiert sind. Der Junge, der ganz in sein Leben vertieft ist, steht staunend am Rand der Schlucht, während die Berge tanzen, die Frau tritt vor die Tür und geht in einer Blumenwiese auf. Diese Vorgänge erscheinen in unserem Leben als anscheinend zufällige Geschenke. Wenn, wie etliche Lehrer sagen, spirituelle Öffnungen Zufälle sind, dann macht uns die spirituelle Arbeit des Meditierens zu Opfern des Zufalls, empfänglich für die Phantasie der Ewigkeit, den Humor Gottes.

Was den Geist betrifft, ist kein Weg jemals schnurgerade. Wenn wir uns zu öffnen beginnen, kann die riesige Weite beängstigend sein, und so ziehen wir uns zurück in die vertraute Finsternis, wo wir der Erde nah sind und uns ausruhen können. Dort harren wir aus, sammeln unsichtbare Widerstandskräfte, bis inmitten des Leidens erneut das unfreiwillige Mitgefühl erscheint und wir wieder auf die Stufen des Fegefeuers und zu regelmäßig wiederholter spiritueller Arbeit zurückkehren.

Der genaue Grund, warum die Tür sich zu öffnen beginnt, bleibt ein Geheimnis. Doch wenn wir einer spirituellen Methode folgen, *wird* es geschehen; wir werden in die Weite geworfen wie in ein Meer. Da jeder von uns einzigartig ist in dem, was er mitbringt, gibt es viele unterschiedliche Arten, in die Unendlichkeit geschleudert zu werden. Doch stets stoßen wir auf etwas, das größer ist als wir, das alles übertrifft, was wir für bedeutend halten. Wenn wir vollkommen bereit dazu sind, jagt uns diese Weite keine Angst mehr ein, sondern tröstet uns. Sie ist so ganz anders als die normalen Erfahrungen des Lebens, dass sie nichts zu enthalten, ein großes Nichts zu sein scheint, und das ist die buddhistische Bezeichnung dafür – Leere.

Die Tröstungen der Leere

Für den Horchenden, der im Schnee lauscht
und, selbst ein Nichts, nichts sieht,
was nicht da ist, und das Nichts, das ist.

Wallace Stevens[4]

Körper und Geist sind abgefallen, und auch
das Abfallen ist abgefallen.

Dogen Kigen[5]

Die Stille der Meditation kann so eindringlich werden, dass
sie uns zurückträgt, vor unsere persönliche Geschichte, vor
die Zeit, da unsere Vorfahren ihre langen Reisen über Kontinente und durch Höhlen unternahmen, und in den Traum,
aus dem die Welt ist. Wir befinden uns in unendlicher Weite.
Alles dort ist nichts – als seien wir im Winter auf die Tundra
hinausgetreten. Unser Gleichmut ist groß, unpersönlich,
unerschütterlich. Der Boden entgleitet unserem Leben, und
die helle Transparenz der Welt wird offenbar.

Diese Zeit der Klarheit ist ein Echo des Moments dichter
Finsternis, als wir uns der Trägheit der Materie stellten. Das
war die erste Entblößung. Doch diesmal empfinden wir unsere Nacktheit als Befreiung. Durch unsere inzwischen er-
worbene Stärke können wir das Geschehen untersuchen,
statt es nur zu erleiden. Wir erkennen, dass die Körperlichkeit der Materie nicht das eigentliche Fundament des Universums darstellt. Darunter liegt das, was es gebar – das Mysterium, das selbst der Finsternis zu Grunde liegt, aus dem die
Erde selbst mit ihren Gebirgen, Ozeanen, Gebäuden, Tieren,

Menschen und Wolken geboren wurde. Die traditionelle buddhistische Bezeichnung für dieses Mysterium ist *Sunyata,* gewöhnlich übersetzt als Leere – doch Leere ist nur ein schwacher Begriff für ein von solcher Erhabenheit, Lebendigkeit und Klarheit erfülltes Reich.

Dies ist Unschuld in Reinform – ohne Flecken oder Störung. Es ist wie eine Flüssigkeit, in der alles aufgelöst wird. Das Feste zerschmilzt; unsere kleinen Pläne vergehen, und das Universum feiert seinen Sabbat. Unsere Trauer und unser Streben lösen sich in nichts auf. Alles ist still und voller Stärke, wie Wordsworths London, als er es bei Dämmerung von der Westminster-Brücke aus betrachtet:

> Die Stadt, des Morgens Schönheit uns zu zeigen,
> trägt lächelnd sein Gewand. Kahl und voll
> Schweigen.[6]

Im Reich der Stille bricht unsere übliche Sprache zusammen und Metaphern, denen jegliches Vakuum ein Gräuel ist, finden sich ein. Die Leere ist der Wirt, dessen Gast wir in jedem einzelnen Augenblick sind. Man hat sie schon als Schwert bezeichnet, das unsere Illusionen tötet, als wolkenlosen Himmel, als Jadepalast, der sich über tausend Meilen erstreckt, als arktische Schneefelder. In einer Tradition wird die Erfahrung der Leere die Realisierung des Nicht-Selbst genannt, während sie in einer anderen Tradition als die Entdeckung unseres wahren Selbst bekannt ist. Unsere kleinen Leben haben sich der Unendlichkeit und dem Dazugehören geöffnet. Und es ist eine große Erleichterung, bis hinunter in unsere Zehen zu wissen, dass wir alle nur Wellen des Ozeans sind und dass jede Welle von Grund auf Ozean ist und nie etwas anderes sein kann als Ozean. Und unsere kleinen Leben haben aufgehört, so emphatisch, fest und verwurzelt zu sein. Wenn wir Ozean sind, dann sind wir auch Welle – flüchtige, gegenstandslose, schäumende Träume.

Das Reich der Leere ist kein Ort, an dem wir leben können, aber in unserem Streben nach Freiheit müssen wir es durchschreiten. Es ist das Tor zu spiritueller Initiation, zu dem uns unsere Ernsthaftigkeit, unsere Narrheit, unser Leiden, unsere Meditation und unser Gebet geleitet haben. Selbst die alltäglichsten Dinge scheinen traumgleich und magisch. Ein altes chinesisches Gebet beschreibt es so:

> In einem Brunnen, der nicht gegraben, sprudelt
> Wasser aus keiner Quelle. Ein Mensch ohne
> Schatten oder Gestalt schöpft das Wasser.[7]

Hier bleibt das alltägliche Leben alltäglich, doch ihm zu Grunde liegt deutlich ein Mysterium.

Wenn wir am Anfang unserer Arbeit, ehe wir dazu bereit sind, auf diesen Weg stoßen, mag er trostlos scheinen. Falls wir noch nicht so weit sind, falls wir unser Leben noch nicht der Achtsamkeit zugewandt haben, falls uns die Art noch ungewohnt ist, in der Meditation und Gebet die Gewalt unserer Gewohnheiten lösen, könnten wir Angst bekommen. Einige Menschen spüren, wie die Grenzen sich auflösen, und fürchten um ihren Verstand. Unsere Sichtweisen der Welt verlieren ihre Kohärenz, und eine gewisse psychische Robustheit ist nötig, damit wir diese Erfahrung akzeptieren, damit wir uns völlig in ihr aufgehen lassen.

Eine Frau ging zu ihrem Lehrer und sagte: »Alles ist verschwunden, nichts ist mehr da«, und brach in Tränen der Einsamkeit und Angst aus. Sie befand sich keineswegs in Gefahr, doch sie empfand es so. Ihre Angst bedeutete, dass sie noch nicht bereit war; ihre Schnelligkeit größer war als ihre Stärke. Wenn wir uns auf diese Weise vor Barrieren wieder finden, müssen wir nichts tun als warten – Atem holen, uns festigen, beruhigen, bis sich erneut die Stille einstellt, Raum sichtbar wird und wir ihn zulassen, anerkennen, sehen, dass er allem, was wir sind, zu Grunde liegt. Dann wird die Stille als Ruhe empfunden. Die Gedanken im Kopf vergehen. Nichts ist notwendig oder dringend. Eine Frau schreibt darüber:

Es ist, als säße ich am Ostersonntag in einem Dom. Die Mühsal und die Tränen sind vorbei. Die Türen des leeren Gotteshauses stehen weit offen. Es ist ein ruhiges Warten. Keine Trompeten. Nichts ist bisher wieder geboren worden.

Die Vision der Leere ist nicht nur das Gewahrwerden des dünnen, sich entwirrenden Lebensfadens. Sie ist eher ein kurzer Blick in den Traum, durch den wir uns bewegen. Wir sehen, dass dort nichts ist, worauf man stehen kann. Weil es nichts gibt, worauf man stehen kann, weil wir alle Führung verloren haben, sickert eine unheimliche Schönheit herein. Wenn alles weggenommen wird, bleibt nur die Ewigkeit, der Herrscher, der es wert ist, dass man zu ihm spricht. Es scheint also, als seien wir immer eins mit der Ewigkeit, denn in unserer jetzigen Gestalt sind wir ihre Gedanken und Gefühle.

Ein Mann fiel in das Reich der Leere, als er mit einigen Freunden eine Wanderung machte. Er war nicht darauf vorbereitet und hatte keine Ahnung, was geschah, und daher sah er in der Öffnung eine Art Krise.

Ich befand mich auf dem Mount Tamalpais, als ich plötz-
lich das Gefühl hatte, nicht dort zu sein. Das war ein
Schock. Ich war völlig ahnungslos und unvorbereitet. Ich
hüpfte auf dem Mount Tamalpais herum, schlug meinen
Körper und versuchte, mich davon zu überzeugen, dass
ich ich war. Etwas in mir sagte: »Du bist nicht du.« Ich
war nicht dort. Ich schaute auf die Redwoodbäume –
hörte unten am Fuß des Berges die Sirene heulen. Ich sagte
laut meinen Namen, »ich bin ich«, sagte ich. Und eine
Stimme in mir antwortete beruhigend: »Ist schon okay, ist
schon okay, mein Freund.« Dieser Teil von mir war voll-
kommen friedlich – alles war in Ordnung.

Die Erkenntnis der Leere ersetzt die Ausdauer als Heilerin
der Nacht. Wir fragen uns: Wer ist es, der leidet? Wer ist es,
der existiert? Und wir finden den Boden unseres Selbst nicht.
Wir finden nichts, worauf wir stehen können. Statt vernich-
tend zu wirken, ist diese Klarheit erfrischend. Es wird offensichtlich, wie viel Egoismus in aller Verzweiflung steckt, die
es nicht vermag, den Ernst und die Absurdität unserer Lage
zu erkennen.

Manche innerlich verzweifelten Menschen fühlen sich zu
der Idee der Leere der Dinge hingezogen, weil sie ihren Mangel an innerer Organisation widerzuspiegeln scheint. Doch
wahre Leere ist keine Psychopathologie. Das Nichts auf dem
Grund der Welt ist die kreative Leere des Göttlichen – es ist
voller Möglichkeiten und hat etwas Unpersönliches. Wir
mögen zur Beschreibung dieses Reiches poetische Bilder verwenden, doch es ist nichts, was wir erfinden.

Sogar bei einer Meditationswoche kann die Erfahrung des
Abfallens der Dinge überraschend sein. Vielleicht ist sie et-

was, auf das wir niemals vorbereitet sind – gerade noch stecken wir tief im Leiden, im nächsten Augenblick trifft uns wie das rote Morgenlicht eine Art Gnade. Eine Frau saß meditierend mit gekreuzten Beinen, als ihre Knie stark zu schmerzen begannen. Sie gab jedoch nicht auf; sie saß ganz still und konzentrierte sich auf ihr Bewusstsein. Zugleich mit anderen Dingen in ihrem Kopf kam der Schmerz und ging weg und kam wieder. Dann war er auf einmal verschwunden. Auch ihr Kopf schien sich zu weiten und auszudehnen. Sie sagte:

> *Die Wände in meinem Kopf scheinen zu verschwinden. Es ist, als schaute man hinaus auf einen Ozean, der sich ins Unendliche erstreckt. Ein ruhiger Ozean. Bis hin zum Horizont ist alles nur Weite und noch mehr Weite. Es gibt keine Hülle, keine Grenzen, keine Haut.*

Diese Leere ist der Geschmack des ewigen Lebens. Es ist nicht so, dass sie unsere kleinen, egozentrischen Wünsche befriedigt – wenn wir uns der Ewigkeit gegenübersehen, kümmern uns solche Begierden nicht mehr. Doch sie auch nur kurz gekostet zu haben ist ungeheuer wohltuend. Es versüßt unsere menschliche Einsamkeit. Wir wissen, dass auch wir am Traum der Welt mitwirken, dass auch wir einen wahren Anteil am Leben des Universums haben.

Jeder, der gewissenhaft dem Pfad der Meditation folgt, wird einmal diese Welt kennen lernen. Sie erscheint in schwierigen Zeiten und normalen Zeiten und guten Zeiten: Sie ist unbegrenzt. Die folgende Geschichte zeigt, dass es Frieden auch in den dunkelsten Momenten geben kann.

Eines Nachts hörte ein Mann in der Innenstadt Schreie

und eilte zu Hilfe. Ein junger Freund, ihm fast ein Bruder, war von einem Schuss tödlich getroffen und lag blutend auf dem grauen Asphalt. Als alles getan war, was getan werden konnte, und der Krankenwagen gerufen war, stand die Gruppe von Freunden, die herbeigerannt waren, einfach da, wartete, leistete dem toten Freund und seiner Welt Gesellschaft. Der Mann schaute auf die Straße, das dunkle Blut, die Lampen. Warten ist gut. Es gibt der Welt Zeit, sich weiterzudrehen und neue Entwicklungen zu bringen. Doch dieses Warten dehnte sich aus, die Zeit blieb stehen. Im ganzen Universum gab es nichts zu tun. Alles war einfach, vollständig, still; alle Dinge waren von gleichem Gewicht. Der Mann hatte das Gefühl, vollkommen im Hier und Jetzt zu sein. Er befand sich im Einklang mit seinen Zielen und Gefühlen. Seine Trauer und seine Lebensfreude standen nicht im Widerspruch zueinander. Es gab keine Kluft zwischen ihm und dem Tod und seinen Freunden und den Tränen und der Straße. Und seine Trauer nahm die Gestalt einer Frage an: »Warum können wir dies nicht immer sehen? Warum können wir nicht in dieser Weise leben?«

Dieser unbegreifliche Frieden in Zwangslagen ist der Geschmack der leeren Welt. In einem solchen Augenblick gibt es nichts, was zu tun wäre, und dieses Nichts muss genügen. Mit ihrer innigen Achtsamkeit segnen der Mann und seine Kameraden ihren Freund, der nie mehr wiederkehren wird, den gerade Verstorbenen.

Unsere grenzenlose Bewusstheit scheint nie enden zu wollen, doch sie bleibt nicht. Sie ist selbst noch eine Art des Wartens, ein karges, unberührtes Bewusstsein, der tiefe Schlaf des Nichts, in der Psyche auf dem Weg der Toten versinkt. Im inneren Leben ist diese Leere nicht das Ende der Reise. Im

Winter können wir sicher sein, dass auch der Frühling da ist, unter der Erde wartend. Kleine Zeichen werden sichtbar – eine hervorkommende Osterglocke, einige Bienen, die herumtaumeln. Hinter jeder Wendung, die wir unternehmen, können wir noch die Leere sehen, den großen Motor des Lebens, der alles hervorbringt, was wir sind. Doch so wie Psyche für ihren Hochzeitstag emporgehoben wird, so werden wir weggezogen in eine menschliche Helligkeit. Wir springen in die Leere und haben nur unseren Mut und die Schönheit der Welt an unserer Seite.

7. Kapitel

Die Erleuchtung der Flüsse und Gräser

Die ersehnte Katastrophe

Ein Weg führt zum Tor des Nirvana.
Wumen Huaikai (Mumon Ekai)[1]

Der Winter hat uns alles genommen, wir springen *in* das Nichts, und der Frühling drängt mit Macht hervor – eine gütige Katastrophe, bei der uns die Schönheit der Welt überfällt und den Sieg davonträgt. Die Zwangsjacke des Charakters, die von den Psychologen Ego genannt wird, fällt ab, und wir fliegen empor, dehnen uns aus oder werden überwältigt, je nach unseren Fähigkeiten und der Strenge unserer Vorbereitung.

Die Erfahrung des Mysteriums und der Leere des Lebens ist ein beunruhigendes Geschenk – wir befinden uns in der gleichen Lage wie Alice im Wunderland, die sich, um im Garten der lebendigen Blumen irgendwohin zu gelangen, in die Gegenrichtung wenden muss. Wir werden getröstet, *weil* wir selbst uns verlieren, zugleich mit unseren alltäglichen Bürden. Hierin ähnelt das Erwachen der Liebe jenem tiefen Leiden, das eine unvorhergesehene Süße enthüllen kann. Das Wrack des alten Lebens öffnet das neue, und selbst wenn es um einen hohen Preis errungen wurde, wird dieser doch in die Lebendigkeit des neuen Lebens übertragen und niemals vergessen.

Wir erwachen, weil wir mit der Enge und Gespensterhaftigkeit des Lebens, das uns gegeben wurde, unzufrieden waren. Wir möchten etwas, das größer ist als wir – wir möchten dem Versprechen des Lebens treu bleiben. Wir sind am Rand des Frühlings angelangt, indem wir uns entblößten wie El Grecos Heilige, die viele Farben und Eigenschaften ablegten, bis ihre Körper und selbst die Felsen von Toledo sich streckten, um dem Himmel näher zu sein.

Dieses Werk der Vereinfachung war teils schmerzhaft, teils erhebend. Immerhin formen uns unsere Schwächen und Illusionen, und wenn wir bei der spirituellen Arbeit unsere Fähigkeit verlieren, uns durch äußere Dinge trösten zu lassen – das Glänzen eines neuen Autos, die Bewunderung unserer Mitmenschen –, dann werden wir nackter, leidenschaftlich ärmer und gelangen zitternd und bloß am Ort des Winters an. Doch die spirituelle Vorbereitung hat uns auch die Fähigkeit verliehen, Todesängste auszustehen, ohne mit der Wimper zu zucken. Dann spüren wir tatsächlich, wie etwas sich löst. »Ich picke von innen; bitte, Meister, pickt von außen!« sagte vor tausend Jahren ein chinesischer Mönch zu seinem Lehrer.[2] Jede unserer Erfahrungen ist ein Beispiel dafür, dass das Universum, anscheinend ziellos, von außen pickt – eine Gelegenheit, aufzuwachen. In einer anderen traditionellen Geschichte wird sogar mehrmals gepickt:

Yuanwu Kechin war stolz auf sein spirituelles Wissen, wurde jedoch von seinem Lehrer gerügt, sein Verständnis sei wertlos, weil er immer noch vom Wind hin und her geweht werde. Darauf verließ Yuanwu ihn beleidigt, doch sein Lehrer gab ihm Folgendes mit auf den Weg: »Denk an mich, wenn du mit Fieber daniederliegst.« Jahre vergingen. Eines Tages war Yuanwu tatsächlich ernstlich krank, und als er genas, kehrte er zu seinem alten Mentor zurück, der ein beliebtes Lied zitierte:

> Sie ruft ihrer Dienstmagd zu: »Kleine Jade«,
> nicht weil sie etwas will,
> sondern damit ihr Geliebter ihre Stimme höre.[3]

Als der Lehrer sagte: »So ist es auch im Zen«, erwachte Yuanwu.

Die uralte, menschliche Entfremdung von der Schöpfung, das Gefühl, draußen vor dem Garten des Lebens zu stehen, verschwand für Yuanwu, und überall um sich her hörte er, wie die Welt ihn rief, ihn allein. Doch wir fragen uns, in welchem Augenblick pickte die Welt von außen? Als sein Lehrer ihn zurechtwies, als er mit Fieber daniederlag, als er ein altes Lied hörte? Es scheint, unser Leben ist voller Augenblicke des Pickens.

Katalysatoren

Damit es Frühling wird, muss etwas erscheinen – eine Blüte, die aus einem schwarzen Ast hervorbricht, eine Osterglocke, die ihre gelbe Kehle öffnet. Auch die Erleuchtung tritt mit einem katalytischen Vorgang in unser Leben ein. Die Ewigkeit zeigt sich in der Welt der Formen, dem vergänglichen und mächtigen Reich unseres tatsächlichen Lebens. Sie zeigt sich immer in einer Verkörperung, als ein bestimmtes Ding, das riesenhaft auftaucht in dem weiten Raum, den die Meditation freigelegt hat. Ein Gegenstand, eine Bewegung des Geistes – unseres Geistes oder des großen Geistes – erscheint und füllt, wie bei Yuanwu die Worte seines Lehrers, unser gesamtes Blickfeld aus. Ein besonderes Ding – das Ding, das für Welt steht – kommt und ergreift uns, so wie Amor herbeigeflogen kam und die darnieder liegende Psyche aufnahm, nachdem sie die trügerische Büchse des Schlafes geöffnet hatte. Hier ist die Geschichte eines solchen Ergreifens – eine Geschichte, in der der Katalysator wunderbar alltäglich ist. Der Bericht stammt von einer Frau, die gerade begonnen hatte, sich zu öffnen, und zufällig gleichzeitig körperlich krank wurde.

Ich konnte nicht selbst Auto fahren und bat darum, zum Zen-Zentrum gefahren zu werden. Dort schaute ich in die Augen eines der Priester und versank in diesen Augen. Es schien, als würde um mich her eine Eierschale aufbrechen. Dann fuhren wir nach Hause, ich auf dem Beifahrersitz, und hörten Radio. Und – das war phantastisch – sie brachten einen Werbespot für ein altes Fernsehmelodrama wie den Denver-Clan. Eine Frauenstimme sagte: »Wenn ich ihn nicht haben kann, Jessica, dann soll ihn niemand haben!« Daraufhin hörte man Schüsse: »Peng! Peng! Peng! Peng!« Das war alles, was ich brauchte. Die Straße verwandelte sich in einen Lichterfluss. Alles war eine Welle, die aus diesem Licht hervorkam – jedes einzelne Ding. Ich erkannte, dass alles Sein der Ozean dieses Lichts ist. Oder es ist, als wäre da eine große Hand, und alle Dinge sind die Finger an dieser Hand. Alles leuchtete von innen heraus. Das Licht war dick und zähflüssig. Auch die

*Luft war zähflüssig. Es war ein hässlicher Stadtteil und
eine blöde Werbung. Aber die Hässlichkeit verschwand,
und alles – Straße und Lagerhäuser, Bäume und Himmel
– waren gleichermaßen schön. Meine Sichtweise der Fair-
fax Avenue änderte sich für immer.*

Am Ende kommt der lang ersehnte Wandel ungeplant, als
Eindringen der Ewigkeit. Unsere Hoffnungen und Bemühungen können ihn nicht herbeibringen, wenn uns auch Hoffen
und Mühen darauf vorbereiten. Das Erwachen verlangt die
Mitarbeit der Welt. Die Straße, der heruntergekommene
Stadtteil – wir brauchen zu unserer spirituellen Gesellschaft
all die normalen Formen des Lebens.

Auch in der folgenden Geschichte zeigt sich, wie das Alltägliche uns ergreifen kann, diesmal bei einem Mann, der
allein in einem Zimmer ist und nichts Besonderes tut.

*Ich saß in meiner Wohnung und schaute auf die Einstell-
skala am Radio, als ich mit ihr verschmolz. Das ist nicht
ganz richtig ausgedrückt. Es war nicht so, dass ich in das
Ding hineinfiel – es kam zu mir, es wurde ich. Ich sah, wie
alles in jedem Augenblick von seiner Quelle aufsteigt, wie
das Universum entsteht und sich mit allem anderen verbindet.*

Wenn wir etwas in den Tiefen unseres Seins erleben, dann
öffnet sich uns das Universum selbst. Wir können sehen, wer
wir sind und was unsere Rolle in diesem Drama ist. Koun
Yamada, ein moderner japanischer Zenmeister, sagte gern,
die Erleuchtung sei das Wegfallen des Selbst im Augenblick
der Vereinigung mit etwas anderem. Diese intensive Hin-

wendung ist ein Zeichen, dass in solch einem Augenblick zwar die Seele ganz nah ist, doch der Geist vorherrscht. Wenn wir in einen Gegenstand fallen, sind wir vollkommen beschränkt auf dessen einen, engen Übergang, aus dem wir in die Weite auftauchen.

Das eine Ding vor den Augen

Der Katalysator erweckt uns; sofort füllt er unser Blickfeld. Wenn wir Verstand und Herz von allen vergänglichen Dingen geleert haben, haben wir das gesamte Leben geleert – dieser Geschmack ist der duftlose Duft des Geistes, wie Schnee, der im Mund zerschmilzt. Dann erkennen wir, dass wir lediglich unparteiisch geworden sind, und das Leben kehrt zu uns zurück, atemberaubender noch, da weniger von unserem kleinen Ich auf seine Leinwand gemalt ist. Die oben erwähnte Frau, die um ihre Kindheit, ihren Vater, das Leben trauerte, beschrieb die Auswirkungen ihres anfänglichen Weinens. Ihre Tränen hatten, um mit Blake zu reden, die Tore ihrer Wahrnehmung gereinigt, und als sie versiegt waren, begann die Frau, durch das Gelände des Meditationszentrums zu wandern, schaute sich das Schilfrohr und die Bucht an.

Ich hob Abfall von den Wegen auf. Ich weiß nicht, wo die Tränen hingingen. Sie waren einfach weg. Doch ich konnte sehen, dass dieser Abfall wie alles andere auf der Erde einen eigenen Wert hatte. Ich fand eine plattgetretene Bierdose, und sie war wunderschön. Ich nahm sie zu

einem Gespräch mit meinem Lehrer mit und legte sie auf
den Altar, denn dort gehörte sie hin.

Für sie war in jenem Augenblick das weggeworfene Metall
das Leben selbst, und sie hatte das Ziel ihrer Reise erreicht.
Wonach sie sich gesehnt hatte, war schon immer vorhanden
gewesen, enthalten auch in einer völlig zerknautschten,
schmutzigen Form. Bei einer solchen Begegnung erlangt die
dunkle, wirre Materie Heiligkeit. Es ist, als zeige sich auf
einer weiten Schneefläche plötzlich ein sommergrüner Birn-
baum. Was wir auch sehen, ist durch und durch bemerkens-
wert und faszinierend. Die leichte, schwache Berührung der
Leere erscheint als die Grenzenlosigkeit, in der alle Gegenstände und Gefühle dahintreiben. Die Welt wirkt erstaunlich
aufgeräumt und leer, wie ein Vermeer, auf dem das Durcheinander von Requisiten – die Teller und Krüge und Besen, die
einen Holländer zur damaligen Zeit umgeben hätten – auf
ein oder zwei Stücke reduziert wurde. Die Waage, die eine
Frau hochhält, die Perle im Ohr eines Mädchens, das sich gerade zu uns wendet, ihr Blick, der in unserem ruht – alles
scheint vorzutreten, uns näher zu kommen. Den uns wert-
vollen Gegenständen bleibt genügend Raum, sich zu erheben
und den Augenblick zu überdauern.

Ein chinesischer Zenschüler beschrieb vor tausend Jahren,
wie wir unsere Reise unermüdlich fortsetzen, bis wir die
Klarheit der ewigen Welt so deutlich sehen, als sei das, was
vor uns ist, ein einziges Ding. Er erzählt, wie er zusammen
mit Guishan, einem der großen Lehrer des goldenen Zeitalters der Tang-Dynastie, studierte.

Ich lebte mehr als dreißig Jahre mit Guishan
zusammen. Ich aß Guishans Essen, ich schiss
Guishans Scheiße, aber ich studierte nicht
Guishans Zen. Ich kümmerte mich lediglich
um den Ochsen. Wenn er von der Straße ab-
kam, zerrte ich ihn zurück; wenn er das Getreide auf den Feldern anderer zertrampelte,
erzog ich ihn, indem ich ihn mit der Peitsche
verprügelte. Lange Zeit war er bejammerns-
wert, jedermanns Worten ausgeliefert! Nun
hat er sich in den weißen Ochsen auf der
bloßen Erde verwandelt und bleibt mir auf immer vor meinem Gesicht. Den ganzen Tag über
offenbart er sich. Auch wenn ich ihn verjage,
geht er nicht weg.

Changqing Da'an[4]

Die lebhaftesten Erinnerungen sind immer die Folge weniger
lebhafter Erfahrungen, einer langsam wachsenden Bereitschaft. Doch im Augenblick der Lebhaftigkeit scheinen die
Schmerzen der Reise gering; das eine Ding vor uns ist alles,
was je existiert hat. Vor uns auf gepflügter Erde steht der
weiße Ochse von Herz und Verstand, so wie sie sind, der
Welt, so wie sie ist. Wir sehen unser eigenes Wesen und das
Wesen des Universums als ein und dasselbe. Dieses Sehen
blendet uns, zeigt uns unser Zuhause und gibt uns Freude.

Ein paar Pfirsichblüten

An einem Frühlingstag vor 1200 Jahren ging ein alter chinesischer Meister, Lingyun Zhiqin, den Weg entlang. Er hatte lange meditiert und war ganz in diesem Leben aufgegangen. Sommer voller Hitze und Staub, eiskalte Winter waren an ihm vorbeigezogen. Dann bog er um eine Ecke und erblickte voller Staunen auf der gegenüberliegenden Talseite Pfirsichblüten. Der Schock dieses Anblicks bewirkte seine Erweckung. Es war üblich, bei solchen Gelegenheiten ein Gedicht zu verfassen, und seine Worte lauteten:

> Dreißig Jahre suchte ich nach einem Schwertmeister.
> Wie oft fielen die Blätter, erblühten die Zweige!
> Doch im Augenblick, da ich die Pfirsichblüten sah,
> vergingen alle Zweifel.

Bei jeder Initiation spielen Opfer eine Rolle; eine scharfe Klinge ist nötig, um das alte Leben zu amputieren. Hier dienten die Pfirsichblüten als Schwert. Der Schock über ihre Farben und ihr Rascheln im Wind vertrieb Lingyuns Ungewissheit. Sein Frühling ereignete sich im neunten Jahrhundert in China. Dieser Zweig blühte immer noch im vierzehnten Jahrhundert in Japan, als ein Lehrer namens Keizan Jokin schrieb:

> Die Pfirsichblüten im Dorf
> waren sich ihrer Purpurröte nicht bewusst,
> und doch befreiten sie Lingyun
> von allen seinen Zweifeln.[6]

Diese Blüten haften an unserem Gedächtnis wie an unseren Haaren und den nassen Ärmeln unseres Mantels an einem verregneten Tag. Sie sind vollständig sie selbst, kühn und zerbrechlich. Und sie machen die Welt so durchsichtig um uns herum, dass wir uns ihnen anschließen, zu ihnen werden. Die Blüten sind etwas Kleines, das uns ohne Bedauern das Hier und Jetzt betreten lässt. Das schlichte, absolute Wesen des Katalysators – des einen vollständigen Dings in der Welt – öffnet sich nach außen, sodass die Stadtstraße mit ihren Gebäuden, Menschen und Autos ihre Helligkeit überallhin verbreitet. Der Geist beginnt rein und asketisch die Seele in all ihrer Vielfalt zu treffen.

Ein Mann verliebt sich in eine Frau nicht nur wegen ihrer Schönheit oder Bildung, sondern wegen der Zärtlichkeit, die sie banalen Dingen entgegenbringt – die leichte Gier, mit der sie sich zu ihrer Kaffeetasse beugt, die Kurve ihres Arms, der die Zeitung hält. Er empfindet dies als Erleichterung, er *erkennt* die Geste. Er hat sich verliebt in die Intelligenz ihrer Seele und der Welt, die sich ein solches Wesen ausdenkt, die Welt, die einem solch kleinen Augenblick ein bleibendes Leuchten verleiht. Auch der alte chinesische Weise hat sich verliebt, wurde gleichzeitig weiter in die Welt hinein- und über sie hinausgetragen. Der Baum überholte ihn, und der Augenblick strahlt auch heute noch, da sich die Pflaumenbäume vor meinem Fenster in Nordkalifornien mit den Regenschauern vereinigen.

Menschen erwachten, als sie im Krieg an einem Strand eine Flöte hörten, als sie sich das Bein brachen, mit dem sie in einem Eisengitter hängen geblieben waren. Doch Lingyuns Pfirsichblüten sind besonders liebenswert wegen ihrer hellen, wolkigen Assoziationen. Sie kommen so kurz nur nach der Unterweltzeit des Winters aus der Stille, in der nicht viel zu geschehen scheint. Sie stehen auch für die Aufregung und Zerbrechlichkeit des Menschseins und die strahlende Großzügigkeit gewisser Augenblicke – das Rot eines Glases Wein, den Faltenrock der Tänzerin, den Raum zwischen Heuhaufen und Himmel im Dämmerlicht, die komplizierte, kantatengleiche Abfolge von Trauer und Lachen.

Wenn wir unsere wahre Erfahrung der Welt betrachten, stoßen wir stets auf eine seltsame Zweiheit. Als Menschen sind wir zerbrechlicher, als uns lieb ist, gebeutelt von Krieg und Erdbeben und auch von den endlosen inneren Wellen, von Obsessionen und Sehnsüchten, Angst und Zorn. Doch gleichzeitig drängt sich uns ununterbrochen die Ewigkeit auf: Sie ist nahe bei dem Weg, der über den Berghang geht, auf dem wir stehen – vergessen, gewaltig, die Quelle von Nahrung und Ruhe, lässt Grashalme sich uns entgegenstrecken, auf denen wir uns behaglich niederlassen. Beide Wahrheiten sind stets zutreffend: Der Geist bringt uns sein immer währendes Strahlen, und die Seele hilft uns, das überwältigende Geschenk des Geistes entgegenzunehmen.

Jede echte Öffnung unseres Geistes umfasst die Größe und die Kleinheit dessen, wer wir sind. Der alte Lingyun begegnete den Blüten mit seinem ganzen Sein, und diese Begegnung war so stark, dass wir sie immer noch nachleben können; Bild und Gedicht tragen sie weiter zu uns, und wenn wir die Blüten auf der anderen Talseite flammend leuchten sehen, ist die Zeit stehen geblieben. Und doch ist die Erfahrung vollkommen alltäglich. Ich gehe um die Ecke, und der Nordwestwind weht einige nasse Blütenblätter gegen meine Brust. Ich erkälte mich und niese.

Wir erwachen für das Außergewöhnliche in unserem Leben – und alles fließt weiter wie immer. Wir haben unseren Rhythmus; wir arbeiten, essen, trinken und unterhalten uns bis spät in die Nacht. Der Katalysator, Blüte oder Radioskala, wird zum einzigen Ding auf der Welt. Dann erinnern wir uns an das Ewige, den Berghang, an dem wir stehen, und die Quelle der Blüten und Radios und Autos und Sonnenstrahlen zwischen Regenschauern. Bei unserem Erwachen, wenn der Geist ins Blickfeld gerät, ist das, was uns überholt, was uns wachrüttelt, rein und hell, unberührt wie ein Buchenwald und auf unbestreitbare, selige Weise wirklich. Im Licht der Seele betrachtet, ist die Ewigkeit wonnevoll und ein endloses Verschmelzen mit der Lust.

Narzissen und Osterglocken in Hülle und Fülle

Wenn also nur das eine Ding im trostlosen Raum des Universums erscheint, ist der Frühling da. Doch der Frühling ist nicht nur dieses eine Ding. Der weiße Ochse ist das Tier des Geistes; der Seele erscheint der Frühling als Göttin der Formen und Vielfalt – als Botticellis *Primavera*, die Blumen im Haar und an ihrem Kleid trägt und selbst eine Art von hinreißender Blüte ist. Der Frühling kommt mit einer Orgie der Farben. Seine Freude ist nicht das Einzige, was es gibt, aber sie gehört zu den großartigsten Dingen – eine menschliche Gestalt zu haben und restloses Glück zu kennen. Unsere Freude erscheint unaufgefordert und kommt aus der Schlichtheit des leeren Universums. Es scheint unvorstellbar, dass es irgendetwas, irgendeine Form oder Bewegung, geben könnte, und dann brechen plötzlich Blumen und Knospen auf, Wolken jagen dahin und Vögel eilen mit Zweigstückchen vorbei. Endlich sind wir daheim in all dieser aufgeregten Aktivität – einem Lied des Aufstiegs, einem Leben ohne Schleier. Die Seele atmet die prickelnde Luft ein. Die überwältigende Fülle des Frühlings mag manche Menschen darüber nachdenken lassen, ob der Winter mit seiner Einfachheit nicht weniger verwirrend gewesen ist. Doch wir haben keine Wahl. Haben wir erst einmal die weite Gleichmut des Winters verlassen, sind wir der Welt intensiver Einzelheiten ausgeliefert, von denen jede genau und brillant ist.

Freude ist ein starkes Argument, und wir können sowieso nicht mehr zu unserem alten Haus zurückkehren, das jetzt so eng und dunkel wirkt, mit Möbeln wie Kindheitstrophäen, deren goldener Überzug halb abgewetzt ist. Es ist ein solch schönes Gefühl, frei zu sein, das, was vor uns ist, zu lieben, das Leben ohne Einschränkungen zu begrüßen. Es heißt, dass Koun Yamada nach seiner Erleuchtung zu einem Gespräch mit Hakuun Yasutani ging und kein Wort hervorbrachte. Er brach im Schoß seines Lehrers zusammen und schluchzte vor Freude. Yasutani klopfte ihm auf den Rücken und sagte: »Ja, ja, ich weiß.«[7]

Gewöhnlichkeit

Das Erwachen rückt unsere Sichtweise zurecht, sodass wir den großen Hintergrund sehen, von dem wir ein Teil sind. Ja, er ist uns sogar noch näher: Wir sind sowohl der große Hintergrund als auch der Vordergrund, der dessen einziger Ausdruck ist. Wir sehen die Wirbel in der Ewigkeit, die von unseren Händen gestaltet wurden, wenn sie den schwarz verschmierten Ventildeckel an einem Motor abschrauben oder eine traubenschwere Rebe hochbinden.

Diese Klarheit der Sicht ist sogar noch stärker als die Freude. Der weiße Ochse steht auf der nackten Erde in aller Schlichtheit, ohne Motive. Alles ist klar im vertikalen Licht der Mittagssonne, ohne Schatten, ohne Zweifel. Wir verstehen, dass unser wahres Wesen schon immer sichtbar war, wir aber seine Segnungen empfingen, ohne seine Quelle zu erkennen.

Klarheit offenbart Gewöhnlichkeit. Wenn alles andere weggenommen wird, bleibt das Natürliche zurück. Das weichohrige Reh, der Leitungsmast, der Mann, der sich aus der Tür seines Lasters lehnt, um zu husten, alles erscheint in seiner urtümlichen Kraft, als habe nichts zuvor existiert. Eine Frau, die plötzlich die Frische und Bescheidenheit der normalen Welt sah, sagte:

Ich saß da und wartete auf ein Gespräch, wusste nicht recht, was ich sagen würde. Ich hatte keine Ahnung, was als Nächstes passieren würde, und starrte einfach geradeaus auf die Wand. Plötzlich wurde mir bewusst, dass die Wand perfekt am Boden abschloss. Haargenau! Es war einfach so offensichtlich. In diesem Augenblick war alles gut.

Die Blätter des Tupelobaums sind blassgrün, und der Schwanz der Stute schimmert rauchig weiß vor dem Blau des Himmels. Nachts flötet die nistende Bachstelze, und der Koala hustet unsichtbar in den Zweigen. Alles ist so, wie es ist, und diese Exaktheit ist in unseren Augen die größte aller Segnungen.

Die Berge tanzen

Ein erwachter Verstand ist groß und hat mehr als eine Wahrnehmungsweise. Die Erleuchtung hat etwas von einer Achterbahn – sie nimmt Widersprüche genauso bereitwillig hin, wie es Walt Whitman tat. Der zentrale Widerspruch besteht zwischen dem starken Eindruck der Leere – dem Gefühl, dass nichts von absoluter Existenz ist – und dem gleichermaßen starken Eindruck der Einzigartigkeit und Schönheit aller Dinge. Wir sehen, dass die Wellen wirklich der Ozean sind, und doch bestehen die Wellen darauf, eine Form und Schönheit jenseits dieser abstrakten, spirituellen Wahrheit zu haben. Wenn wir uns so öffnen, sagen wir beispielsweise: »Die Berge tanzen«, und diese Entdeckung unterscheidet nicht zwischen dem majestätischen Annapurna und den kleinen Green Mountains in Vermont. In manchen Traditionen fordern Zenlehrer ihre Schüler auf, »den Mount Shasta zum Tanzen zu bringen«, das auszuleben, was sie gefunden haben, zu zeigen, wo der gewaltige Geist menschlich wird.

Im Reich des Geistes lockert sich die Bedeutung der Dinge – oben kann unten, traurig kann glücklich sein. Die Kubisten brachten diese Erkenntnis Anfang des 20. Jahrhunderts in ihre Kunst ein, zerlegten die Ebenen des menschlichen Gesichts und Körpers und fügten sie auf überraschende und überzeugende Weise neu zusammen. Marcel Duchamp präsentierte mit seinen Ready-mades eine andere Version dieser

Offenbarung, indem er einen Alltagsgegenstand wie zum Beispiel ein weißes Porzellanurinal als Kunstwerk ausstellte.

Jeder hat in einer Welt, in der Bedeutungen und Inhalte nicht hundertprozentig definiert sind, seinen eigenen Tanzstil. Ein Kaufmann der Tangzeit mit Namen P'ang lud sein Vermögen und seinen Besitz auf ein Boot und versenkte es in der Mitte des Flusses – eine Performance zum Thema Erleuchtung. Er verschenkte seine Dinge nicht einfach, weil er, wie er sagte, nicht anderen Menschen das schwere Schicksal des Reichtums aufbürden wollte. Dennoch blieb er im Netz von Familie und Handel, reiste mit seiner Frau und seinen zwei Kindern umher. Die folgende Geschichte ist ein Beispiel des für diese Familie typischen Erwachens:

> Einmal verkaufte P'ang Bambuskörbe.
> Als er von einer Brücke herunterkam, stolperte
> er und fiel hin. Seine Tochter, die dies sah,
> rannte zu ihm und warf sich neben ihm auf
> den Boden.
> »Was tust du?«, rief er.
> »Ich sah Papa hinfallen und helfe ihm dabei!«,
> antwortete sie.
> »Ein Glück, dass niemand zugesehen hat«,
> sagte ihr Vater.[8]

All dieser Unsinn ist Theater, Lachen und illustriert das unermessliche Sosein der Welt. Doch das Stück handelt, wie wir hier sehen, auch von Mitgefühl oder Mitleid – dem gemeinsamen Leiden – und Empathie mit dem Absurden. Vor Jahren leitete ich einmal in Honolulu ein Meditationsseminar, als wenige Straßen entfernt eine laute Blaskapelle loslegte.

Man sollte denken, dass dies der inneren Einkehr eher abträglich ist, aber ein Mann kam zu einem Gespräch hereingeschossen und sagte: »Die Trommel spielt *in* meiner Brust. *Ich* bin die Trommel.« Er hatte nicht den Verstand verloren, er kannte den Unterschied zwischen Halluzination und Wirklichkeit, aber seine Sichtweise hatte sich verändert, und seine Augen leuchteten – er war in die exzentrische Poesie des Geistes gestolpert.

Intimität

> Wenn die zehntausend Dinge hervortreten und sich selbst erkennen – das ist Erleuchtung.
>
> *Dogen Kigen*[9]

Intimität oder Nähe ist ein bescheidener und zärtlicher Name für die nach langem Suchen erreichte Verbindung mit dem Geist. Er vermittelt etwas von dem Schock, größer noch als der sexuelle, geöffnet und der Welt offenbart zu werden, während sich die Welt in unserer eigenen Brust öffnet und zeigt. Geschichten, gefüllt mit Bildern des Einswerdens, sind uns aus den Nebeln der Zeit überliefert, und das Einswerden markiert auch heute noch das Öffnen von Herz und Verstand.

Einer Frau, die sich auf Pilgerfahrt zu einer buddhistischen Stätte in Indien befand, präsentierten sich die Lebensbedingungen dort als reines Chaos, doch hinter dem lauten, aufdringlichen Leben entdeckte sie ihr Einssein mit anderen. Hier ist ihre Beschreibung jenes Augenblicks:

Am eindringlichsten empfand ich dieses Einssein in Bodhgaya – einem lebendigen, aber verrückten Ort –, wo wir genau in der Mitte von allem saßen. Ich erinnere mich noch an den Ruf einer Frau, die ihre Kühe vor den Mauern der Stupa vorbeitrieb – wie hell und voller Leben er war. Dieser eine Ruf enthielt alles und war alles. Nichts anderes gab es im Universum. Ihr Ruf war mein Ruf. Während ich dort saß, ging es so weiter. Menschen arbeiteten auf den Feldern, und ich hatte wirklich das Gefühl, ich arbeitete auf den Feldern.

Man hat Erleuchtung schon als Hochzeit beschrieben, als Fest, als Begegnung mit dem Lehrer, das Erkennen des eigenen Gesichts in einem alten Spiegel, das Öffnen eines Tors in eine neue Welt, ein Treffen mit den alten Weisen, das unmittelbare Erblicken Gottes. Diese Intimität ist nicht auf das menschliche Reich beschränkt – sie verbindet uns mit Steinen, Blättern, Ameisen, Vögeln, Regen und Sternen und mit Ereignissen ebenso wie mit Gegenständen. Die Frau fuhr fort:

Dann begann es, heftig zu regnen, und ich spürte die enorme Freude, der Regen zu sein und das Gras zu sein, das den Regen genoss – nicht zu denken, sondern einfach in dem Raum und auch draußen im Regen zu sein. Alles befand sich in tiefem Gespräch. Und dennoch halten wir gewöhnlich nicht inne und hören zu. Ich schaute aus dem Fenster und war überwältigt von einer roten Bougainvillea. »Dies ist die Stimme Gottes«, dachte ich, »und wir gehen einfach daran vorbei.«

In einem solchen Augenblick hat alles, was wir sehen, seine eigene Würde, trägt seine Bedeutung in sich und spricht zu uns. Wir sehen und werden gesehen. Krähen und Libellen, Weizenähren und Granitfelsen tragen unseren Namen. Wenn der Wind weht, weht er durch uns, der Regen fällt durch unsere Brust. Es gibt keine Mauern zwischen uns und dem, was geschieht – wir selbst sind die Berge und die Vögel, und die Berge und Vögel laufen selbst mit uns herum und fahren auf der Autobahn.

Zur Intimität gehört das Wiedererkennen. Die alten chinesischen Lehrer nannten dies: unser ursprüngliches Gesicht erkennen, das wir hatten, ehe unsere Großeltern geboren waren. In den Geräuschen und dem Regen erstreckten wir uns weit über unsere Körper hinaus; wir sind untrennbar mit der Erde, den Sternen und miteinander verknüpft. Das Universum ist uns Freund.

Eine solche Intimität verändert unser Leben: Wir sehen sofort, dass das Erwachen nicht nur für unser kleines Selbst ist. Wohin wir uns auch wenden, leuchtet alles in seinem eigenen Licht, das unser Licht ist. Menschliches und Nichtmenschliches, ja sogar Lebendiges und Nichtlebendiges sind Teil unseres Kreises, und so umfasst unsere Familie Kängurus, Flüsse, Sterne und andere Menschen, ohne Rücksicht auf Reichtum oder Hautfarbe oder andere Unterteilungen. Und auf gleiche Weise ist jeder Augenblick des Lebens wirklich – Aufstehen, Hinsetzen und Sichankleiden haben ihre Würde und ihren Platz in dem Netz. Wir kommen von der zum Geist gehörenden weiten Sicht der Berggipfel herunter, um im Tal unter den anderen Kreaturen zu wandeln. Um dessentwillen, was größer ist als die Welt, tauchen wir selbst in diese Welt ein.

Intimität gibt der enormen Erkenntnis des Erwachens eine menschliche Dimension. Etwas Zartes und Subtiles spielt mit herein. Im Laufe unserer inneren Reise gibt es viele Schritte der Vereinigung und Trennung. Wir schreiten voran wie bei einem jener Tänze des 18. Jahrhunderts – kommen zusammen und trennen uns wieder, während die Geigen weiter spielen. Jeder von uns ist eine Weile im selben Meer und verbunden, doch wir empfinden Zärtlichkeit gegenüber jeder einzelnen Welle, so besonders und gesondert, so stark in ihrem Gefühl der eigenen Form, der eigenen Gabe an das Leben. Unsere Zärtlichkeit hat keine Absichten gegenüber dem Leben. Sie ist Ausdruck von Wertschätzung – ein persönliches Gefühl und eine Anerkennung der Wirklichkeit.

Mitgefühl für andere wird aus unserer eigenen Leidenserfahrung geboren. Sie zeigt sich zuerst bei Mitternacht, wenn das Leiden die Selbstversunkenheit aus uns gewrungen und die uns umschließenden Grenzen niedergerissen hat. Dann ist es eine Überraschung, etwas Unsichtbares, das uns endlich mit dem menschlichen Schicksal verknüpft. Wir lernen zu lieben, uns um die Qualen anderer zu sorgen. Nun, zur Mittagszeit, ist die Lage weder verzweifelt noch schockierend; nichts wird erzwungen. Wenn wir hören, dass wir den gleichen Nachnamen tragen wie das wogende Gras, wie die Glühwürmchen in der Höhle unter den Wurzeln des umgestürzten Baumes und wie die Galaxien, die in ihren unermesslichen Kreisläufen leben und sterben, dann erhebt sich das Mitgefühl wie die Abendbrise, ein natürliches Merkmal unserer inneren Jahreszeiten. Selbstsüchtige Gefühle verursachen uns Schmerzen, verdichten uns, behindern unsere Atmung. Doch unser Gefühl für andere ist schwerelos und alt;

wir erkennen den anderen, unsere ursprünglichen Bindungen zu allem Leben.

Mitgefühl hat etwas Objektives, aber seinem Wesen nach ist es höchst individuell. Auf diese Weise trägt es unser spirituelles Erkennen in das Reich der Liebe, die einen Körper hat. Wir fühlen mit *diesem* Kind, dessen Nase ständig läuft, dessen schwarze Haare ihm in die Augen fallen, wenn es einen Purzelbaum macht, mit *dieser* Felswand, wo die Schneegummibäume roten Saft auf ihre weißen Stämme ausschwitzen und Wombats schummrige Paläste in den zerklüfteten Fels gegraben haben. Und je individueller es wird, desto mehr nähert es sich: Desto mehr bewegt es sich zur Liebe hin. Die Liebe kommt aus der Leere; daran lässt sich nichts ändern. Wie wir ist sie absurd und übersteht nur durch ihre eigene Zerbrechlichkeit. Ganz allmählich zieht uns die Liebe wieder in die Welt zurück.

An diesem Punkt der Reise schätzen wir kleine Anstrengungen, die dem Guten dienen. Oder genauer gesagt, wir lieben das Kleine genauso wie das Große, ohne immer sicher zu sein, was was ist. Gute Taten und Herzenswärme sind einfach und nahrhaft wie Brot. Es ist gut, die nahen und süßen Dinge vor uns zu lieben, die der Seele gefallen – den frisch gepflückten Apfel, die Kinder, die Lesen lernen. Von dort aus schlägt das Mitgefühl seine Wellen nach außen, zu dem hungrigen Kind, dem ausländischen Kriegsflüchtling. Die Frau, deren Erwachen eintrat, als sie sah, wie genau die Wand am Boden abschloss, sprach später darüber, was sich bei ihr verändert hatte.

Ich fühle jetzt Verantwortung gegenüber der Welt, die ich zuvor nie wirklich empfand. Als Kind sorgte ich ziemlich gut für mich selbst, und ich musste bestimmte Dinge tun – meine Eltern sagten mir, dass ich zur Schule gehen, mein Ballettröckchen nähen müsse und so weiter, aber weiter erstreckten sich meine Pflichten auch nicht. Ich war mir der Bedürfnisse anderer nicht bewusst. Ich glaube, die Erfahrung der Erleuchtung eröffnet eine innere Verbundenheit des Selbst mit allem anderen. Es scheint keine Wahl zu geben. Ich möchte ein Beispiel nennen. Wenn jemand ein Problem hat und darüber reden möchte, ist es meine Pflicht, mich hinzusetzen und ihm zuzuhören, diesem Menschen aufmerksam zuzuhören. Andernfalls könnte ich nur sagen: »Oh, das ist dein Problem, Pech gehabt, ich interessiere mich mehr für meine eigenen Probleme.« Ich kann die Tatsache, dass Menschen leiden, nicht länger ignorieren. Vorher habe ich zwar auch bemerkt, dass sie leiden, aber jetzt habe ich das Gefühl, daran teilzuhaben, und fühle eine Verpflichtung.

Dies Beispiel zeigt etwas ganz Normales, das zu ihren freundlichen Gefühlen gegenüber alltäglichen Dingen passt. Die Bewegungen des Mitgefühls können groß genug sein, um Regenwälder zu retten, aber Intimität erscheint auch in den kleinen Akten, die unendlich große Türen öffnen. Bescheidene Akte des Muts halten Böses auf, ehe es zu groß wird; kleine Gesten der Großmut begrüßen Kinder in der Welt. Jene, die ihr Einssein mit anderen erkannt haben, dienen im Stillen, wie Mitglieder eines Geheimordens. Dann verschmelzen die kleinen und die großen Akte. In Dänemark trug sogar ein König den gelben Stern im Zweiten

Weltkrieg, um seine Solidarität mit den verfolgten jüdischen Mitbürgern zu bezeugen – zugleich ein kleiner Akt und ein großer.

Als eine Hospizmitarbeiterin von dem Tod einer Patientin erzählte, die ihr ans Herz gewachsen war, begann sie ihre Beschreibung mit der ätherischen Leichtigkeit der letzten Nacht.

In der Nacht, als sie starb, fanden sich um mein Haus herum Tauben ein und gurrten. Vielleicht war das schon vorher passiert, aber es war mir nie aufgefallen. Ich träume immer noch von Tauben, weißen Tauben, und denke daran, wie sie starb. Ich spreche normalerweise mit niemandem in der Klinik darüber, aber letztendlich ist die Liebe die einzige lohnende Macht dieser Welt. Es gibt nichts anderes, was wirklich zählt.

Tauben gehören zu Aphrodite, der Göttin der Liebe, und sind außerdem die Boten des Heiligen Geistes, die das Göttliche in die Welt tragen. In ihrem Bild treffen Seele und Geist zusammen. Doch die Segnungen der Liebe bringen uns auch den Wunden der Liebe näher, denn die Liebe sorgt dafür, dass wir uns der unheroischen Schwäche beugen, einen sterblichen Körper zu besitzen, und macht uns, indem sie uns einander öffnet, hilflos und freundlich.

Weil wir die Intimität des Erwachens kennen, wollen wir lieben, wollen wir Mitgefühl zeigen, halten wir unser kleines Licht hoch und treten vor. Selbst ein flüchtiger Blick auf die Erleuchtung ist von gleißender Helligkeit. Wir wollen herausfinden, was kommt, wie wir unser Leben mit dieser Farbe durch und durch einfärben können. Und so führt uns

die Liebe mit ihrem Drang zum Individuellen weiter auf unserem Weg und in die Welt hinein, wo wir wieder eintauchen
in die Wirbel von Nebel, Meeresdunst, Ungewissheit. Denn
die Liebe ist unser endgültiges Ziel – dort enden alle Geschichten, die glücklich enden –, doch zunächst müssen wir
einen weiteren Weg gehen, müssen das festigen, was wir entdeckt haben, was noch so neu und schwach ist.

8. Kapitel

Demütigung:
der zweite Abstieg

Aus dem Licht stolpern

Eigentlich kommt nicht einmal eine Nadel
durch, tatsächlich kann man mit Pferd und
Wagen hindurchfahren.

Yangshan Huiji[1]

Spirituelles Erwachen bringt die Herrlichkeit der Morgendämmerung: Wir haben neue Kräfte, sprühen vor Taten-
drang, sind erhöht und vergrößert. Aber bei der Rückkehr in
die Welt des Alltags stellen wir fest, dass vieles beim Alten
geblieben ist. Das Geschirr muss gewaschen werden, die Kinder wollen alles über die Photonenexperimente wissen, an
die wir uns nur noch schwach erinnern; Telefonanrufe
bleiben unbeantwortet, Investitionen müssen geplant und
Toilettenschüsseln geputzt werden. Gleichzeitig gibt es noch
die grundlegenden Wunden des menschlichen Lebens: Krieg,
Hungersnot und Elend an jeder Ecke, und wir sind uns des
Leidens, das mit ihnen einhergeht, sogar noch bewusster als
zuvor.

Nach der großen Erfahrung des Öffnens in eine neue
Seins- und Sichtweise besteht unsere Aufgabe nun darin,
dem Gestalt zu geben, was wir gefunden haben. Erwachen

verlangt eine gewisse Vereinigung von Geist und Seele, doch solche Erfahrungen scheinen sich fast immer zur Seite des Geistes hin zu verlagern. Spirituelle Liebe steckt so voller Ideale, dass sie lernen muss, auch die Unvollkommenheit anzuerkennen – hinabzusteigen, körperlich zu werden, wieder Dichte und Schwere anzunehmen. In den Tiefen der Nacht ist zwar ein Schatz zu finden, aber ganz nah bei den Bergen des Erwachens befindet sich auch ein Tal. Wir müssen wieder in das Tal fallen, deprimiert sein, leiden, um ein Leben zu haben.

Das Licht der Ewigkeit passt sich in die kleinen, körperlichen Momente ein, die unser Leben ausmachen. Wir haben Körper, wir *sind* Körper. Hunger, Durst, Begehren, Torheit, Arbeit, Scheitern, Freude, Ehre und Schande – durch uns ist der Geist in zerbrechlicher Materie gefangen, nimmt ihre Form, ihre Größe und ihren Namen an. Es gibt kein anderes Vehikel für ihn.

Durch das Tor hindurch

In einigen Zenschulen gibt es eine Zeremonie, die so genannte Übertragung, bei der einem neuen Lehrer sein Verständnis des spirituellen Reiches bestätigt wird. Als ich das erste Mal einer solchen Zeremonie beiwohnte, befand sich der neue Lehrer schon in den Sechzigern. Der alte Lehrer, der Mentor, sagte: »Nun beginnt dein Weg.«

Er beginnt, weil der Weg immer neu ist. Das Kind kommt, den Schlaf noch in den Augen, an den Frühstückstisch, die Sonne geht über einer Landschaft auf, der wir nie ausreichend Aufmerksamkeit geschenkt haben, und die geviertelt vor uns liegenden Orangen sind die ersten Orangen des ersten Orangenbaums, goldene Lampen aus ihrer grünen Nacht. Doch den Beginn kann man auch schlichter sehen: Verstehen ist schnell und aufregend, doch Verkörpern ist langsam und durchdringend. Selbst die tiefste Erfahrung kann uns nur durch das Tor zum neuen Reich bringen.

In der Meditationstradition wurde schon immer betont, wie wichtig es ist, sich nicht an eine spirituelle Erfahrung zu klammern: Ein solches Festhalten wird selbst zum Problem, die Helligkeit verdunkelt den Blick. Dafür gibt es eine alte chinesische Redensart: »Goldstaub ist kostbar, doch wenn er in die Augen gerät, kann er zu Blindheit führen.« Im folgenden Text erzählt einer davon, wie man nicht am spirituellen Gold festhalten sollte:

Ich lief über einen Rasen mit Blick über den Atlantik. Das Gras wurde ganz grün und lebendig – ich bemerkte die krabbelnden Ameisen und sah eine Libelle. Plötzlich hatte ich keine Zweifel mehr. Ich wusste, dass wir nichts verloren hatten, dass die alten Lehrer noch lebten und mir immer noch etwas beibringen konnten.

Ich bat meinen Lehrer um ein Treffen. Er stellte mir eine Menge anscheinend diagnostischer Fragen. Ich war zuversichtlich, seine Welt betreten zu haben, und bin es noch. Dann schwieg ich, betäubt von dem Wunder des Ganzen. Er lachte und sagte: »Keine Sorge, das geht vorbei.«

Einige Lehrer glauben, dass es nötig ist, bei ihren Schülern einzuschreiten, um durch Humor oder andere Mittel jeglichen Flecken, den ihr Erwachen zurückgelassen haben könnte, wegzuwischen. Doch das Leben wird uns schon selbst daran erinnern. Wenn die erste Aufgabe der inneren Arbeit darin besteht, durch die Tore der Ewigkeit zu treten, dann verlangt die zweite danach, von Nutzen zu sein, der Welt und ihren Kreaturen etwas zurückzugeben, und das bedeutet, sich ein weiteres Mal mit dem Mysterium der Inkarnation zu befassen. Im Himmel, wo alles schon erreicht ist, gibt es kein Wachstum. Nur die Erde enthält Samen, und die Schwerkraft zieht uns hinunter zu den dunklen Reichtümern der Erde.

Es mag sonderbar erscheinen, dass wir, auch nachdem wir einen der triumphalen Erfolge des Bewusstseins erlebt haben, einen zweiten Abstieg erleiden müssen, aber darin zeigt sich nur die Poesie des Wegs: seine Inkonsequenz, seine Launenhaftigkeit und Schönheit. Der zweite Abstieg ist Teil der guten, langen Arbeit. Manchmal erscheint er als eine akute Krise, während der unsere inneren und äußeren Dämonen zurückkehren, und manchmal als ausgedehnte Spanne der Flachheit und weltlichen Schwierigkeiten, in der unsere schönsten Pläne vereitelt werden und unsere Hoffnungen unerfüllt bleiben. Unsere Entdeckungen werden einer strengen Wirklichkeitsprüfung unterzogen. Nun erfahren wir mehr über die Dunkelheit, die zu Leistung und Führung gehört, und über die Seltsamkeit der Dinge, die eintreffen, wenn wir gerade nicht hinschauen.

Keine klinische Reinheit

»Ich bin unterwegs zu Gott und unterbreche meine Reise nicht, um an den Blumen am Wegesrand zu riechen«, sagte Juan de la Cruz in seiner Ungeduld, den spirituellen Schatz zu finden, doch wer kann wissen, ob Gottes Körper nicht in jenem Unkraut am Wegesrand ist? Bestimmte Arten der Reinheit ignorieren das Leben und scheinen uns in einen zweiten Abstieg zu ziehen. Auf der Erde stellt sich der Frühling einfach ein – Regen, die frischen Triebe, Blüten in der Sonorawüste – Kandelaberkaktus, Kerzenstrauch, Igelkaktus, Grünholz, Feigenkaktus mit seinen gelben Kelchen. Spechte hüpfen zwischen ihnen herum, der kleine Zaunkönig verjagt den großen Specht, Tauben gurren im Staub, der Kojote verbirgt sich ohne große Anstrengung im Büffelgras. Dann weicht der Frühling. Sobald wir ein Erwachen erfahren haben, wollen wir den Tag und die Nacht mit dessen Frische erfüllen, wollen auf immer in seiner Hochstimmung leben, aber das wäre zu viel verlangt; es bliebe kein Raum für Leben, für das Verblühen der Blumen, auf dass sie Samen bilden, für die Verluste, die die Seele schulen.

Oft sind wir auf unserer Reise in Versuchung, uns zu sehr mit dem Unendlichen zu identifizieren, in einem Kristallpalast zu verhungern. Zenlehrer nennen diesen Zustand den »Gestank des Zen« und meinen damit die Tatsache, dass spirituelle Erfolge ihre eigenen Probleme schaffen. Die Schönheit erhebt sich vor uns, wie es in den Navajo-Pferdeliedern heißt, während wir uns auf sie zubewegen; wenn wir versuchen, sie festzumachen, verschwindet sie. Der große Augenblick geht vorbei, und wir müssen eine Weile im Dreck selbst leben, im trockenen Flussbett, auf der schwarzen Straße, eingedenk dessen, dass die Freude an jenen Kieseln auch Gottes Freude sein könnte und dass das Unkraut vielleicht der Garten ist, in dem Gott abends lustwandelt.

Hakuin Ekaku, der große Meister des 18. Jahrhunderts, ging mit der ordentlichen Niederschrift seiner Erleuchtungserfahrung zu seinem Lehrer. Der Lehrer schob das Blatt beiseite und forderte Hakuin auf, ihm die Erfahrung direkt zu erklären. Hakuin sagte: »Es gibt nichts, woran ich Arme oder Beine festmachen könnte.« Der Lehrer verdrehte Hakuins Nase und erwiderte: »Hier ist eine Stelle, an der du Arme und Beine festmachen kannst.«

Während Hakuin sich noch in seiner überschwänglichen Stimmung befand, nannte der Lehrer ihn einen Dämon, der an einem Sarg über einem Leichnam wacht. Schließlich hörte Hakuin auf, sich an spirituelle Höhen zu klammern, und erzählte seinem Meister von seinem neuen Verständnis:

> Der Meister zeigte bei dem, was ich sagte,
> weder Billigung noch Missbilligung, sondern
> lachte nur vergnügt. Doch von da an nannte er
> mich nie mehr einen »armen Erdlochteufel«.[2]

Ein Zeichen dafür, dass wir in der leeren Welt stecken geblieben sind, ist unsere Weigerung, bereitwillig die Stolperschritte des normalen Lebens mitzumachen. Wir schwingen zwischen Himmel und Hölle hin und her und vergessen, dass es bei Spiritualität nicht um die relativen Vorzüge eines bestimmten Ortes, nicht einmal des Himmels, geht. Eine Frau schrieb dazu Folgendes:

Während einer Zeit der Meditation sehe ich vollkommen klar, dass ich nur im Licht bin. Die Meinung anderer ist unwichtig, weil ich mit allem im Reinen bin. Ich weiß erst, wenn ich abstürze und die Depression einsetzt, dass ich mich zu sehr mit dem Licht identifiziert und irgendwie meine Menschlichkeit verloren habe. Dann fühle ich mich höchst ungeliebt und ganz und gar falsch. Und ich sträube mich, mir von irgendjemandem helfen zu lassen.

Damit beschreibt sie das klassische Problem der inneren Arbeit, bei der wir durch unsere Identifikation mit dem Geist unsere Kommunikation mit ihm verlieren. Andere hängen sehr an ihrer eigenen Meinung, und in deren Augen mag unser Aufstieg sich wie ein Irrweg anfühlen oder ein Ablegen des Menschseins. Deshalb ist ernsthaftes inneres Training in seinen späten Phasen am forderndsten. Wenn wir versuchen, die innere Erfahrung des Abstiegs für immer hinter uns zu lassen, verleugnen wir unsere Fehler und unser Lernen. Dann sind wir nicht mehr in Harmonie mit dem Geist, sondern bestätigen nur sein Privileg und fangen vielleicht an, die Finsternis draußen zu suchen und nach Häretikern Ausschau zu halten.

Geistliche sind schlechte Führungskräfte, weil sie sich so stark mit der Vollkommenheit ihrer Vision identifizieren, dass kein Raum bleibt für das Leben. Sie versuchen, die Strenge, die den Frühphasen einer privaten inneren Disziplin angemessen ist, auf den öffentlichen Bereich zu übertragen. Im Privatbereich wird eine Intensivierung der Achtsamkeit erreicht, wenn man alle Ablenkungen und äußeren Interessen ausschaltet, persönliche Launen und Vorlieben verleugnet und sich von allem abwendet, außer dem eigenen schmalen Pfad. Im öffentlichen Bereich führt der zur Inquisition. Und selbst im Privaten werden auf lange Sicht unsere kleinen Laster, wenn wir sie nicht akzeptieren, immer größer und erfassen schließlich quälend diejenigen, die uns nahe stehen.

Die spirituellen Laster gedeihen nicht nur in Geistlichkeit und Kulten. In einigen der schlimmsten Tyranneien unseres Zeitalters kann man eine idealistische Perversion des Geistes erkennen. Die Nazis wollten Reinheit und Klarheit – keine Juden, keine Zigeuner, keine Homosexuellen, keine modernen Künstler, keine Krüppel, keine Andersartigen und letztendlich niemand Lebendigen. Die Roten Khmer in Kambodscha ließen in einer fürchterlichen Parodie buddhistischer Askese und des rousseauschen Ideals des natürlichen Menschen ein ganzes Volk hungern und töteten alle, die sich eine Bildung erworben hatten; alle, die einen Ausländer kannten oder über besondere Fertigkeiten verfügten, sogar Ärzte; alle, die unfertig, naiv und Analphabeten waren. Dieses Verbrechen ist ein Laster des Geistes, dessen schreckliches Ziel darin besteht, das Leben der Idee unterzuordnen, eine Vereinigung einzig und allein mit dem Vollkommenen, dem Ungeformten, einzugehen.

Eines der besonderen Merkmale von Kambodschas Terrorregime war, dass Tränen verboten waren – die Tränen der Seele, die uns segnen und ein wenig die Härte des Schicksals abmildern. Eine Überlebende erzählte, wie sie einmal bei einem Essen in heftiges Weinen um ihren ermordeten Mann ausbrach. Die anderen Gefangenen versammelten sich schweigend um sie und schützten sie vor den Blicken der Wachen: Andernfalls wäre auch sie umgebracht worden. Ein solches Terrorregime erlaubt keine Differenzierung und auch nicht die Unterscheidungen und Unterteilungen der Seele, die uns zur Bewusstheit führen. Aristoteles – vernünftiger, menschlicher, weltlicher und ohne besonderes spirituelles Interesse – sagte, man könne keine Stadt mit nur einer Art von Menschen errichten. Man braucht verschiedene Arten von Menschen, um eine Stadt zu schaffen.

Der Geist, der zu rein ist – wie eine totalitäre Regierung –, wird schließlich durch seine eigenen Exzesse fallen. Wenn das Haften an der Herrlichkeit des Geistes Aufgeblasenheit bedeutet, dann finden sich am anderen Ende unweigerlich Leiden, Martyrium und Trauer. Wenn wir zu lang im Reich der Transzendenz verweilen, verkehrt sie sich, als gehorche sie einem uralten Gesetz, in ihr Gegenteil. Die Luft entweicht aus dem Ballon, und alte Qualen treten wieder hervor. Eine der Aufgaben des zweiten Abstiegs besteht darin zu erkennen, dass wir zwar etwas Wirkliches gelernt haben, die Reise aber mit ihren Erkundungen und Irrungen weitergeht – unsere Qualen sind noch nicht zu Ende.

Eine Finsternis zur Unzeit

Der zweite Abstieg ereignet sich um die Mittagszeit, wenn alles in unserem Leben gerade so gut zu gehen scheint. Wir scheinen alles richtig zu machen, wir sind weder unwissend noch ohne Bewusstsein, und doch bricht unsere Welt wieder zusammen. Es gibt zwei verbreitete Reaktionen auf diesen Absturz, von denen jede in sich ein Hindernis darstellt: einmal Entrüstung – der Gedanke, dass alles Leiden, das uns zustößt, im Grunde nicht sein sollte; und dann Verzweiflung – der Gedanke, dass dies ein Sonderschicksal ist, von dem nur wir betroffen sind. Beide Reaktionen gehen davon aus, dass der zweite Abstieg zum falschen Zeitpunkt geschieht, irgendwie nicht dran ist. Weil er so unerwartet kommt, untergräbt er zwei unserer hartnäckigsten Überzeugungen, an denen wir besonders hängen: dass Leiden eine Bedeutung hat und dass wir mit Hilfe von Tugend und Geschick einen Pfad hindurchfinden können.

Der zweite Abstieg mag auf einen äußeren Schicksalsschlag oder einen inneren Verlust des Selbstvertrauens zurückzuführen sein. Jemand bekommt Krebs, ein Haus brennt ab. Der Künstler verliert seine Inspiration, die Geschäftsfrau deckt sich mit den falschen Dingen ein. Der Erfolg und das Vergnügen, in dem wir uns gesonnt haben, enden abrupt. Es ist uns unerklärlich; manche Schmerzen sind unverdient. Wir wiegten uns in dem Glauben, auf einer von einem Fachmann ausgearbeiteten Reise zu sein, doch dieses neue Element der Launenhaftigkeit und Unvorhersagbarkeit kann nur das Werk eines Poeten sein, dessen Reime wir noch nicht erkennen und dessen Bilder keinen Zusammenhang ergeben. Im Folgenden beschreibt eine Frau die Geburt ihres Kindes und gibt uns eine Metapher für die Schwierigkeit des zweiten Abstiegs:

Ich erinnere mich, dass ich in der Endphase der Geburt das Gefühl hatte, alles zu geben, was ich hatte, meinen Vorrat an Konzentration, Stärke und Energie vollkommen zu verausgaben. Meine Tochter kam auf die Welt, und ich legte mich erschöpft zurück, sonnte mich in dem Leuchten. Niemand hatte mir gesagt, dass ich noch die Plazenta ausstoßen musste. Es kam mir wie ein grausamer Witz vor. Die Krankenschwester begann, auf meinen Bauch zu

drücken, und einen Augenblick lang hasste ich sie. Aber
dann sagte sie zu mir: »Das ist immer das Schlimmste bei
der ganzen Sache.« Ich hatte gedacht, die Schmerzen seien
vorbei und ich bekäme jetzt meine tolle Belohnung. Des-
halb war die zweite Schmerzwelle unerträglich.

Eine weitere Kapitulation ist nötig, und wir verdienen sie uns
mit weiterem Leiden; so wie Hiob lernte, dass es nicht an ihm
war, mit Gott über das Warum zu sprechen.

John Keats glaubte, dass es nötig sei, durch Leiden zu lernen. Er schrieb: »Seht ihr nicht, wie unabdingbar eine Welt
der Pein und Not ist, um den Geist heranzuziehen und zu
einer Seele zu machen? Ein Ort, an dem das Herz auf tausen-
derlei Weise fühlen und leiden muss?«[3]

Erst wenn wir uns in das Schicksal ergeben, sind wir des
Schicksals ledig. Wenn wir uns nicht festklammern, gibt es
nichts zu fürchten, kann uns nichts weggenommen werden,
brauchen wir nichts. So könnten wir sagen, dass Hiob mit
seiner letzten inneren Kapitulation endlich frei von Gott
wurde.

Die alten Chinesen schätzten, ja liebten die Launenhaftigkeit der inneren Arbeit. Eine ihrer Metaphern wird den
Meditierenden immer noch gegeben, einige Zeit, nachdem
sie eine tiefe Erfahrung gemacht haben. Sie lautet so: »Der
hell erleuchtete Mensch fällt in einen Brunnen.«

Öffentliche Demütigung

In ihren öffentlichen Formen bedeutet Demütigung gewöhnlich einen plötzlichen Sturz aus luftigen Höhen. In der englischsprachigen Welt ist König Lear das große, schreckliche Beispiel für Demütigung. Im Alter beschloss er, sein Königreich zu verschenken, und dachte sich dafür eine Prüfung aus, die genau die Falschen bestanden: Seine zwei Töchter, beides bösartige Schmeichlerinnen, stachen seine aufrichtige und ehrliche jüngste Tochter aus. Lear verlor den Verstand, seine Kinder, sein Königreich und sein Leben; sogar das Wetter entlud sich in aller Härte über seinem edlen, schwachen, alten Kopf.

Alle Berühmtheiten machen einen zweiten Abstieg durch. Wer gestern angebetet wurde, wird heute verspottet. Menschen, die man kaum kannte und mit denen man nichts weiter zu tun hatte, als dass man ihnen gelegentlich einen Gefallen tat, erklären in den Medien, ständig schlecht behandelt worden zu sein. Als Oscar Wilde auf dem Weg ins Gefängnis war, musste er auf einem Bahnsteig warten. Er stand in Handschellen da und war den Blicken jener ausgesetzt, die ihn bewundert hatten und ihn nun, ohne dass er sein Verhalten merklich verändert hätte, verachteten. Tragödie und Komödie sind beide aus dieser Art von Absturz gemacht. Amerikanische Präsidenten scheinen oft auf solche Weise zu leiden. Lyndon B. Johnson musste erleben, wie seine großartigen Leistungen auf dem Gebiet der Bürgerrechte null und nichtig wurden, und ließ sich nicht mehr für eine zweite Amtsperiode aufstellen. Sein Tod durch Krebs scheint ein weiteres Zeichen der Furcht vor den Stichen des öffentlichen

Lebens zu sein. Richard Nixons Paranoia verdrängte, was er in China erreicht hatte. Der umgängliche und realitätsferne Ronald Reagan, Bannerträger traditioneller Werte, musste erleben, dass sein Kind ein Buch schreibt, in dem es seine Fähigkeiten als Vater attackiert. »Gunst wie Ungunst bergen Schrecken«, heißt es schon im *Tao-te-king*.[4]

Die Methoden, die uns zu Erfolg verholfen haben, sind zu seiner Erhaltung oft völlig nutzlos, und die Demütigung lehrt uns, dass die Disziplinen des inneren Lebens weitergeführt werden müssen, ob wir uns nun hoch oben oder tief unten befinden.

Den Körper fliehen

Die großen öffentlichen Dramen der Demütigung finden bei uns selbst ihre Entsprechung, wenn wir im inneren Leben dieselben Fehler machen wie die Berühmtheiten in ihrem äußeren Leben. Der Geist versucht, sich einen Weg in die Welt zu bahnen, ohne andere Faktoren zu berücksichtigen, ohne genau jene flüchtigen, kleinen körperlichen Gesten zu beachten, die das Leben lebenswert machen. Eine solche Hybris führt unweigerlich zur Explosion dessen, was ausgeschlossen wurde. Auch in Märchen findet sich dieses Wissen: In der Geschichte von Dornröschen versäumen es König und Königin, eine der weisen Frauen zur Taufe ihrer Tochter einzuladen. Die weise Frau verflucht den Säugling, sodass das Mädchen sich später an einer Spindel in den Finger sticht und in immer währenden Schlaf sinkt. Was zurückgewiesen wird, kommt wieder.

Beim Aufwärtsdrängen hin zum Geist kann der Körper als Quelle der Weisheit verloren gehen. Oft gehört, wie wir gesehen haben, zur Arbeit auf dem Weg eine bewusste Auseinandersetzung mit der Vergänglichkeit und Zerbrechlichkeit des Körpers. Doch jegliche Ablehnung des Körpers ist auf lange Sicht nicht hilfreich.

Oft wird den Frauen die Schuld an dem gegeben, womit eine Kultur sich nicht abfinden kann – an der Lust und unordentlichen Faszination, einen Körper zu besitzen; an den Höhen und Tiefen des Gefühls. Der Leiter eines bekannten und allem Neuen gegenüber aufgeschlossenen westlichen Tempels verbot den Verkauf von Postkarten, auf denen Figuren buddhistischer Weisheit abgebildet waren, weil sie nackte Brüste hatten. Der Geist kann das Körperliche nicht ganz akzeptieren; wenn er zu sehr dominiert, verliert das Feminine an Status. Tolstoi, der nach Heiligkeit strebte, verließ seine Frau. Und irgendwo am Tiefstpunkt dieses Impulses befindet sich die Welt der Fanatiker, in der Frauen aus Autos gezerrt und wie Verbrecher verprügelt werden, weil sie ihre bloßen Arme gezeigt haben.

Auch Kinder können leiden, da sie für die Strenge des Geistes nicht genügend Härte haben. Die Kindererziehung verlangt ein Aufgehen im Hier und Jetzt und kann wie Kochen, Gartenarbeit oder Krankenpflege eine Form der Meditation oder des Gebets sein. In der Theorie mag der Geist Kinder, doch in der Praxis macht er ihnen das Leben schwer; man widmet ihnen zu wenig Kraft und Zeit, verbietet Unordnung und Krach. Im staatlichen Bereich gefällt es den Regierenden oft, die christlichen Familienwerte zu loben, während sie dafür stimmen, die Mittel im Erziehungssektor zusammenzustreichen.

Der Geist ist wunderbar bei letzten Dingen – Tod – und ersten Dingen – dem Mysterium, aus dem wir kommen –, aber wir Menschen sind äußerst interessiert an allem, was zwischendrin passiert: einen Spaziergang am Strand machen, vorm Kamin einen Roman lesen, dem Hund einen Stock zuwerfen, Knoblauch hacken, all die unwichtigen Augenblicke, die dem Leben seine besondere Würze und einzige Rechtfertigung geben. Wir alle haben eine ungelebte Seite, die uns sirenenhaft ruft – Geistliche haben lüsterne Gefühle, und Verbrecher träumen davon, demütig und rein zu sein. Wenn ich sehe, wie der Geist emporzusteigen und niederzustürzen vermag, frage ich mich, ob sich nicht auch eine große Kraft wie der Geist nach ihrem Gegenteil sehnt, sich insgeheim wünscht, abzustürzen, um mehr über die Erde und den Körper zu erfahren. Unser inneres Leben vertieft sich, doch wir wollen nicht wirklich vollkommene, himmlische Wesen jenseits von Vergnügen und Schmerz sein – das klingt wie die Hölle bei Vergil. Der Aufschwung des Geistes ist eine gute Sache; ein Fehler ist es jedoch, sich an den Geist zu klammern, wenn es Zeit wird, sich hinabzuwenden zu den irdischen Gefilden, den Schmerzen, wenn wir uns an einem kalten Morgen die Knöchel aufschürfen, den Freuden der Liebe und des Hasses.

Isis und Osiris:
die Erniedrigung der Seele

Süß ist die Frucht der Widerwärtigkeit,
die, gleich der Kröte, hässlich und voll Gift,
ein köstliches Juwel im Haupte trägt.
Shakespeare: Wie es euch gefällt[5]

Eine alte Geschichte aus Ägypten, die sowohl den ersten Abstieg als auch den zweiten zum Thema hat, ist die von Isis und Osiris. Isis ist mit Osiris verheiratet, der jedoch von seinem Bruder Seth umgebracht wird. Sein Tod ist der erste Abstieg, bei dem die Kraft, die uns in die Nacht hinabstößt, unerwartet kommt, uns aber schon vertraut ist – der Bruder, das andere Ich. Seth packt Osiris in einen Kasten, den die Gezeiten zum Fuß einer Tamariske an der phönizischen Küste treiben. Der Baum umschließt den Kasten und gibt, als er später gefällt wird, um zu einer Säule verarbeitet zu werden, Düfte frei, von denen Isis angelockt wird.

Dieser Duft scheint derselbe zu sein, der in beliebten tibetischen und chinesischen Erzählungen erscheint, in denen die Leichname von Meditationsmeistern Wohlgerüche und Licht ausstrahlen. Etwas verändert sich in der Finsternis, etwas offenbart sich als wertvoll durch sämtliche Transformationen hindurch, durch die das Leben uns trägt. Im *Sturm* beschreibt Shakespeare dies so:

Fünf Faden tief liegt Vater dein.
Sein Gebein wird zu Korallen;
Perlen sind die Augen sein.

Nichts an ihm, das soll verfallen,
das nicht wandelt Meeres Hut
in ein reich und seltnes Gut.[6]

Die Teile des Duftkörpers einsammeln

Isis findet den Kasten wieder, und dies ist der Höhepunkt des ersten Abstiegs und des ihm folgenden Aufstiegs zum Erwachen. Der verlorene Schatz ist zurückerlangt, die Zeit ist ausgesetzt, Verrat und Pein sind in Wohlgeruch verwandelt. So weit, so gut. Doch Seth, die Kraft der Schatten in uns allen, kann nicht vollständig durch Transzendenz und süße Düfte integriert werden. Die neue spirituelle Erfahrung muss geprüft werden. In gleicher Weise muss jemand, der plötzlich zum gefeierten Star geworden ist, feststellen, dass sein Ruhm ihm völlig neue Probleme beschert und sein Leben in gewissem Sinn hektischer und unmöglicher macht.

Seth fällt wieder über den Körper her und erledigt seine Arbeit diesmal gründlicher: Er zerstückelt seinen Bruder und verstreut die Teile im ganzen Nildelta. Wenn wir einen bestimmten Grad der Bewusstheit erreicht haben, fühlen wir alle Stiche und Schmerzen intensiver, weil wir die dicke Haut ehemaliger Unwissenheit verloren haben. Seth sorgt also für eine zweite Zerstückelung des Bewusstseins, einen zweiten Tod, einen zweiten Abstieg. Was als Nächstes passiert, zeigt, wie Isis mit dem zweiten Abstieg umgeht.

In ihrer Not wird die Königin immer einfallsreicher. Sie wandert umher, sammelt die Stücke ein und baut, wo immer sie eines findet, einen Schrein. Jedes Bruchstück ist Gegenstand der Verehrung, jeder Augenblick, auch der Nacht, ist heilig. Isis fügt den Körper ihres Geliebten wieder zusammen – bis auf ein wichtiges Stück, den Phallus, der von einer Krabbe oder einem Fisch gefressen wurde. Unverzagt lässt sie einen Phallus schnitzen. Nachdem Osiris wieder hergestellt ist und ehe er erneut zum Herrscher der Unterwelt wird und sich ganz in die Welt des Geistes zurückzieht, empfängt Isis von ihm ein Kind, Horus. Die zweite Integration ist also fruchtbar. Die Erfahrung, zu zerfallen und zerstückelt zu werden und dann geheimnisvoll wieder zum Leben zusammengefügt zu werden: Das sind die typischen Augenblicke der inneren Reise. Die Reise endet mit einem Kind und beginnt wieder von vorne.

Der Akt des Einsammelns entspricht dem Sorgen von Liebenden und Müttern. »Wo ist mein Kind jetzt?«, fragt sich murmelnd die Mutter. »Ist es glücklich? Hat es genug zu essen?« Wie Isis, deren blauer Umhang auf den Schultern von Maria, der nächsten Königin des Himmels, wieder auftaucht, sorgen und träumen wir; die Seele wandert und wundert sich, findet die Stücke für ein Menschenleben, webt die Teile des Bewusstseins zusammen, die in der Welt verstreut wurden.

Während ihrer Demütigung erinnert sich die Seele an alte Legenden, alte Wunden, alte Wohltaten und neue Möglichkeiten und fügt sie und den Wohlgeruch, der von ihnen ausgeht, zusammen. Othello gewinnt die Liebe Desdemonas, indem er ihr von seinen Leiden erzählt:

> Sie liebte mich, weil ich Gefahr bestand;
> ich liebte sie um ihres Mitleids willen.
> Das ist der ganze Zauber, den ich brauche.[7]

Wie Coleridges alter Seemann stehen wir unter dem Zwang, wieder und wieder von den Heldentaten unserer Jugend zu erzählen, den Schmerzen der Kindheit, Geschichten von Liebe und Krieg. Dies sind die Schreine, die Isis über den verstreuten Stücken baute. In gleicher Weise werden geliebte Namen auf die Betonwände an den Autobahnen gesprüht – in kunstvollen und wütenden Graffiti, mit Farben grell vor Verlangen und Unverständnis. Das Verliebtsein hat diese Maler nicht glücklicher oder zufriedener gemacht, aber es hat ihnen die Unvollständigkeit gegeben, mit der ein Leben beginnt. Wenn etwas kaputtgegangen ist, möchte die Seele davon singen und es trösten und heilen. Die Mutter geht am Geburtstag ihres toten Kindes zum Friedhof und erzählt dem Gras die Geschichte des letzten Jahres auf der Erde, als sei das Kind nicht gestorben, sondern befände sich nur auf einer Reise.

Erneut im Fegefeuer

Der zweite Abstieg in die Finsternis gleicht äußerlich dem ersten – auch er kann ein schockierender Sturz sein, bei dem wir die Orientierung verlieren. Erst werden wir hinuntergestoßen, ohne Rücksicht auf unsere strahlenden Leistungen oder Absichten. Dann müssen wir mit Hilfe von Kapitulation und Mitgefühl durch das Fegefeuer hindurch. Die anfängliche Angst, die Schwierigkeiten, die Gefühle des Verlusts und die Seelenqualen auf der Straße der Nacht können sehr ähnlich sein. Aber es gibt einen Unterschied: Wir merken, dass dieser zweite Abstieg dynamischer und weniger kompakt ist.

Der erste Abstieg ist unbeweglich, fest, unlöslich. Hilflos warten wir in seiner Umklammerung – wir scheinen in unserem Sarg zu verwesen, um uns in bloße Materie aufzulösen. Nicht unseren Anstrengungen müssen wir vertrauen, sondern den unbewussten Kräften der Welt, der Chemie unserer Zellen, die sich abmühen, uns zu erhalten. Solange der Geist uns nicht anschiebt, können wir uns nicht rühren. Die Ankunft des Geistes, dieses Windes, scheint nichts mit uns zu tun zu haben und markiert doch das Erwachen unserer Bewusstheit.

Die dem ersten Abstieg, jener schmerzhaften Geburt, angemessenen Bilder sind die von Verdun und der Somme, wo die Soldaten des Ersten Weltkrieges sich durch Schlamm und Granatkrater dahinschleppten. Die Männer stützen die Bodenbretter in den Schützengräben mit gefrorenen Leichen ab und husteten für den Rest ihres Leben das Senfgas aus, das sie in jenen Jahren eingeatmet hatten. Sie hatten keine Wahl; sie befanden sich in der Hölle.

Beim zweiten Abstieg treffen wir wieder auf die Gräuel des Infernos – doch diesmal sind wir nicht steuerlos, und Steuerlosigkeit ist immerhin die schlimmste aller Höllenqualen. Trauer und Gram werden vielleicht noch tiefer empfunden, da wir ihnen jetzt mehr Bewusstheit entgegenbringen, aber wenn die Hölle in Bewegung ist, wird ihre Pein nicht andauern. Lichtfragmente werden wie Anhaltspunkte verstreut. Zu diesem zweiten Abstieg gehören jene Bilder, in denen das Höllenreich seinen eigenen Buddha hat, der je nach Brauch des Landes erscheint – eine kleine rote Kreatur mit Hörnern und einem teuflischen Grinsen, aber dennoch ein wahrer Buddha, der das Reich betritt, um die dortigen Wesen zu retten. Und weil diese Hölle nicht ewig anhält, umgibt sie sich mit einer Atmosphäre der Bescheidenheit und Reue. Hier bedeutet Reue keine Unterwerfeung, sondern eine freudige Hebung unserer Stimmung. Das Leben wendet sich der Quelle zu, auch in Zeiten der Trauer.

Steine tragen

Die Reue fleht um Bürden.
Montaigne[8]

Es ist weise, die Aufgaben zu finden, die in jedem Augenblick unserer Reise genau die Richtigen für uns sind. Es mögen nicht die Aufgaben sein, die wir uns erhofft haben, aber wir müssen sie einfach auf uns nehmen. In Dantes *Purgatorium* tragen die Seelen große Steine auf den Bergpfaden herum, und Dante, der sie begleitet, beugt sich mitfühlend zu ihnen hinunter. Doch die Seelen heben ihre Lasten freudig empor, sind froh über Bürden und Aufgaben, weil diese sie verwandeln werden. In der Hölle lernt niemand; selbst der wunderbarste Kobold wiederholt sich nur. Auf dem Grund von Dantes *Inferno* ist der größte Dämon in Eis eingefroren. Im Fegefeuer gibt es jedoch Bewegung, wenn auch eine langsame; und weil es Bewegung gibt, sind die Sterne zu sehen, gibt es Wachstum.

Der Zweck des Steinetragens besteht darin, uns abzubremsen, so dass wir im Hier und Jetzt leben und das Steineschleppen genießen können. Die Steine auf unserem Rücken formen uns durch die stumpfsinnige Gewalt der Materie. Das Gewicht, die rauen Kanten, an denen wir unsere Haut aufritzen, der Schweiß, der uns in die Augen rinnt, das alles ist das Aroma des Lebens, der tatsächliche Duft des Bodhisattva-Pfads. Wir tragen die Steine, weil wir *in der Welt* existieren wollen.

Bei einem Mann war dieser Stein Aids. Er behandelte es durch wöchentliche Konsultationen bei einem chinesischen Naturheilkundigen und durch ein erfülltes Leben. Ihm schwebte dabei das Bild eines untergehenden Passagierschiffes vor, das langsam und aufrecht versinkt, während die Musik spielt. Damals bot keine Behandlung mehr als eine kurze, verzweifelte Verlängerung des Lebens, und der Mann hatte Freunde elend sterben sehen, hatte viele Beerdigungen und Tränen miterlebt. Er war immer voller Wut auf die Krankheit gewesen und hatte von Selbstmord gesprochen – geschworen, dass er nicht debil und entmündigt sterben werde.

Es wurde im Laufe seiner Krankheit jedoch offensichtlich, dass seine Ängste sich nicht nur um den Tod drehten, sondern um etwas, mit dem er schon immer gelebt hatte. Er war mit einem Gefühl der Apokalypse aufgewachsen: Sein Vater arbeitete im Pentagon für die Strategic Air Command, und im Schlafzimmer stand ein rotes Telefon für Atomalarme. Bei einem solchen Alarm würde sein Vater, für den Fall, dass Washington mitsamt seiner Familie zerstört würde, in dem Bombenflugzeug der Air Command abheben. Doch das war noch nicht die ganze Erklärung:

Ich habe entdeckt, dass ich dieselben Gefühle von panischer Angst und Missetat habe, wenn ich mit dem Tod konfrontiert bin und wenn die Tapete in meinem Haus sich ablöst. Ich habe das Seil meiner Lebensangst ergriffen und darf es nie mehr loslassen. In mancher Hinsicht ist das schlimmer, als Aids zu haben, aber ich kann es schaffen. Ich muss einfach den Prozess zu Ende führen. Ich weiß nicht, wie ich meinen Körper heilen kann, aber ich weiß, dass ich etwas gegen mein Gefühl tun kann, in dieser Welt nie heimisch gewesen zu sein. Ich weiß nicht, ob mir genug Zeit bleibt, meinen Körper zu heilen, aber mir bleibt auf jeden Fall genug Zeit, mich von meiner Angst zu heilen.

Steine zu tragen bringt alles um uns herum zum Leben – die Berge, die Bäume und die Passanten auf der Straße. Diese Arbeit hält uns von der Hölle fern. Als die Zeit zum Sterben kam, war dieser Mann nicht mehr wütend und dachte auch nicht mehr an Selbstmord. In jener Nacht – sein Lebensgefährte saß an seiner Seite – schwebte er die ganze Nacht zwischen Wachen und Schlafen. Er wartete, bis die Sterne in der Morgendämmerung zu verblassen begangen, und dann starb er. Später kamen seine Freunde und erzählten und sangen in dem Krankenhauszimmer, während sein Körper allmählich erkaltete. Er hatte gelernt, glücklich zu sein, seinen Stein zu tragen: Sterben bedeutete, ihn niederzulegen.

Die Wendeltreppe

Es scheint so zu sein, dass wir abwechselnd unser Menschsein transzendieren und ihm restlos ausgeliefert sind. Der Wechsel *ist* das Menschsein wie auch der natürliche Wechsel der Augenblicke von Geist und Seele. Dieses Zwiegespräch bildet unser menschliches Leben.

Unsere Entwicklung erscheint uns manchmal so langsam, dass sie geologische Metaphern braucht – das Zerbrechen von Gondwanaland, das Verschieben der Kontinente, die Entwicklung von Zyanobakterien zur Herstellung von Sauerstoff, die Migration von Pflanzen aufs Land und dann der Tiere, die ihnen folgten. Es ist, als hätten wir persönlich diese majestätischen Phasen kennen gelernt, in denen lange Pausen von einem plötzlichen Schwall der Entdeckung und des Verständnisses unterbrochen werden. Wir tragen in uns so viel, das uns zurückhält, und doch sind dies genau die Dinge, aus denen wir gemacht sind – die Kiemenbeutel im Säugetierembryo, das Skelett, das nicht ganz an das Zweifüßertum angepasst ist, die dunklen, unsicheren Erinnerungen der Kindheit.

Wir beginnen zu sehen, dass es auf der Reise Rhythmen und Reime gibt – der zweite Abstieg gleicht in mancher Hinsicht dem ersten und in anderer Hinsicht überhaupt nicht; später wird es andere Dunkelheiten geben, in denen sich wieder ein Reim herausbildet. Diese Beobachtung führt zum Bild der inneren Reise als Wendeltreppe. Wir betreten immer wieder die gleichen Treppenabsätze, auf denen sich dieselben Probleme stellen. Jedes Mal besteht Gefahr, kommt es zu einer Konfrontation mit der Nacht. Doch jedes Mal ist der Gleichmut größer, die Klarheit reiner, der Abstieg kürzer. Wie Himmel und Hölle ist das Fegefeuer ein Augenblick, zu dem wir wieder und wieder an einer bestimmten Biegung der Treppe zurückkehren. Ein buddhistischer Lehrer drückte dies so aus:

Mir wurde klar, dass mein Glück nicht davon abhing, ob ich glücklich war. Ich befinde mich immer auf einer be-

stimmten Stufe der Treppe, und mein Glück besteht darin, diese Stufe zu begrüßen, auch wenn sie schmerzvoll ist, und mir zu sagen, dass die Zeit alle Räder weiterdreht und die nächste Stufe schon nah ist.

Wir ziehen wie Isis durch das Delta des inneren Lebens; die verstreuten Stücke werden gesammelt, gehen verloren, werden wieder eingesammelt.

Wachstum durch Rückschritt

Wenn wir etwas Großartiges und Neues unternehmen, begleitet uns eine innere Unruhe. Wenn wir uns der Aufgabe wirklich stellen, werden wir inkompetent – denn all unser Wissen gilt der vorherigen Arbeit und ist jetzt überholt. Es ist, als müssten wir die neue Sicht an alten Problemen ausprobieren. Immer wenn wir eine Reihe sehr positiver Erfahrungen haben, müssen wir uns auf den Abstieg gefasst machen, der kommen wird. Nicht, weil es im Universum eine bösartige Energie gäbe, sondern weil so das Naturgesetz lautet: Das Licht folgt der Finsternis, die ihrerseits wieder dem Licht weicht; ein Feld muss brachliegen; der Herbst muss die Stiele verdorren lassen, damit der neue Mais gepflanzt werden kann. Etwas in uns muss sterben, ehe der neue Weg unser Leben durchdringen kann. Und genau das passiert beim zweiten Abstieg. Ein Komponist und Musiker beschrieb seine Erfahrugen folgendermaßen:

Immer wenn ich ein neues Stück komponiere, geschieht das Gleiche. Ich muss die Qualen durchstehen, es nicht zu schaffen. Nachdem ich eine Weile gelitten habe, beginnt das Stück. Ich versuche, die Phase der Inkompetenz und der Qualen auszuschalten, aber es geht nicht, und ich bin mir nicht sicher, ob ich das überhaupt will. Die Schwärze ist die Tür zum kreativen Prozess.

Dies ist ein unfehlbares Gesetz der inneren Entwicklung: Wir bewegen uns rückwärts und reißen erst die alten Regeln nieder, ehe wir den nächsten Schritt unternehmen. Bei jedem kreativen Vorgang müssen wir, inneren Gesetzen folgend, in die Finsternis hinunter, ehe wir uns erheben können. Wenn wir demütig sind, versuchen oder behaupten wir nicht, jemand anders zu sein als der, der wir sind: wir gehen durch unseren Schmerz als Tür zum nächsten Treppenabsatz.

Demut

Der nennbare Name ist nicht der Name des Absoluten.

Lao-tzu[9]

Die Demut versucht, dem Leben gegenüber objektiv und doch mitfühlend zu sein. Demütig sein heißt der Welt erlauben, uns zu entblößen – keinen Stolz zu haben und keine Forderungen zu stellen, nicht den Erfolg als Rüstzeug des Egos zu sehen oder das Scheitern als persönliche Verletzung durch das Universum zu empfinden.

Wenn wir demütig sind, akzeptieren wir, dass das, was uns erhält, erhabener ist als wir und jenseits unserer Kontrolle, dass die Zeiten des Geistes und die Zeiten der Seele, die Zeiten des Sammelns und die Zeiten des Verteilens nicht immer nach unserem Willen verlaufen. Demut geht davon aus, dass wir willens sind, mit einem ungünstigen Schicksal zu arbeiten. Sie ist nah bei der Finsternis und erkennt an, dass wir von Zeit zu Zeit hinunter in die Nacht müssen, wo die Welt sich bemüht, uns zu verändern, und dass unsere Güte als Menschen davon abhängt, ob wir diesen Abstieg akzeptieren. Demut unterscheidet sich von der Bescheidenheit, die neutral und mühelos ist und erst später auf der Reise kommt. Demut ist wie die Meditation eine Disziplin, die eine Öffnung zur Freude schafft.

Ein Mann hat eine chronische Krankheit, die in Schüben auftritt und ihn immer zum ungünstigen Zeitpunkt überfällt – zum Beispiel wenn er gerade dabei ist, einen lang gehegten Plan erfolgreich umzusetzen. Mit den Jahren ist er im Umgang mit seinem Körper gewieft geworden, so als würde er ein wildes Tier dressieren. Diese Gewieftheit ist sein Respekt und seine Demut. Wenn der gefürchtete Besucher in Form eines Anfalls zu ihm kommt, besteht seine erste Aufgabe darin, diesen willkommen zu heißen. Die Dinge zu vereinfachen, die Krankheit anzunehmen, sie ohne übermäßiges Klagen zu erdulden ist eine Übung und eine Art des selbstlosen Gebets. Hier seine Beschreibung:

Manchmal muss ich stundenlang nur versuchen, mich von der Vorstellung zu lösen, dass ich nicht krank sein sollte, dass das, was passiert, nicht wirklich passieren sollte.

Dieser Mann muss sich seiner Krankheit als einem Schicksal ergeben – mit dem unwillkommenen Gast nicht streiten, nicht einmal streiten wollen, kein böses Blut aufkommen lassen. Er hat gelernt, sie zu seinem gegenwärtigen Aktivitätspegel zu befragen, mit ihr als seiner Lehrerin und Hüterin in Verbindung zu bleiben. Sie informiert ihn über das Ausmaß seiner Energie, die Qualität seiner Achtsamkeit, den Grad an Freiheit, den er genießen kann. Da seine Krankheit nicht weichen will, kann der Mann nichts an seinen Umständen ändern; doch Krankheit und eingeschränkte Bewegung schließen keinesfalls Glück aus. Im Hier und Jetzt zu bleiben, es zu erleben, zu segnen heißt, die neue Form des Fegefeuers zu akzeptieren. Sanft und demütig beugt er sich der Aufgabe.

Die Freude menschlicher Hände

Ein Mann segelte an einem milden Winterabend bei Sonnenuntergang zurück durch das Golden Gate, da platzte seine Aorta auf.

> *Zuerst schienen es Zahnschmerzen zu sein, dann legten sich die Schmerzen um meinen Hals und packten mich unter den Schlüsselbeinen, und ich beugte mich vornüber. Ich hatte das Bedürfnis, meinen Freunden zu sagen: »Ich mag das Leben.« Es hörte sich an wie eine Absichtserklärung.*

Seinen Anweisungen folgend segelten die Freunde die Jacht zurück, und die Küstenwache brachte ihn zu einem wartenden Krankenwagen. Im Hospital wurde zuerst eine falsche Diagnose gestellt, und der Mann versuchte, die Ärzte dazu zu überreden, ihn nach Hause zu entlassen. Aber eine Ärztin hatte ein ungutes Gefühl; sie setzte für den nächsten Morgen in aller Frühe ein Echokardiogramm an, das zeigte, dass er innerlich verblutete. Er wurde schleunigst ins Krankenhaus der University of California in San Francisco gebracht und dort operiert. Wie er mit einer immer noch geisterhaften Stimme erklärte, von den Regionen gezeichnet, aus denen er erst kürzlich zurückgekehrt war, war das Bemerkenswerteste nicht, dass er dem Tod so nah gewesen war.

Ich habe mich immer auf mich selbst verlassen. Ich habe versucht, anderen zu helfen, aber sonst alles allein gemacht, und es hat mehr oder weniger gut funktioniert. Doch hier konnte ich mich nicht auf mich verlassen. Mir wurde der Boden unter den Füßen weggezogen, und Hände streckten sich mir entgegen, um mich aufzufangen. Das war bei allem, was mit meiner Krankheit zusammenhängt, der größte Schock. Das ist es, was meine Weltsicht am durchgreifendsten verändert hat.

Durch die Demütigung von Krankheit und nahem Tod taucht die Seele empor, um ihren Anspruch auf den Menschen anzumelden. Die Sterblichkeit erfüllt uns mit zärtlicher Zuneigung für die normalen Momente, den Gang des Lebens. Und wir werden stets zur Liebe und unserer schönen Hilflosigkeit zurückgeführt, gestützt auf das, was größer ist als wir.

Denn unser Leben hat eine Dimension, die höher ist noch als der Himmel: Es ist nicht nur Meditation, Gebet und Durchschreiten der glasklaren Luft in der Morgendämmerung, es ist auch Musik, Arbeit, Unterwäsche, frische Orangen, die ganze lange Nacht bei einem fieberkranken Freund sitzen und anschließend Kakao trinken. Die spirituelle Arbeit besteht nicht nur darin, den Willen des Himmels auszuführen, sondern herauszufinden, was es heißt, Mensch zu sein, ein einzigartiges Leben zu führen. Wenn wir uns zu weit in Richtung auf den Geist bewegen, bringt die Demütigung die Seele herbei, die dem Geist Arme und Beine verleiht. Seele ist, wie wir die Dinge in *diesem* Körper und in *diesem* einen Leben erfahren, ein ebenso kostbares wie verzweifeltes Geschenk.

Die großen Dinge des Lebens – Tod, Liebe, Geburt – kommen, wann es ihnen beliebt, und nicht, wann es uns passt; am besten ist es, wenn wir uns nach ihnen richten. Es hat keinen Zweck, sich zu beklagen; wir müssen die vor uns liegende Straße gehen. In unserer Demut passen wir uns an, wir sind wie die Mutter, die sagt: »Ich weiß, dass das Baby kommt«, oder wie der große Theologe Paul Tillich, der an seinem letzten Morgen aufwachte und sagte: »Heute ist der Sterbetag.«[10]

Die fruchtbare Blindheit

Demut gibt uns Vertrauen, auch wenn wir nicht wissen, wohin wir geführt werden. Wenn wir vertrauen, akzeptieren wir den Reichtum der Blindheit. Tiresias, der griechische Weise, erlebte etwas, was einem normalen Sterblichen nie widerfährt: das – zweifelhafte – Vergnügen, abwechselnd ein Mann und eine Frau zu sein. Doch das Reich des Normalen

zu verlassen hat einen fürchterlichen, paradoxen Preis: Hera
fragte ihn, ob Männer oder Frauen die körperliche Liebe
mehr genössen, und als er meinte, dass Frauen dabei größe-
res Vergnügen hätten, wurde die Göttin zornig und nahm
ihm das Augenlicht. Zum Ausgleich wurde ihm das Geschenk der Prophetie, der Hellsicht, gemacht. Tiresias in seiner Blindheit und der Mann, dessen Aorta auf seinem Boot
aufplatzte, sind wie die jungen Männer der Aborigines in
Australien: Bei der Initiation werden ihnen tiefe Schnitte beigebracht, die dann mit Lehm oder Asche zugeschmiert werden – sie gewinnen das Wissen der geheiligten Wege, doch
tragen sie die Narben bis an ihr Grab.

Im Zen heißt es, dass es viele Arten der Blindheit gibt.
Bloße Ignoranz ist die erste und grundlegende Form. Aber
Blindheit kann auch die Frucht der spirituellen Arbeit sein –
die Unfähigkeit, die Illusionen zu sehen, denen die meisten
Menschen unterliegen, ein Unvermögen, das wir »höhere
Blindheit« nennen könnten. Wenn wir in dieser Art von
Blindheit verharren, öffnet sich uns die Welt.

Ein Akupunkteur, der in Japan ausgebildet worden war,
zeigte mir einmal eine Kalligrafie. Dort stand in chinesischen
Zeichen »Herzgeist-Spiegel« – ein traditionelles Motiv. Dahinter steht die Vorstellung, dass der menschliche »Herz-
geist« hier und jetzt das Licht der Ewigkeit widerspiegelt.
Aber die Schrift war heftig bewegt und zeigte eine außergewöhnliche Gefühlstiefe, die mit ihrer schwarzen Tinte gleichzeitig Sanftheit und Gewalt ausdrückte. »Der Kalligraf ist
blind«, sagte der Akupunkteur. »Als er diese Kalligrafie an-
fertigte, war er schon fünfzig Jahre blind.«

Dunkelheit ist unser Fundament, die geheimnisvolle
Quelle der Unfähigkeit und der Segnungen: wieder und wie-

der, wann immer wir weiterwachsen wollen, kehren wir zu ihr zurück. In der Blindheit ergeben wir uns und ruhen in der leeren, bodenlosen Welt, dem Nichts, das uns aufrecht hält. Und wenn wir den absoluten Tiefpunkt erreicht haben, beginnt erneut die Gegenbewegung, und wir erhalten eine Aufgabe.

Der Lohn der Finsternis

Keine gute Tat entgeht der Strafe.
Sinnspruch

Haben wir den zweiten Abstieg erst einmal verstanden, bemühen wir uns weniger, den Weg menschlichen Leidens, die täglichen Abläufe des Lebens, die Blindheit des Augenblicks, in dem wir wahrlich nicht wissen, was wir tun sollen, zu vermeiden. An jedem Punkt unserer Reise ist es gut, die Finsternis anzuerkennen. Das tun wir beispielsweise, indem wir Grenzen akzeptieren. Beim Meditieren achten wir nicht auf Ablenkungen, seien sie auch noch so faszinierend, sondern folgen dem Rat, den Psyche erhielt, als sie in die Welt der Toten ging. Eine solche Meditation dreht uns demütig der Finsternis zu, und durch sie zahlen wir für unsere Reise, wie Psyche den Fährmann und den schrecklichen Wachhund Zerberus bezahlte. Wenn wir der Finsternis einen Lohn entrichten, reservieren wir etwas Platz in unserem strahlenden Leben für Verwirrung und Melancholie; wir halten eine Tür offen, durch die der nächste Augenblick eintreten kann, ohne Gewalt anwenden zu müssen.

Beim Ritual einer formellen Zenmahlzeit werden den Dämonen und Geistern eine Portion Getreide und ein Schluck Tee dargebracht. Es kann nie schaden, die dämonischen und hungrigen Teile der Seele zu besänftigen, Einfühlung zu zeigen gegenüber den Vergessenen, den Verrückten, dem Bettler auf der Straße. Beim Meditieren bringen wir den Dämonen unsere Zeit – den Saft unseres Lebens selbst – dar.

Dann gibt es den Brauch der *Couvade* oder des »Männerkindbetts« – ein Lieblingsthema der Anthropologen –, bei dem der Mann die Wehen seiner schwangeren Frau mitmacht, stöhnt und sich den Bauch hält, während sie das Kind zur Welt bringt. Auch dies ist Einfühlung. Der Mann bezahlt nicht nur die Finsternis und verhindert Neid, sondern vertieft seine Bindung zum Leben, zu den Geburtsschmerzen selbst und zu der Frau, die das Kind bekommt. Indem er die Bürde der Frau teilt, wird er empfänglich für ihre Freude.

Wenn etwas Wunderbares geschieht, ist es gut, den Abwasch zu machen – nicht aus einer puritanischen Ablehnung von Freude heraus, sondern offen zu sein für die Zunahme von Leben; mit einem zumindest teilweise ästhetischen Verständnis für das Gleichgewicht in dieser Welt und dem Wunsch, uns in dieses einzupassen. Auch das Ausfegen bedeutet Freude, auch das Normale ist einzigartig. Deshalb sagt der Meditationslehrer, wenn der Schüler mit einer großartigen Erfahrung des Erwachens zu ihm kommt: »Keine Sorge, das geht vorbei.«

Den Lohn der Finsternis entrichten heißt, den Stein unseres eigenen Leidens zu tragen, keine Forderungen zu stellen. Der Mut, mit dem wir unsere Dunkelheit tragen, befreit andere davon, sie für uns tragen zu müssen. Die Aufgabe besteht nicht nur darin, uns zu reinigen, unsere Angelegenheiten gen Himmel zu heben, sondern unser Opfer zieht auch den Geist herunter in unser Alltagsleben, wohin er gehört. So zieht das Licht ein, und die lieblichen Farben durchdringen uns. Dann finden wir neue Führer: Charakter und Integrität, die zwischen dem Geist und unserem menschlichen Schicksal vermitteln.

9. Kapitel

Charakter und Integrität

Der Zusammenhang zwischen Charakter und Integrität

Die Hochzeit von Psyche und Amor findet im Himmel, über unserer täglichen Welt, statt, und diese Vereinigung entspricht unserer Erleuchtung, unserem Erwachen. Wie eine Hochzeit ist dieses Eintreten in das Reich des Entzückens voller Blüten, Sonnenlicht, Hoffnung und neuer Einsichten in unser Wesen. Und ebenso wie wir hoffen, dass eine Hochzeit ein Kind in diese Welt bringen wird, das die Zukunft trägt, hoffen wir, dass unsere neue Einsicht sich als fruchtbar erweist. Auf unserem Weg steigen wir ein zweites und ein drittes Mal und immer wieder ab, auf dass unsere Bewusstheit zur Erde, wo wir geboren wurden und leben müssen, zurückkehren kann.

Auf dem Erdboden richten Seele und Geist sich häuslich ein an einem Ort, den wir Charakter nennen. Die Innenarchitektur des Charakters gibt uns unsere einzigartige Form und schafft ein Gefäß für den spirituellen Aufstieg und Abstieg. Wie ein Einfamilienhaus, das um Anbauten und Oberlichter wächst oder eine Veranda und Treppe an die sich ausbreitende Glyzinie verliert, bleibt der Charakter fließend und ändert sich im Laufe eines Lebens. Diese Veränderungen sind langsam, aber real.

Charakter als ein Behältnis gibt uns die Fähigkeit, die Demütigungen zu ertragen, die für das Wachsen von Bewusstheit und für kreative Arbeit notwendig sind. Charakter gibt uns die Kraft, Seele und Geist gleichzeitig aufzunehmen, ohne uns mit einem der beiden völlig zu identifizieren.

Integrität erlangen wir, indem wir mit dem Charakter arbeiten und ihn verfeinern. Die Wurzel des lateinischen Wortes Integrität bedeutet »ganz« oder »ungeteilt«, und daher glauben wir, dass die Absicht von integren Menschen nicht von ihrer Verkörperung getrennt ist – Wort und Tat unterscheiden sich nicht, ihre geistigen und seelischen Impulse sind verknüpft, und ihr Leben vervollständigt sich in der Welt. Doch wir alle haben innere Konflikte, und daher kann Integrität nicht nur der Mangel an Widersprüchen sein.

Integrität hängt von unserer Fähigkeit ab, mit dem Fluss des Lebens zu gehen – abzusteigen, wenn es an der Zeit ist, zu weinen, wenn es an der Zeit ist, freudig wieder aufzusteigen, wenn es an der Zeit ist – denn, wie schon der Prediger Salomo sagt: Alles Vorhaben unter dem Himmel hat seine Stunde. Zur Fähigkeit, mit dem Schicksal im Einklang zu sein, gehört Neugier – das Interese am Entdecken, daran, herauszufinden, in welcher Zeit wir uns befinden. Wir entwickeln unsere Integrität, indem wir eine Situation oder Methode ausprobieren – ob in der Öffentlichkeit oder im Privaten. Bei einem solchen Test tun wir etwas und stellen fest, welche Folgen es auf uns und auf andere hat; dabei sind wir ehrlich und ändern unser zukünftiges Handeln dementsprechend. Auf diese Weise ist Integrität realistisch, basiert auf dem Forschungswillen, den wir auch in den Naturwissenschaften, Künsten und in der Meditation finden. Das bedeutet zugleich, dass Integrität gefährlich sein kann; wir können Fehler machen und uns selbst oder anderen schaden, auch wenn dies nicht unsere Absicht ist. Durch Integrität erfahren wir die Komplikationen, die ein Individuum in der großen Welt erleidet.

Innerlichkeit und Äußerlichkeit des Charakters

Die meisten spirituellen Traditionen erkennen die Bedeutung von Charakter und Integrität an. Wenn wir bei dieser Arbeit jedoch zu große Betonung auf Heroismus und Gewissheit legen, geht deren radikale Kraft verloren. Wie wir gesehen haben, ist Demut eine Lektion, die der Geist ständig neu lernen muss – für ihn ist sie nichts Naturgegebenes. Sogar Mozart sah in der *Zauberflöte* die innere Arbeit als Kampf mit der Königin der Nacht und den Verlockungen der Materie. Für die spirituelle Entwicklung gibt es eine ganze Reihe unterschiedlicher Metaphern: das Aneinanderreiben von Steinen in einem Bach, bis sie glatt und rund sind; das Bad, bei dem man Illusionen und Unreinheiten abwäscht; sogar den Gang zur Toilette, im Sinne der Entschlackung – doch solche Metaphern geben nur die Sichtweise des Geistes in ihrer sehr beschränkten Form wieder. Es wird dabei vorausgesetzt, dass das Leben irgendwie eine falsche Versprechung ist – die Unterbrechung von etwas weitaus Wichtigerem –, und wenn wir uns nur des Körpers mit seinen Schmerzen, Lüsten und Gerüchen und der Seele mit ihrem sterblichen Sehnen entledigen könnten, dann werde das Ewige hell erstrahlen.

Der Geist braucht eine Verbindung zum täglichen Leben, etwas weniger Drastisches als seine Zeiten der Demütigung und des Abstiegs. Der Charakter in seiner Empfänglichkeit und Dauer sorgt für die nötige Beständigkeit. Er begrüßt das vielfältige Leben und gibt uns eine Plattform, auf der wir stehen können, auf dass wir nicht überwältigt werden. Ohne ein solches Fundament können wir tausend Predigten predigen, jahrelang beten, zeremonielle Vollkommenheit erreichen und die heiligen Bücher auswendig lernen, doch leider wird alles vom Wind davongetragen.

Jede Kultur baut einige der Funktionen des Charakters als eine Art externes Skelett des Verhaltens in ihre äußeren Formen ein. Die Gesetze, die bestimmen, wie wir miteinander umgehen, die Beschränkungen, die alle Gesellschaften ihren Mitgliedern auferlegen – sie sind Teil einer äußeren Schale. Die Starrheit dieser Schale hängt davon ab, welche Entscheidungen eine Kultur in Bezug auf Tradition und Innovation trifft. Wo die Tradition vorherrscht, wird die Festigkeit der Schale betont; wo wir Adaption und das Neue lieben, ist die Schale durchlässiger und biegsamer.

Manchmal können Menschen ihren Charakter weiterentwickeln, indem sie in extremer Weise diesen äußerlichen Gesetzen ausgesetzt werden. Junge Männer werden oft zum Wehrdienst eingezogen, um Disziplin zu lernen, und in manchen Kulturen, wie zum Beispiel Thailand, leisten Klöster den gleichen Dienst. Doch groß angelegte soziale Bewegungen zur »Verbesserung des nationalen Charakters«, wie der Versuch der Prohibition in den zwanziger Jahren, sind gewöhnlich puritanische Regressionen – lediglich Projektionen unserer eigenen dunklen Impulse auf andere.

Fundamentalismus führt zu Tyrannei, weil er versucht, die Unsicherheiten der inneren Entwicklung zu vermeiden, und jegliches Handeln auf einen früher einmal eingeführten

Glauben – die toten Gebeine spiritueller Offenbarung – zurückführt. Zur Tyrannei scheint ein übermäßiges Interesse daran zu gehören, andere zu bessern und zu bestrafen; und diese als Güte verkleidete Leidenschaft nimmt vorübergehend die Verwirrung und Reue, die zu jedem Leben gehören, von unseren Schultern. Doch ein solches Denken – das so gerne die kleinen Sünden angreift – schafft sein eigenes Übel. Aus diesem Grund ist es wichtig, den Fundamentalisten das Nachdenken über Charakterfragen zu entreißen. Die Entwicklung des Charakters geht eher langsam vor sich, von innen heraus, und bringt Erleichterung und Belustigung über menschliche Schwächen mit sich; sie bildet ein Tor, durch das die Grenzenlosigkeit des Geistes im Reich der Seele erscheinen kann.

Das Gefäß bereiten

Alles Neue braucht ein Gefäß, braucht einen Ort, an dem es geboren werden kann. Kupfer braucht riesige Schmelztiegel, um es aus dem Erz zu holen; ein Garten hat einen Zaun, um das Wild fern zu halten; das ungeborene Kind hat eine Gebärmutter. Auch das Innenleben braucht eine Hülle, ein mütterliches Gefäß. Und dies liefert der Charakter; er dämpft die scharfen Winde ab, bewahrt die Energie und formt die wachsende Bewusstheit.

In dieses Gefäß bringen wir unser kreiselndes Ich ein. Es darf nicht vollkommen versiegelt werden, weil wir mit dem Leben interagieren müssen. Es soll groß genug sein, um uns aufzunehmen, massiv genug, um den feindseligen Winterstürmen zu trotzen, durchlässig genug, damit der Sommer mit seinem tanzenden Licht hereinfluten kann. Die Lecks müssen wir reparieren, dürfen sie aber nicht völlig verschließen. Sie verursachen Schmerz und verbinden uns mit der Finsternis, und daher sind sie wertvoll – sie erlauben der Seele, hereinzukommen.

Wir merken, was Charakter ist, wenn er fehlt. Wo die Charakterhülle versehrt ist, finden wir Schmerz, der unnötig ist und sich ständig zu wiederholen scheint. Der Manager schiebt Entscheidungen hinaus, bis es zu spät ist, der Arzt nimmt Schmerzmittel, wenn das eigentliche Problem Einsamkeit ist, die Anwältin lässt sich von ihrem alkoholkranken Mann scheiden und verlobt sich mit einem anderen Mann, der auch zu viel trinkt. Wo der Charakter unsolide gebaut ist, scheinen wir nicht zu lernen, sind wir schrecklich langsam wie Eisberge und haben die Hoffnung aufgegeben, etwas an unserer Art zu ändern. Unsere interessantesten Leidenschaften scheinen darauf abzuzielen, uns zu zerstören, und es ist, als gäbe es im charakterlichen Gefäß einen Riss, ein Loch, durch das alles wieder hinausläuft, was wir hineinschütten. Wir können essen und sind sofort wieder hungrig, können geliebt werden und einsam bleiben, reich sein und das Gefühl verzweifelter Entbehrungen haben.

Vielleicht erinnern Sie sich an die Geschichte der Frau, die unvermittelt in die Erfahrung der Leere fiel. Sie ging zu ihrem Lehrer, brach in Tränen aus und sagte: »Alles ist verschwunden; nichts ist mehr da.« »Oh, gut!«, antwortete der Lehrer, doch für die Frau war es noch nicht gut – ihre Tränen waren keine Freudentränen, und sie hatte Angst. Sie hatte gerade erst mit der Meditation begonnen und war beim Sutrasingen, als sich in ihrem Kopf plötzlich Stille ausbreitete. Die

Kraft ihrer unschuldigen Ernsthaftigkeit hatte sie über ihre
Bereitschaft hinausgetragen. Ohne ein Gefäß hatte sie nichts,
wo sie ihre Erfahrung aufbewahren konnte. Sie musste noch
warten, musste viele normale, eintönige Stunden der Meditation absitzen, in denen sie ihre eigenen Grenzen kennen
lernte, ehe sie diese durchbrechen konnte. Eine andere Frau
beschreibt die Notwendigkeit des Wartens so:

> *Es gab in meinem Leben einen Punkt, an dem ich alles ver-
> gessen wollte, was ich gelernt hatte. Ich sage »vergessen«,
> aber eigentlich wollte ich es absorbieren, es in mich auf-
> nehmen und mich nicht bewegen, bis ich bereit war.*

Wenn wir durch die lange Vertrautheit mit unserer inneren
Bewusstheit das Gefäß bereitet haben, können wir das Leben
aufnehmen, das sich in uns ergießt. Wir werden Gewicht,
Fruchtbarkeit und Ausdauer haben. Wenn wir unglücklich
sind, lassen wir uns von unserem Schmerz nicht beeindru-
cken; wenn wir glücklich sind, lassen wir uns von unserem
guten Geschick nicht verwirren. Wir folgen einfach dem
Weg, der sich vor uns öffnet, und wenn es Zeit ist zu sterben,
dann sterben wir.

Manchmal kommt die größte Charakterprüfung, wenn
wir mit dem Tod konfrontiert werden. Ein Meditationslehrer erzählte einmal eine Geschichte, die zeigt, dass die Art,
wie jemand stirbt, großzügig und ruhig sein kann und der
nächsten Generation den Weg freigibt:

> *Als mein Großvater im Sterben lag, war ich siebzehn. Es
> wurde kaum darüber gesprochen – vielleicht um ihn nicht
> aufzuregen. Ich sah ihn an seinem letzten Tag und war zu-*

*erst betroffen von dem Gestank und der Haut, die in di-
cken Falten von seinen großen Knochen hing. Aber er war
völlig gelassen. Er hatte beträchtliche Schmerzen,
schwand dahin, und der Geruch, den sein Körper von sich
gab, überlagerte den Duft der Sommerblumen in dem
Krankenhauszimmer, doch mein Großvater war ruhig angesichts des Todes. Er sprach ganz sachlich darüber. Dass
er gehen musste, gehörte zu seinem Verständnis des Lebens. »Ja«, sagte er, »die Schmerzen sind stark. Ich bin bereit, jetzt zu sterben.«*

Wenn es Zeit ist, zu sterben, dann sterben wir, und wenn die
Freude kommt, brauchen wir dieselbe Gleichmut. Die Frau,
die davon sprach, alles zu vergessen, was sie gelernt hatte, er-
zählte auch von dem Gefühl der Versöhnung, als nach dem
Ende einer schönen, aber schwierigen Liebesbeziehung die
Mutter des Mannes ihr einen warmherzigen Brief schrieb.

*Ich ging sofort in die Küche, um das Geschirr abzuwa-
schen, und weiß noch, wie ich sagte: »Können meine
Glücksgefühle diesem Teller standhalten? Und diesem?«
An diesem Tag, als ich so glücklich war, war alles wie
sonst, außer dass ich ein wenig vorsichtiger war, weil
meine Füße dauernd vom Boden abhoben. Das war meine
einzige Aufgabe – mit den Füßen auf dem Boden zu bleiben.*

Integrität

> Die Welt der Leere zu erkennen, mag einiger-
> maßen leicht sein, doch die nackte Substanz
> auszudrücken, ist schwierig.
>
> *Jingqing*[1]

Mit den Füßen auf dem Boden bleiben heißt in unserem Le-
ben Ganzheit finden. Der Geist wird heruntergeholt in die
Welt der Seele, um Gestalt anzunehmen, zu arbeiten, von
Nutzen zu sein. Gleichzeitig gehen wir auch in die Gegen-
richtung, heben die Welt hinauf zum Geist, adeln Küche und
Autobahn.

Integrität ist aktiv, eine Übung, die mit Bewegung, Verbindung und Kampf zu tun hat. Sie hält sich an keine Regeln. In
der großen Stille horcht die Integrität auf das wahre Signal.
Das bedeutet, Integrität ist langsam. Sie erlaubt uns, die Unruhe sich entwickelnder, ihre Form suchender Ereignisse mit-
zufühlen; sie eilt nicht durch die Zeit des Wachsens und ge-
nießt jeden Augenblick, ehe die Aufgabe erledigt ist.

Eine Übung unterscheidet sich von einer Fertigkeit, weil
sie nicht nur uns, sondern auch die Welt verändert. Die Aufgaben der Integrität sind keine persönlichen Errungenschaf-
ten wie Lachsfischen oder Französisch mit einem Pariser Ak-
zent sprechen. Viele eignen sich solche Fertigkeiten an, ohne
merklich ihren Charakter zu verbessern. Doch eine normale
Fertigkeit wie Angeln oder reines Französisch zu sprechen
kann, wenn sie als eine Übung gelernt wird, selbst zu heili-
ger Arbeit werden und uns helfen, innerlich weiterzuwach-
sen.

Wenn Integrität zur Übung wird, entwickeln wir aus unseren Umständen interessante Aufgaben. Ein Mann mit einer erfolgreichen Karriere in der Werbung geht in der Mitte seines Lebens zurück auf die Schule, weil er nie richtig lesen oder schreiben gelernt hat. Er kam einigermaßen gut zurecht, aber wegen einer Lernschwäche hatte er als Junge nie Erfolg gehabt, und jetzt als Erwachsener hat er dadurch große Schwierigkeiten bei Präsentationen. Für ihn sind die Täuschungsmanöver, die er braucht, um sein Unvermögen zu verbergen, sehr schmerzhaft geworden. Seine Integrität besteht darin, diesen Zustand vor sich selbst zuzugeben und dann etwas dagegen zu tun. Das bedeutet, mit Teenagern und Asylanten zusammen in einer Klasse zu sitzen – es verlangt die Demut zuzugeben, dass er in der gleichen Lage ist wie sie. Diese Schritte – sich einen schmerzhaften Zustand bewusst machen, ihn bereitwillig als den eigenen zu erkennen und dann etwas dagegen zu tun – sind die grundlegenden Elemente der Integrität. Deshalb brauchen wir zur Übung der Integrität die Seele, mit ihrer Affinität zu Finsternis und Demütigung und ihrer Bereitschaft, den Schmerz einer Situation anzuerkennen.

Auf der anderen Seite ist es mit zunehmendem Alter und einem Wachsen der Macht furchtbar schwierig, unsere Sinne offen zu halten und weiter zu lernen. Ein spiritueller Lehrer ließ sich gründlich ausbilden und wurde zum Leiter eines berühmten Tempels. Es ist ein angenehmer Ort, und der Mann hat das Auge eines Malers, sodass es eine wahre Freude ist, durch die Gebäude und den Park zu gehen. Er ist auch reizend und weise und unberührt von den Skandalen und Konflikten, von denen nahezu alle spirituellen Zentren betroffen sind. Doch der Ort hat etwas übermäßig Reines an sich; ich kann es kaum festmachen. Es liegt nicht an dem japanischen Schwung der Dächer oder dem Blick auf den Fluss oder den strebsamen Schülern. Ich glaube, das Merkwürdige offenbart sich in einem Vorgang, der sich ständig wiederholt. Der Lehrer zieht ernsthafte, kreative Menschen an, die sich in die spirituelle Arbeit stürzen. Schließlich führt er mit einem der talentierten Schüler ein Gespräch darüber, ob dieser selbst ein Lehrer werden und sich der Tradition anschließen wolle. Der Auserwählte fühlt sich sehr geehrt und bereitet sich auf die Arbeit vor. Doch binnen weniger Monate gibt es Streit, weil der Schüler einen Fehler gemacht hat. Die Auseinandersetzung ist so schmerzhaft, dass der Schüler nicht bleibt. Der Lehrer ist eine Weile sehr niedergeschlagen, fängt aber bald das Gleiche mit einem neuen Schüler an. Und das wiederholt sich über die Jahre ständig. Es fehlt die Neugier, die mit der Integrität einhergeht. Wir könnten auch sagen: Das Interesse an Fehlern und Unreinheit, das mit der Meditation einhergeht, fehlt. In dem reinen Schrein wächst nichts.

Hier können wir sehen, wie Integrität mit dem Charakter zusammenhängt. Dies ist eines der unglücklichen Muster, die wir wiederholen, weil in uns, obwohl wir berühmt für andere Fertigkeiten und auf andere Art weise sind, ein Loch ist, das nicht verheilen will. Wir erkennen an diesem Beispiel auch, dass Integrität zwar eine Sache des Einzelnen ist, aber nicht ausschließlich. Schüler und Lehrer sind Teil eines Musters, das größer ist als ihre persönlichen Intentionen, einer Art gemeinsamer Behinderung, die von beiden Seiten eine Bewegung verlangt.

Auf Felsen stehen

Integrität hilft uns, unseren Platz in der Welt zu finden. Dies ist ihre Haltbarkeit, ihre Unreduzierbarkeit, ihre Affinität zu den Steinen, aus denen sich die Erdkruste zusammensetzt. Die Integrität fußt auf der Urmaterie, die wir durch das Leiden fanden. Und wegen ihrer Affinität zum Grundstoff der Erde verbindet sie uns mit unseren Großeltern, denen, die in der Erde sind, und unseren zukünftigen Enkeln, die die Erde wie Blumen hervorbringen wird.

An alten Lagerplätzen in der Sierra gibt es in den Fels geschlagene Mörser zur Bereitung der Nahrung. Integrität erinnert sich an die Menschen, die vor langer Zeit den Stein aushöhlten, erinnert sich an ihre Affinität zu dem unnachgiebigen Gestein. Diese Hartnäckigkeit macht nicht notwendigerweise das, was alle machen. Gegen den Strom zu schwimmen ist eine typische Praxis der Integrität, die uns vielleicht Kriegsvorbereitungen treffen lässt, wenn die anderen auf Frieden hoffen, und gegen den Krieg demonstrieren lässt, wenn die anderen die patriotische Trommel rühren. Dieser Starrsinn zeigt sich in den Worten einer Frau, die eine Beziehung beendete, die jeder in ihrem Freundeskreis gut gefunden hatte.

Als ich mit S. zusammenlebte, hatte ich alles, was ich mir wünschen konnte – einen kultivierten, gebildeten, sensiblen Millionär. Er glättete viele Aspekte des Lebens für mich. Doch ich konnte nicht bleiben. Ich wollte jemanden, der meine Leidenschaft für den Geist verstand, und das fehlte ihm völlig. Nicht, dass er mir meine Interessen

nicht gegönnt hätte – er hätte mich sogar darin unter-
stützt. Aber so hätte es nie funktioniert. Ich bin immer
noch arm und kämpfe mich durch. Wir sind Freunde, S.
und ich, und gelegentlich erhalte ich wehmütige Briefe.
Aber ich bereue meine Entscheidung nicht.

Die Integrität macht sich, stur wie sie ist, nichts aus Reichtum, Ruhm, einem angenehmen Leben oder dem Rat von
Freunden. Wir müssen unser Schicksal selbst wählen. Der
Frau waren Reichtümer und Wohlwollen egal; nicht dass
Reichtum und Wohlwollen schlecht wären, aber sie genüg-
ten ihr zum damaligen Zeitpunkt nicht. Letztendlich ist ein
solcher Starrsinn eine Art des Selbstvertrauens.

Integrität kann schweigen, ignorieren, was sie ignorieren
sollte. Auf diese Weise schützt sie uns, zwingt uns, in der Gegenwart zu leben, die alles ist, was wir haben. Eine Frau fand
genau in dem Moment heraus, dass sie schwanger war, als
Blutungen einsetzten; sie verlor das Kind nicht sofort, aber
es war klar, dass sie bald eine Fehlgeburt haben würde. Aus
medizinischen Gründen wurde keine Abtreibung eingeleitet,
und so war sie schwanger, doch war sie jeden Augenblick
darauf gefasst, dass das Kind sterben würde. Sie sagte: »Ich
kann nicht einfach herumgehen und nicht schwanger sein.
Ich bin jeden Tag schwanger, bis ich es nicht mehr bin.«

In einer solchen Lage lässt sich nichts machen. Die Frau
bleibt in ihrer Situation, und dies ist der Weg des Muts. Wir
können an ihrem Beispiel sehen, dass Integrität, die auf der
einen Seite so starrsinnig ist, auch mit Loslassen zu tun hat.
Der Starrsinn ist demütig. Wir stehen auf einem Felsen, und
worauf steht der Felsen? Letztendlich stützen die Arme der
Leere uns, und die Integrität hängt ab von dieser emphati-

schen Immaterialität, der Stärke der unsichtbaren Welt. Eine Frau fährt fort, schwanger zu sein, bis sie es nicht mehr ist. Eine andere fährt mit dem Meditieren fort, obwohl sie nicht weiß, ob es zum Ziel führt. Der Mann mit Knochenkrebs ist lebendig und im Hier und Jetzt, bis er tot ist.

Gesagtes und Ungesagtes

Wann immer uns etwas an unserer Verbindung zur unsichtbaren spirituellen Welt liegt und wir dennoch ganz und gar im Hier und Jetzt, im unvollkommenen Reich der Seele leben möchten, kommt unsere Integrität ins Spiel. Wir versuchen, innere und äußere Welt in Übereinstimmung zu bringen, indem wir eine Wahl treffen und mit den Folgen leben. Durch ein wenig Verstellung können wir uns und andere in eine schiefe Lage bringen, und wir müssen die Konsequenzen tragen, wie wir es im Kleinen jeden Tag tun und im Großen in Krisenzeiten und im Krieg, wenn das Überleben selbst von Unehrlichkeit abhängen könnte. Doch wenn wir uns selbst gegenüber nicht ehrlich sein können, wie der Mann, der verbarg, dass er Analphabet war, werden wir diesen Zustand immer als Wunde empfinden – und müssen um unsere Integrität besorgt sein. Der Schritt zur Aufrichtigkeit gegenüber unserem innersten Leben ist ein Schritt hin zur Authentizität, die eine Erleichterung sein kann, aber zugleich ein Opfer ist. Ein gebildeter Geschäftsmann, der auch homosexuell ist, beschrieb es so:

Mein Comingout hatte Folgen für mich. Es gab viele Jobs, die ich nicht bekam. Als ich mein Comingout hatte, war ich noch Mitglied eines Jachtclubs, und alle, die dort segelten, zeigten mir plötzlich die kalte Schulter. Ich brauchte Menschen, mit denen ich sprechen konnte, und deshalb ging ich zur Ecke Castro und 18th Street, und dort waren genügend Menschen zum Sprechen. Nach einer Weile ging ich nicht mehr zum Jachtclub, und meine Mutter konnte in ihrem Bridgeclub nicht mehr von meinen Geschäftserfolgen berichten. Die meisten Männer, mit denen ich auf dem College war, leiten heute große Firmen; und hier bin ich, helfe Menschen, die an Aids sterben, tue alles vom Bettpfannenleeren bis zur Geldbeschaffung für ein neues Hospiz. Es bedrückt mich manchmal, dass ich finanziell nicht abgesichert bin. Aber ich bin glücklich mit meinem Leben; ich würde es nicht gegen einen Vorstandssessel eintauschen wollen.

Auch hier ist Integrität wie ein schwarzer Felsen, unnachgiebig. Sie gibt dem Leben einen Grund, indem sie eine Wahrheit geltend macht und die Folgen trägt. Dieser Mann hat freiwillig Geld und Sicherheit aufgegeben, doch er hat an Freiheit gewonnen, atmet die frische, klare Luft der Unabhängigkeit. Für ihn ist Authentizität – sich selbst treu zu sein – sehr wichtig und den Preis wert. In gleicher Weise opfern Dissidenten in einigen Ländern sogar ihr Leben, um ihre Integrität und die Hoffnung auf eine Zukunft in Freiheit zu wahren.

Wir erkennen am Beispiel dieses Mannes, dass Integrität, die im Charakter wurzelt, den Charakter verändert. Wir können aber auch die Integrität verlieren und unseren Charakter schwächen. Wenn wir jedes Mal, wenn wir traurig sind, in eine Kneipe gehen und trinken, dann verlieren wir allmählich die Fähigkeit, unsere Trauer zu ertragen, aber auch die Fähigkeit, unser Glück zu ertragen. Wenn wir in einem Unternehmen unsere Angestellten belügen und ihnen nie zuhören und uns selbst Gehaltserhöhungen zugestehen, während wir von den Untergebenen Opfer erwarten, werden wir nach einer Weile auch zu Hause lügen, und unsere Kinder werden Angst vor uns haben und nicht zu dem Opfer bereit sein, das zu lernen, was sie lernen sollten. Wie wir uns angesichts von Schwierigkeiten verhalten, ist unsere Antwort auf die Frage des Lebens: »Wer bist du und was liebst du?« Was wir daraufhin tun, formt unsere Seele. Ebenso werden andere, wenn wir Opfer bringen und in harten Zeiten die Wahrheit sagen, dies sehen und ihrerseits Opfer bringen.

Bei diesem Prozess hilft die regelmäßige Meditation. Wenn sie langweilig ist, lernen wir, unser mangelndes Interesse an uns selbst zu ertragen; wenn sie aufregend ist, lernen wir, still zu sein und unsere Aufregung zuzulassen; wenn sie unerträglich traurig ist, lernen wir, dass es nichts zu ertragen gibt – wir müssen nur im rechten Wechsel atmen und weinen und lachen, während das Gras sich durch den rotgrauen Lehm nach oben schiebt und der Wind unsere Gedanken davonträgt. In dieser Weise verändert Integrität den Charakter; die Löcher in dem Gefäß werden weniger, und wir werden immer besser darin, mit dem Stoff der Welt zu arbeiten.

Der Knoten im Strom der Zeit

In der Welt der Zeit treten immer wieder Komplikationen auf. Der Charakter mag Langsamkeit und möchte, dass wir warten. Warten ist keine Zeit auf Abruf, Lakai eines anderen Augenblicks, der erst kommt – Warten ist selbst Zeit. Es hat seine eigene Eleganz und Disziplin. Wir warten, um uns selbst einzuholen, damit der Rhythmus Form annehmen kann, ehe wir zu tanzen beginnen; wir warten, weil unsere Vorstellung unserer Fähigkeit zur Verkörperung weit voraus ist. Wenn wir vor einem traditionellen japanischen Kloster um Aufnahme bitten, werden wir zunächst abgewiesen. Man braucht drei Tage, um hineinzukommen. Während dieser Zeit sitzen wir im besten Falle allein in einem Raum und meditieren; schlimmstenfalls stehen wir im Schnee. Jetzt ist es nicht an uns zu handeln, sondern wir erlauben der Welt zu handeln. An solchen Tagen spielen sich nur innere Vorgänge ab, und so findet, da wir von außen nach innen in die Gemeinschaft treten, unsichtbar ein Übergang statt. Anschließend ändert sich nicht notwendigerweise unser Auftreten oder Aussehen, aber alles hat sich in das Reich des Heiligen verlagert.

Wenn wir blockiert sind, wenn die Umstände nicht reif sind, müssen wir einen Weg finden, uns einzugestehen, dass wir warten, dass wir schwanger sind und nicht bloß schlafen. Eine Pause dieser Art einzulegen stellt sich als Herzstück der Meditationsübung dar. Wenn wir uns eingehend mit unserem Leben beschäftigen, beginnt – auch wenn nichts zu passieren scheint – in den unterirdischen Strömungen die Versöhnung, die unsichtbar ist bis zum Zeitpunkt ihrer Ankunft. Dieses Warten ist kein Bemühen, ein Problem zu bewältigen oder ihm aus dem Weg zu gehen – es bedeutet, nur ein wenig auf dem Weg stehen zu bleiben, gerade genug, dass das Universum das Problem bewältigen kann.

Es gibt einen Augenblick, in dem Jesus seine meisterliche Beherrschung eines solchen Umgangs mit der Zeit zeigt. Die Geschichte handelt davon, dass eine Menschenmenge eine Frau beim Ehebruch ertappt. Die Menschen sind zornig und wollen die Frau zu Tode steinigen. Es ist nicht klar, warum sie Jesus um seinen Rat bitten; vielleicht wollen sie seinen Segen für den Mord, vielleicht haben sie unbewusst doch Zweifel. Jesus ergreift Partei, aber nicht sofort – zu einem zornigen Mob zu sprechen ist eine heikle Sache. Zunächst lenkt er ab. Mit dem Finger zeichnet er etwas auf die Erde. Wir erfahren nicht, was er zeichnet; der Akt selbst ist das Wichtige. Dies ist eine einfallsreiche Geste: Sie liefert keine Antworten, lässt die Frage aber im Raum hängen. Die Menschenmenge weiß nicht genau, ob dies seine Antwort ist oder nicht; in ihrer Gewissheit tut sich ein Spalt auf. Zeit vergeht, und der Augenblick wird weniger brisant. Als Jesus dann spricht, ist der Vorwurf in seinen Worten indirekt und auf die Suche nach Selbsterkenntnis ausgerichtet. »Wer unter euch ohne Sünde ist, der werfe den ersten Stein.« Die Menschen in der Menge werden nach innen gewendet, und so gehen sie weg, jeder in sein eigenes Schicksal. Wie andere gute Lösungen in verzweifelten Momenten, kam auch diese aus dem Nichts, ungeplant, durch höhere Eingebung.

Im inneren Leben ist Bereitschaft eines der wichtigsten Dinge. Das ist wie bei einem Pferd – der ganze Körper muss sich dem Fluss zuwenden, ehe es trinken kann. Unsere niedere Natur muss sich auf die Veränderung ausrichten. Wir müssen unserem Leben gegenüber treu sein – Cornflakes essen, das Memo schreiben, die Windeln wechseln, mit den Kindern zum Strand gehen – und auch treu gegenüber dem einen kleinen Etwas, dem Knoten im Strom der Zeit, der unserem Warten Bewusstheit gibt. Unsere Integrität besteht darin, diese Spannen des Wartens einzuhalten, ebenso wie in vielen Religionen die Gläubigen Fastentage einhalten.

Die Mächte des Schlafens und Vergessens sind so groß, dass es in unserem Leben jeden Tag eine Zeit der Bewusstwerdung geben muss: Wir müssen den Talisman berühren, der uns zur Bewusstheit hin ausrichtet. Die Meditation dient unserer Integrität, wenn sie täglich bei uns ist. Wenn das Pferd dann seinen Kopf senkt und zu trinken beginnt, wird sich alles ändern. Wir können durchs Leben gehen und die Existenz dieses Wassers leugnen, doch haben wir erst einmal davon gekostet, beginnen wir, unser Leben danach auszurichten.

Im Dunkeln zu warten erlaubt uns zu ruhen, bis sich aus der leeren Welt eine Lösung einstellt. Wenn uns der Weg versperrt ist, verzweifeln wir nicht völlig, unser Warten hat etwas Dynamisches. Charakterentwicklung kann eine merkwürdige Arbeit sein, da sie oft gegen unser normales Vorteilsdenken verläuft. Eine seltsame, aber erfolgreich verlaufene Geschichte handelt von einem Freund, der einen brillanten, aber launenhaften Zenmeister hatte. Nach mehreren Jahren der Ausbildung hatte er plötzlich genug; er war so wütend auf seinen Lehrer, dass er es nicht einmal mehr ertragen konnte, im gleichen Zimmer mit ihm zu sein. In einigen Ehen geht es genauso.

Der Mann ging also weg und wurde eine führende Kapazität auf seinem Gebiet, während er weiterhin ruhig an seinem spirituellen Leben arbeitete. Einmal im Jahr ging er nach asiatischer Art zu seinem alten Lehrer und verbeugte sich vor ihm. Er war immer noch wütend und enttäuscht, und dies war seine einzige Methode, mit dem Problem umzugehen. Jahr um Jahr verbeugte er sich, und der Lehrer zeigte sich höflich, und damit hatte es sich. So ging es sieben Jahre lang. Dann kam der Schüler wie zuvor, aber unerklärlicherweise war sein Herz diesmal leicht. Es war, als sei seine Schuld abgegolten. Auch der Lehrer empfand es so. Sie lachten und umarmten sich. Ihre Beziehung wurde einfach.

Diese Geschichte ist von spröder Eleganz. Manchmal können wir zu hart oder in falscher Weise an einer Beziehung arbeiten. Manchmal müssen wir geduldig sein, darauf vertrauen, dass das Universum schon regeln wird, was außerhalb unserer Macht liegt. Doch der Schüler überließ die Angelegenheit nicht einfach dem Schicksal. Er sah, dass dieses Problem nichts Zufälliges war, nicht einfach eine Schwachstelle auf dem Weg, sondern der Weg selbst. Es enthielt das Problem der Schwachstellen, die wir in all unseren Mentoren finden, das Problem der ichbezogenen Wut in dem Schüler, der sich – mehr noch als Leben oder Wahrheit – Anerkennung wünscht, das Problem der Haltung zur Tradition, das Problem, wie sich Weisheit weitervermitteln lässt. Er erkannte, dass er unabhängig von der Rolle seines Lehrers auch selbst eine Aufgabe hatte. Er wurde seiner Wut nicht untreu, die ihre eigene Integrität hatte, und er ignorierte den Anspruch der Beziehung nicht, die tief war. Er fand eine Geste, ein spontanes Ritual, das allen Beteiligten – dem Universum, dem Lehrer und dem Schüler selbst – zeigte, dass die Angelegenheit noch nicht erledigt war, sondern dabei war, ihre wahre Form zu finden und Licht auszustrahlen.

Diese Art des zeremoniellen Wartens verlangt und entwickelt Charakterstärke. Sie unterscheidet sich von den Pausen in früheren Etappen der Reise, weil hier eine Bewusstheit mitspielt, die sogar Wut in einen größeren Zusammenhang einbettet.

Zweifel und Kampf

Die traditionelle Zenübung ruht wie ein Eisenkessel auf drei Beinen – ein Bein ist der große Zweifel, eines der große Einsatz und das letzte der große Glaube. Zweifel ist also das erste Bein und in unserer Kultur gewöhnlich im Übermaß vorhanden. Die Zenlehre weist nun darauf hin, dass wir, wenn unsere Bewusstheit wachsen soll, unsere Zweifel nicht ignorieren dürfen – sie sind von großem Wert, erlauben uns, in die menschliche Situation einzudringen, sie zu durchschauen.

Der gegenwärtigen Situation, einschließlich all ihrer Fragen und Zweifel, Aufmerksamkeit zu schenken ist ein Akt der Integrität. In den vorgerückten Phasen der inneren Arbeit, da alles so klar zu sein scheint, besteht die Versuchung, Zweifel zu ignorieren. Doch wir sind immer von Nebel umgeben, und wer integer ist, der gibt dies zu. Die Geschichte von Jakob, der mit einem Wesen aus dem Himmel ringt, bezieht sich auf einen solchen Augenblick der Unsicherheit. Sein Leben war in Gefahr, und alles hing von seiner zukünftigen Geistesgegenwart ab. In der Nacht kam ein Engel, und Jakob kämpfte mit ihm. Als der Morgen dämmerte, umklammerte er den Engel und ließ ihn, obwohl er an der Hüfte verletzt war, nicht los, ehe dieser ihn nicht gesegnet hatte. Integrität hängt von unserer Verbindung zum Spirituellen ab, doch diese Beziehung ist weder einfach noch passiv. Um uns den Segen des Geistes zu verdienen, müssen wir willens sein, uns allein hindurchzukämpfen.

Ein Beispiel dafür, wie man in Zweifeln und Nöten ausharrt, mit ihnen kämpft, wurde von einem alten Zenmeister erzählt, der seine eigene Erfahrung so beschreibt:

> *Ich frage mich: » Was liegt mir auf der Seele?« Und etwas fällt mir ein. Dann frage ich mich: » Was liegt mir wirklich auf der Seele?« Und etwas anderes fällt mir ein. Dann frage ich: » Was liegt dahinter?« Denn was uns wirklich, wahrhaftig auf der Seele liegt, ist immer die Sterblichkeit, die Vergänglichkeit des Lebens.*

Hier ist Integrität Zweifel, dem nachgegangen wird. Die Integrität fragt, wie es wirklich ist, und hält uns fest an der Kandare. Ihre Offenbarungen kommen nach innerem Konflikt und harter Arbeit. Die Integrität begrüßt unsere natürlichen Bedenken und die Macht der Weigerung – sie sorgt dafür, dass wir alles zurückweisen, was tröstlich ist, aber der Vernunft widerstrebt, bis wir auf dem Grund unserer Nachforschungen angelangt sind.

So werden Fragen selbst zu einem Schatz; sie sind dauerhaft und immer frisch. Große Fragen werden als eine Art Vermächtnis, als ein Geschenk an nachfolgende Generationen weitergegeben. In einem seiner polynesischen Gemälde, das voll ist von einem bedächtigen Staunen über den Südpazifik, führt Gauguin unserer Bewunderung und Unruhe seine ewige Neugier vor Augen. »Wer sind wir? Woher kommen wir? Wohin gehen wir?«, fragt er uns, die wir sein Schicksal miterleben und teilen. Wir können seine Fragen nur beantworten, indem wir sie festhalten, sie weiterverfolgen, sie ausleben. Unsere Fragen leisten unserer Trauer und unserem Glück Gesellschaft: Wir tragen sie mit uns herum.

Durch ein aufmerksames Betrachten unserer Fragen entsteht das innere Gefäß unseres Charakters. Doch diese Arbeit ist nicht einfach. Wir verfolgen unsere Frage nicht immer bis in alle Tiefen – manchmal akzeptieren wir eine weniger wichtige Frage, gähnen und lenken uns ab, überlassen uns dem Vergessen.

Im Zen greift der Schüler eine große Frage auf und widmet sich ihr aktiv und ausdauernd, Tag und Nacht. Die Frage selbst bildet das Thema der Meditation, wird zum Knoten im Strom der Zeit. Manchmal beginnt der Schüler mit einer Frage, die völlig absurd wirkt – einem Koan wie zum Beispiel: »Wie klingt der Ton der einen Hand?« Gerade diese Absurdität enthält das Dunkle neben dem Hellen – die Widersprüchlichkeiten des Menschseins. Oder dem Schüler wird eine Frage gestellt, die sich ganz natürlich ergibt, zum Beispiel: »Wer hört dieses Geräusch?« – den Vogelgesang, einen vorbeifahrenden Lastwagen, die Stimme der Welt in diesem Augenblick.

Diese großen Fragen sind voller Nacht und lassen sich nicht bequem beantworten. Tastende, intellektuelle Antworten werden vom Lehrer zurückgewiesen, bis der Schüler von der Frage auf den Grund der Welt gezogen wird. Hartnäckiges Fragen entfernt alles, was fest und massiv schien, bis uns nur das Darunter, die Leere, bleibt.

Mit Hilfe dieser Vertiefung unserer Achtsamkeit opfern wir eine gewisse Selbstgefälligkeit, doch finden wir einen

Pfad, der aus den Fragen besteht, die uns das Universum stellt. Dies ist für unsere Integrität, die über die Schwierigkeiten eines Lebens in Bewusstheit nicht hinwegtäuschen möchte, äußerst befriedigend. Wir betreten unsere Ängste wie Suchende und lernen, uns auf unsere Nöte einzustellen und sie sogar anzuzweifeln. Zweifel, der bis zum Ende, bis über sich hinaus weiterverfolgt wird, stärkt den Charakter, weil er etwas Wirkliches ist. Die Methode des Fragens ist voller Schönheit und Schrecken. Sie tut nicht so, als sei die Arbeit von Geist und Seele hübsch oder einfach, sondern vertraut auf die Größe unserer menschlichen Fähigkeiten, dem Leben ins Auge zu blicken. Wenn wir unseren Zweifeln buchstäblich auf den Grund gehen, sind wir wie Jakob; wir umklammern den Engel, bis er uns seinen Segen gibt.

Einsatz und Beharrlichkeit

> Wenn der Narr auf seiner Torheit beharrte,
> so würde er weise.
>
> *William Blake*[2]

Einsatz ist das nächste Bein des Eisenkessels. Sich mit aller Kraft einzusetzen kann mit fortschreitender Reise sogar schwieriger werden, weil unser Leiden nicht mehr ganz so akut ist. Doch der Augenblick des Einsatzes ist, wie der Augenblick des Zweifels, keiner einzelnen Phase zuzuordnen. Der Einsatz nimmt die innere Reise als eine Arbeit in Angriff, die wie jede andere Aufgabe auch erledigt werden kann. Er formt die robuste, leistungsorientierte Seite des Charakters, indem er sich immer intensiver auf das Hier und Jetzt ausrichtet. Der Einsatz schwingt die scharfe Klinge der Meditation und sagt »Nein!« zu allem, was ablenkt.

Gewohnheiten sorgen dafür, dass wir unbewusst bleiben, und es erfordert Einsatz und Anstrengung, mit ihnen zu brechen. Der Einsatz tut dies mit typischer Ausdauer und Beharrlichkeit. Eine Gewohnheit ist im Grunde eine künstliche Beschränkung, die wir uns auferlegt haben, weil wir die Neuheit eines jeden Augenblicks nicht ertragen. Den Wechsel von der Gewohnheit zur aufmerksamen Beachtung jedes Augenblicks beschrieb ein Sportler einmal so:

Früher habe ich viel zu viel trainiert, weil ich dann das Gefühl hatte, etwas zu leisten. Es sieht gut aus, immer den gleichen Drill zu wiederholen, aber in Wirklichkeit ist es nur Faulheit. Es ist viel schwerer, auf das zu hören, was der Körper braucht, und auf den Atem zu achten, aber das tue ich jetzt. Und ich hole mir keine Verletzungen mehr.

Wahrer Einsatz ist subtil. Wir können den Eindruck machen, uns große Mühe zu geben, in Wahrheit aber faul sein, weil wir uns abrackern, ohne uns zu fragen, ob das, was wir tun, nützlich ist oder nicht. Ein solches Abplagen ist Einsatz ohne Integrität oder Zweifel. Wahrer Einsatz ist schwerer und interessanter – er achtet auf jedes Fragment der Ewigkeit, das durch uns hindurchgeht.

Einsatz verleiht der inneren Reise die gleiche Härte wie der äußeren. Die Energie des Soldaten, der im Dschungel kämpft, des Hundes, der einem Ball hinterherjagt, des Programmierers, der die ganze Nacht hindurch Kodierungen schreibt, all das dient der Entwicklung des Charakters. Hier begrüßen wir das raue, wilde Aroma des Lebens, das stärker ist als Whisky, das uns überwältigt und uns keine Wahl lässt.

Je weiter wir vorwärts schreiten, desto geschulter und schlauer wird der Einsatz. Er entfaltet seine Langzeitwirkung und fügt der zuvor erlernten Beharrlichkeit Intelligenz und Ausgeglichenheit hinzu. Gute und schlechte Augenblicke erblühen und verwelken wieder. Wenn wir durch Einsatz unsere Kraft gefunden haben, wird unsere Achtsamkeit zielgerichtet, und unser Charakter bekommt Gewicht; wir steigen und fallen nicht mehr mit dem Börsenmarkt oder den Hoffnungen anderer. Unser tagtäglicher Einsatz gleicht dann dem Romanschreiben oder dem Erlernen des Cellospiels: Zunächst scheint es eine enorme Mühe zu bereiten, aber im Grunde ist es eine schlichte und normale Sache. Es bedeutet lediglich, da zu sein, die nötige Arbeit zu tun, die Augenblicke zu lieben, aus denen sich das Leben zusammensetzt.

Das Geheimnis der Absicht

Die größte Rolle beim Einsatz spielt das Geheimnis der Absicht. Wenn wir etwas tun möchten, wenden wir uns ihm mit dem Herzen zu, und schließlich wird sich ein Pfad auftun. Die Vorbereitung für die innere Arbeit besteht vor allem darin, die Absicht zu entwickeln, sie zu tun, ihren Wert höher anzusetzen als einen Kinobesuch oder die Bewunderung unserer Freunde. Es reicht nicht, sich nach Freiheit zu sehnen – wir müssen eine Plattform im täglichen Leben haben, eine Basis für den Wandel. Der Wandel selbst geschieht plötzlich, wie die Ernte. Die Vorbereitung des Bodens jedoch braucht ihre Zeit.

Der erste Augenblick der Hinwendung zur Integrität ist wichtig, weil zu diesem Zeitpunkt viele Elemente der Reise im Keim vorhanden sind. Wenn wir hastig oder zögernd sind, wenn wir einen Teil unserer selbst vernachlässigen, müssen wir später deswegen zurückkehren. Integres Handeln zeigt dem Universum, dass wir die schönen, praktischen Dinge, die die Menschen tun müssen – die Aufgaben der Seele –, nicht vernachlässigen und gleichzeitig, dass wir auf die geheimnisvolle Entfaltung des Geistes vertrauen. Das Universum wird sich in unsichtbarer Weise zu uns neigen, aber nur, wenn wir bereit sind, ohne äußere Hilfe auszukommen, nur wenn wir die Reise genug lieben, um auch angesichts völliger Mutlosigkeit weiterzumachen.

Als Psyche die ihr auferlegten Prüfungen absolvierte, musste sie sich nur vollkommen auf jede einzelne Aufgabe konzentrieren. Als sie nach vorn zum Ziel blickte und die Buchse aus der Unterwelt öffnete, bedeutete das fast das Ende für sie. Der Mann, der jedes Jahr zu seinem asiatischen Lehrer ging und sich vor ihm verneigte, hatte keine Garantie, dass die Spannungen eines Tages vergehen und sie zusammen lachen würden. Er handelte nicht um zukünftiger Ergebnisse willen. Was er tat, hatte einen Eigenwert, genauso wie ein Baum Blätter hervorbringt und damit »grün, grün« sagt und das Leben preist.

Auch wenn uns Stimmen vom Wegesrand zurufen, gehen wir immer weiter. Und wir gewöhnen uns an die Bewegung, die etwas Traumhaftes annimmt. Das japanische Wort für einen Zenmönch lautet *unsui* und bedeutet »Wolken und Wasser« – denn schließlich werden wir fließen, die Absicht hinter uns lassen, an nichts anhaften, und nichts wird an uns haften. Der Zweifel weicht dem Einsatz, der Einsatz weicht

dem Nicht-Einsatz, gleitet in etwas, wonach er sich stets gesehnt hat, was immer, in den hellsten und den finstersten Zeiten, der einzige Weg nach vorne war – der Glaube, in der Tradition das dritte Bein des Eisenkessels.

Glaube und Zuhören

Die unbeirrte Arbeit an Zweifel und Einsatz stärkt das Gefäß, das das Leben enthält. Doch der Glaube befreit uns von
den Kämpfen im Bereich des Charakters und beginnt, ihn
wieder mit der Freiheit des Geistes zu vereinigen. Es gehört
zum Charakter zu wissen, dass es Dinge gibt, die größer sind
als alles, was wir tun, und dass Hilfe sich einstellen wird,
auch wenn wir sie nicht erwarten. Jakob kämpfte die ganze
Nacht mit dem Engel. Nichts in seiner Macht konnte etwas
an der Situation ändern, und so musste er standhaft bleiben.
Doch dann veränderte sich etwas in der Welt. Die Dämmerung trat ein. Der Verzweifelte empfing seinen Segen und
blieb am Leben. Das Licht öffnete ihm den Weg in die Zukunft.

Glaube ist das Fundament innerer Arbeit, denn ohne ihn
würden wir nicht ausreichend auf unserem Zweifel oder unserem Einsatz beharren. Doch Glaube wird auch als eine Art
Belohnung empfunden, eine Frucht der Praxis, bevor wir
einen anderen sichtbaren Beweis für die sich entwickelnde
Wirklichkeit von Geist und Seele haben. Mit Glauben können wir lockerlassen; wir brauchen nicht vorwärts zu drän-
gen, die Strömung trägt uns, auch wenn wir in der Finsternis sind.

Vor Jahren arbeitete ich vorübergehend in den alten Kupferschmelzhütten in Queenstown, an der Westküste Tasmaniens. Wenn die Schicht ruhte, hieß es, dass man entweder unsichtbar sein oder den Eindruck machen musste zu arbeiten. Ich kletterte immer hinauf auf die mit dickem Schwefelstaub bedeckten Eisenträger und las Joseph Conrads Ostindienerzählungen und die Gedichte von John Donne, der in der ersten Lebenshälfte die Frauen liebte und in der zweiten Gott. Ich erinnere mich kaum noch an das Gelesene, aber das Leben selbst, die Bewegung in der Finsternis, ist mir noch ganz gegenwärtig. Ich verstand so wenig und bat dennoch, unbewusst vielleicht, die Dichtung und die Geschichten, mich zu verändern, auf dass ich ihre Welt betreten könnte. Auf den Eisenträgern zu lesen wurde mein Glaubensbekenntnis: Da ich nicht wusste, wohin die Reise führte, musste ich sie ohne Nachdenken über das Ziel um ihrer selbst willen machen. Ein solches Lesen ist ein Übungsweg – wie das Meditieren über eine Frage –, auf dem wir, wenn wir im Nicht-Verständnis unbeirrt weitermachen, verändert werden. Der Glaube weiß die Absurdität eines solchen Weges gen Wachstum zu schätzen.

Das Lesen war eine große Anstrengung, nicht weil ich hundemüde war, nachdem ich stundenlang einen Schlaghammer geschwungen hatte, um den Ofen zu reinigen, sondern weil es eine Mauer zwischen mir und allen anderen errichtete. Ich gehörte nicht mehr dazu, nicht mehr zum Schnee, zum Matsch, der Firmenbushaltestelle, der Kneipe und dem Schwefeldioxid, das die Hügel zu ihrem nackten Orange und Rosa verbrannte. Später würde ich die Welt, die ins Leere versank, während ich mich über meine Bücher beugte, zurückholen müssen, doch damals und in dem Augenblick gab mir das Lesen Hoffnung. Ich verstand kaum etwas von den Texten – die Sätze waren verständlich, aber die Charaktere und die Schritte, die die Autoren machten, blieben unklar. Ich weiß noch, wie ich ein Gedicht von John Donne unzählige Male durchlas und wie die Assoziationen auf mich prasselten wie ein plötzlicher Regenguss – wie ich erkannte, dass seine spirituellen Sonette und seine Liebesgedichte dieselbe Macht verehrten. Damals wusste ich nicht, dass Lesen eine Übung des inneren Weges ist, doch dieses Wissen war nicht nötig, damit sich mit mir ein Wandel vollzog.

Glaube ist keine Überzeugung, eher ein angespanntes Warten, eine Art Schlaf, in dem wir träumen. Wir merken, dass unser Bewusstsein weniger scharf ist und dass wir weniger verstehen, aber wir akzeptieren dies, wie ein Tier das Wetter hinnimmt. Wir bleiben standhaft, ohne viel zu verlangen, außer von uns selbst. Zunächst wiederholen wir einfach nur unsere Bemühungen – ausdauernd, ehrfurchtsvoll, unwissend. Ohne angeborene Gabe lauschen wir der Musik, die die Welt um uns herum singt, wir lauschen und lauschen, und ganz allmählich bilden sich Muster heraus.

Der Glaube hat die Kraft des Grases, das sich einen Weg durch den Asphalt bahnt. Er ähnelt manchmal der Absicht, doch er ist anders: Er hofft nicht auf Wandel, er gibt sich damit zufrieden weiterzumachen, bis der Wandel kommt, und ist auch zufrieden, falls kein Wandel kommt. Wenn wir im Glauben verharren, folgen wir dem von uns gewählten Übungsweg, einfach und mit Liebe; und wie wir uns dabei fühlen und ob unser Verständnis sich schon vertieft hat – diese Überlegungen sollen uns nicht kümmern.

Die Integrität verfeinern

Wenn wir nicht auf die Stimme der Integrität hören, leiden wir. Mit diesem Leiden bringen wir der Integrität ein Opfer, genauso wie wir durch körperliche Schmerzen der Gesundheit des Körpers ein Opfer bringen. Beide geben uns die Informationen, die wir brauchen, ehe wir uns ändern können. Die richtige Entscheidung zu treffen ist für die Integrität nicht unbedingt erforderlich – wichtiger ist es, die Folgen zu erkennen. In dieser Hinsicht geht die Verfeinerung der Integrität über die Bezahlung der Finsternis hinaus, bei der wir lediglich akzeptieren, dass wir um der Erkenntnis willen unsere Illusionen und unser Wohlbefinden aufgeben müssen. Bei der Verfeinerung der Integrität lernen wir aus jeder Entscheidung. Wir bemerken und reflektieren. Wir lernen zu erkennen, dass es beim nächsten Mal, wenn wir uns unwohl fühlen, nicht daran liegt, dass wir etwas Falsches gegessen haben; es ist unsere wahre Stimme. Dies gibt unserem Selbstwertgefühl einen Dämpfer, weil uns zunächst nur die Gelegenheiten auffallen, in denen wir uns ohne Integrität verhalten.

Es gehört Mut dazu, uns unsere Taten objektiv anzusehen, selbst wenn sie vor langer Zeit geschahen. Doch ohne das Gefühl des Scheiterns kann sich keine Integrität entwickeln. Eine Frau erzählte, was sie im Alter von zwölf Jahren in einem Sommerlager erlebte.

Ich hatte eine behinderte Freundin, und ich verriet sie. Sie machte in die Hosen, und abends defilierten die Mädchen an ihr vorbei, um es sich anzusehen. Ich konnte nichts tun.

Sie wollte auf dem Heimweg im Bus neben mir sitzen. Ich setzte mich stattdessen neben ein sehr beliebtes Mädchen, das ich selbst überhaupt nicht mochte. Meine Freundin interessierte mich weitaus mehr. Ich sah in ihren Augen, dass ihr klar war, dass ich sie verriet. Wahrscheinlich hätten die meisten Mädchen im Alter von zwölf Jahren dem Druck auch nicht standgehalten, aber ich muss immer noch daran denken und schäme mich.

Das Wichtige ist hier, wie unglücklich die Frau über ihr Verhalten als Kind ist. Es gab viele Gründe für ihr Verhalten – der barbarische Druck der Meute und der verständliche Wunsch, sich die Leiden der Welt noch nicht aufzuladen –, aber es war dennoch Verrat. Es scheint nicht möglich zu sein, ohne das peinliche Beispiel unserer eigenen Fehler Integrität zu entwickeln und sie zu verfeinern.

Aus dem Misserfolg lernen

Die Erde lässt uns niederfallen,
die Erde lässt uns wieder aufstehen.
Shunryu Suzuki[3]

Die Integrität ist unabhängig vom Erfolg in der Welt, weil sie zwar zwischen uns und den Dingen vermittelt, sich aber nicht mit ihnen identifiziert. Wenn wir uns weniger integer verhalten, entwickeln wir unseren Charakter und treten in die richtige Beziehung zur Ewigkeit. Dies verhindert, dass wir uns selbst sabotieren, und kann daher Erfolg in der Welt bringen. Doch wir können in eine Zeit und an einen Ort geboren sein, wo Erfolg schwierig ist. Einen integren Menschen berührt dies nicht. Man kann entweder den inneren oder den äußeren Weg zum Glück nehmen, und wenn der äußere blockiert ist, kann uns das durchaus helfen, uns intensiver dem Inneren zuzuwenden.

Im *I Ging,* dem chinesischen Buch der Weisheit, wird eine Situation allgemeiner Schwierigkeiten *Gien* oder »Hemmnis« genannt. Das dazugehörige Bild zeigt eine Situation, in der man zwischen einem Abgrund voll Wasser vor sich und einem Berg hinter sich eingezwängt ist. Es ist einerlei, woraus das Hemmnis besteht – einem Tod, einer Scheidung, einem geplatzten Geschäftsabkommen. Wenn wir in der äußeren Welt auf ein Hemmnis stoßen, ist es nach dem *I Ging* am besten, zu warten und die finstere Zeit zur Arbeit am Charakter zu nutzen.

> Auf dem Berg ist das Wasser: das Bild des
> Hemmnisses. So wendet sich der Edle seiner
> eigenen Person zu und bildet seinen Charak-
> ter.[4]

Ein junges Ehepaar spielte eine führende Rolle in seiner Gemeinde. Sie hatten nette Kinder und wurden allseits bewundert. Dann brach die Ehe unter großem Aufwirbeln von Staub auseinander, eine wahre Demütigung. Die Frau wurde von ihren Freundinnen kritisiert. Sie wusste nicht mehr, was was war, doch sie litt unter der Isolierung und war bereit zu glauben, dass alles ihre Schuld sei. Aber sie hatte auch lange Erfahrungen mit der Meditation, war eine ausgebildete Lehrerin und beschloss, ihre Qualen dazu zu benutzen, ihre Spiritualität zu vertiefen. Inmitten ihrer Krise ging sie zum Studium bei einem älteren Lehrer.

> *Ehe ich zu ihm kam, hatte ich viele spirituelle Erfahrungen gemacht. Aber ich wusste, ich war an einer Grenze angelangt. Er befragte mich eingehend, und ich antwortete selbstbewusst. Doch er wies meine Antwort zurück! Er sagte, mein Verständnis sei nicht tief genug, und warf mich aus seinem Zimmer. Und meine Reaktion, als er das tat, war merkwürdig: Ich war angenehm erregt, ich war glücklich, weil hier meine Chance war, tiefer einzudringen. Ich werde immer für dieses »Nein!« dankbar sein, weil es die Krise, in der ich mich befand, respektierte, weil er mich ernst nahm.*

Immer, wenn wir gescheitert sind, liegen uns zwei Reaktionen nahe – Trauer und Erregung über das Öffnen von Türen.

Die Fähigkeit, umzukehren, den Kurs zu ändern, besonders wenn wir viel in unseren gegenwärtigen Kurs investiert haben, ist ein Grundbestandteil gereifter Integrität. Diese Fähigkeit ist viel wichtiger als das Vermeiden von Fehlern. Derselbe Lehrer, den diese Frau aufsuchte und der heute einer der großen alten Männer des Zen ist, erzählt eine ähnliche Geschichte aus seiner Anfangszeit als Lehrer. Nach vielen Jahren hatte er seine formellen Studien des Zen abgeschlossen. Er kehrte von einem Besuch in Japan zurück und wurde aufgeregt von seinen Schülern empfangen, die ihm einen gerade erschienenen Band von Zengeschichten eines alten japanischen Meisters überreichten. Er las dieses Buch während seiner ersten Meditationswoche als selbständiger Lehrer. Jahre später sagte er:

Ich wusste sofort, dass es ein gutes Buch war, aber ich verstand nichts. Mein Nicht-Verstehen entsetzte mich. Es bedeutete, dass meine Ausbildung unvollkommen war, und dennoch verbeugten sich meine Schüler vor mir und nannten mich »Roshi«. Ich schämte mich. Sobald die Meditationszeit vorbei war, machte ich mich auf und floh zu einem anderen Lehrer, der jünger war als ich, und wurde wieder zum Schüler. In der Öffentlichkeit verhielt er sich sehr großzügig und wies mir einen Ehrenplatz in seinem Tempel zu, aber hinter verschlossenen Türen nahm er mich sehr hart ran. Ich fuhr erst wieder nach Hause, als mein Verständnis sich geklärt hatte.

Hier sehen wir dieselbe Bereitschaft, ein Scheitern umzuwenden, die er später bei seiner begabten Schülerin hervorrief. Sein Verständnis entsprach nicht seinen eigenen Anforderungen, doch statt zu verzweifeln, erkannte er seine Lage und suchte nach einer Lösung. In einem solchen Augenblick bedeutet Integrität, das Problem zu erkennen (großen Zweifel zu haben), sich durch die Beschämung nicht völlig lähmen zu lassen (großen Glauben zu haben) und zu beharren (großen Einsatz zu zeigen). Es gibt eine traditionelle christliche Geschichte über dieses Umkehren:

Ein Mönch, der auf der Suche nach Führung
und Ermutigung war, ging zu Abba Sisoius und
fragte: »Ich bin gefallen, was muss ich tun?«
Der Abba antwortete: »Aufstehen.«
»Ich bin aufgestanden, aber wieder hingefallen.«
»Steh ein weiteres Mal auf.«
»Das habe ich getan, aber ich muss zugeben, dass

ich erneut gefallen bin. Was soll ich also tun?«
»Fall nicht hin, ohne wieder aufzustehen.«

Verba Seniorum[5]

Umzukehren hat mit der Fähigkeit zu tun, den Weg als etwas zu sehen, das immer weiter geht, mit unendlich vielen neuen Ausblicken. Unsere Fehler sind immer groß und allen sichtbar; Mitgefühl und Beharrlichkeit sind immer nötig. Irgendwo im Universum, so sagen die Chinesen, vertieft der Buddha immer noch seine Erleuchtung.

Am Abgrund

Freihändig vom Felsrand springen.

Mumon Ekai[6]

Oft haben wir einfach nicht genügend Informationen und müssen dennoch eine Entscheidung treffen. Es kann um Leben und Tod gehen, und dennoch können wir nur tun, was wir für das Beste halten – gemäß unserem Herzen, unserer Unerschrockenheit, unserer Großmut entscheiden. Dann können wir zusehen, wie sich die Dinge entwickeln, aber wir werden nie erfahren, was gewesen wäre, hätten wir einen anderen Pfad gewählt – hätten wir jemand anders geheiratet, eine andere Laufbahn eingeschlagen, einen Krieg vermieden, den wir geführt, einen Krieg geführt, den wir vermieden haben. Wir sind sterblich, das Leben ist begrenzt: Sich diesen Wahrheiten zu stellen erfordert zunächst einmal die Entwicklung unseres Charakters. Wir wählen ohne ausrei-

chende Informationen und treten daher vollständig in das
Leben ein; das ist unser Handeln in Integrität. Ein Mann
sagte über seine Erfahrungen aus der Zeit des Vietnamkrie-
ges:

> *Jetzt scheint es klar zu sein, dass der Krieg falsch war, aber*
> *damals waren wir uns da nicht sicher. Es schien ein sinn-*
> *loses militärisches Abenteuer zu sein, aber ich fühlte mich*
> *eigentlich verpflichtet, mich freiwillig zu melden, weil ich*
> *Männer kannte, die gegangen und schwer verwundet wor-*
> *den waren, und ich dachte, ich sollte aus Loyalität auch*
> *gehen. Jedes Mal, wenn ich an der Einberufungsbehörde*
> *vorbei ging, schämte ich mich. Außerdem hatte ich einen*
> *südvietnamesischen Freund, der Sohn eines Generals war*
> *und zusammen mit mir studierte.*
>
> *Am Ende gehörte ich, obwohl ich mich von der Wehr-*
> *pflicht hätte befreien lassen können, zu den Ersten, die*
> *sich aktiv dem Kriegsdienst widersetzten. Ich verliess die*
> *Universität und die glänzende Karriere, die seit meiner*
> *Kindheit für mich vorherbestimmt war. Heute glaube ich,*
> *dass ich von widerstreitenden Eitelkeiten hin- und herge-*
> *rissen wurde – dem Stolz darüber, in den Krieg zu ziehen,*
> *und dem Stolz, mich gegen die gigantische Kriegsmaschi-*
> *nerie zu stellen. Damals war ich mir nicht sicher, musste*
> *aber trotzdem eine Entscheidung fällen.*

Dieser Mann musste sich trotz ungenügender Informationen
für eine Vorgehensweise entscheiden, die alles in seinem Leben verändern würde. Der Vorgang der Integritätsentwick-
lung ist noch nicht abgeschlossen – dreißig Jahre später sind
für den Mann immer noch einige der Fragen offen. Zu wäh-

len heißt, die Scham, Schuld und Unvollständigkeit auf sich zu nehmen, die im Handeln entstehen; wählen heißt Fehler machen und leben.

Mitgefühl als heilige Arbeit

Übel bekämpft man am besten nicht direkt,
sondern durch aktiven Fortschritt zum Guten hin.

I Ging[7]

Ein guter Charakter ist kein Zufall. Wir entwickeln unseren Charakter, indem wir Aufgaben in dem Wissen übernehmen, dass wir sie für uns und für die Welt tun. Unsere Aufgaben vergrößern den weiten Tag. Mit einem guten Charakter sind wir innen hart, doch außen weich, können streng und hilfreich sein.

Die Frau, die zu ihrem alten Lehrer ging und ihren spirituellen Weg vertiefte, kehrte schließlich an ihren Heimatort zurück. Ihr Exmann lebte ganz in der Nähe mit einer anderen Frau zusammen, die zuvor eine enge Freundin der Familie gewesen war. Dies wurde eine neue Aufgabe für ihre Integrität. Die Frau hatte sorgfältig ihre Rolle beim Auseinanderbrechen der Ehe untersucht, aber nicht erwartet, unsicher und eifersüchtig zu sein.

Ihr wurde klar, dass sie aufhören musste, nachzusehen, ob sein Auto da war, im Kopf mit ihm zu streiten, zu wünschen, dass er sie verstehe. Sie wollte ihn nicht zur Rechenschaft ziehen; er sollte nichts damit zu tun haben, wie sie sich fühlte. Daher begann sie mit der Meditationsübung des Mitgefühls.

Anfangs fiel es ihr schwer; in ihrem Innern schien Chaos zu herrschen. Doch sie bekämpfte das Gefühl, indem sie sich die überlieferten Worte des allgemeinen Wohlwollens vorsagte: »Möge ich Frieden finden, möge ich glücklich sein. Möge mein Kind Frieden finden, möge es glücklich sein ...« Wenn ihre Gedanken dann ein wenig zur Ruhe gekommen waren, ließ sie die Wünsche, die Gefühle der Wärme, weiter werden, richtete sie auf ihren Exmann, die neue Frau und allmählich in immer größeren Kreisen auch auf die Bäume und den Ozean. Zuerst war es anstrengend, Zugang zu diesem Mitgefühl zu finden, aber indem sie wieder und wieder zu dieser mühsamen Meditation zurückkehrte, gewann sie an Stärke. Allmählich stellte sich Gleichmut ein.

Im Laufe der nächsten fünfzehn Jahre wurde sie in ihrer Welt zu einer führenden Persönlichkeit. Sie hatte nie das Gefühl, verstanden zu haben, was geschehen war, aber die alte Katastrophe ihrer Ehe hatte sich in eine positive Kraft verwandelt. Die Übung des Mitgefühls löst uns von unseren schwerwiegenderen Emotionen, sodass diese uns, wenn sie auftreten, nicht mehr erfassen können. Wir wünschen uns endlich nicht mehr, dass die Dinge anders sein mögen, als sie sind.

Durch den Einfluss des Mitgefühls wird die Seele in die Arbeit der Integrität mit eingeschlossen. Ohne sie wäre Integrität lediglich eine Zusammenstellung von Regeln oder strengen Pflichten wie in dieser alten chinesischen Geschichte:

Ein Gelehrter erzählte Konfuzius von einem
Mann, der seinen Vater für den Diebstahl
eines Schafes anzeigte, und pries seine Hand-

lungsweise als ein Beispiel für Rechtschaffenheit. »Was ist daran denn rechtschaffen?«,
erwiderte Konfuzius. »Der Sohn tritt für den
Vater ein, und der Vater tritt für den Sohn ein
– das ist Rechtschaffenheit.«[8]

In einem solchen Fall ist der Katalysator – die Eigenschaft,
die notwendig zur Integrität gehört – die Beziehung zwischen
den Menschen. Integrität muss nicht nur die heimliche Herzenswärme des Lebens zeigen, sondern auch unsere Pein,
muss unserer Freude treu sein und den Schmerzen, die wir
ertragen. Solche Herzenswärme macht uns verletzlich – gegenüber der Sanftheit des Lebens, dem verführerischen Sog
hin zu Gestalt und Sterblichkeit und dem vergeblichen Streben, die Zeit anzuhalten und zu genießen. Sie macht unseren
Charakter durchlässig, macht ein Haus daraus, das den Regen abhält und die Sonne herein lässt, ein Haus, in dem die
Fenster offen stehen und Kinder lachend durch die Flure laufen.

10. Kapitel

Geschenke aus der Quelle

Nicht-Tun

Nicht schwierig ist der erhabene Weg,
wenn du nur aufhörst zu wählen.
Shinjin-mei[1]

Es war einmal ein Soldat, der Zen übte. Wenn er meditierte, war die Stille so allumfassend, dass das Haus keinen Laut mehr von sich gab und die Mäuse und sogar die Grillen schwiegen. Als seine Frau dies ihm gegenüber erwähnte, sagte er: »Oh, das ist schlecht, ich werde mich noch mehr bemühen müssen.« Also verstärkte er seine Hingabe, und als er tief in die Meditation versank, begannen die Mäuse fröhlich um ihn herum zu spielen, ja sogar auf seine Kleidung zu springen, während er gelassen und heiter dasaß.

Wir vergessen oft, wie wichtig es ist, Nacht und Tag ins Haus und wieder hinauszuströmen zu lassen, während auf dem Hügel das Gras ganz von alleine wächst. Normalerweise sind wir nicht faul genug und bemühen uns zu angestrengt. Jeder kann etwas leisten, doch wirklich nichts zu tun verlangt Entschlossenheit. Eins zu werden mit dem Sitzen bedeutet eins zu werden mit dem Laufen, Arbeiten, Herumspringen, Traurigsein, Verliebtsein. Die Welt geht ihren

Gang, Frühling, Sommer, Herbst und Winter – und wir sind zu Hause. Die alten chinesischen Lehrer nennen das, was unsere Integrität uns dann tun lässt, »die Dinge des Buddha« – essen, trinken, lachen, die Kinder füttern, weinen, die Toten begraben.

Der Mann, dessen Aorta beim Segeln brach, sagte, dass ihm, als er sich nach seiner Operation erholte, etwas auffiel.

Das Gewohnheitswesen, die Meinungen und Gedanken, die ich sonst mit mir herumtrage, kamen zur Ruhe. Gewöhnlich formen diese eine Art von Schleier oder Puffer vor den Dingen. Doch sie waren still. Und das war sehr angenehm.

Wenn wir den Schleier unserer normalen Vorurteile fallen lassen, sind wir unserem Leben näher, werden getragen, ohne zu wissen, warum. Wenn wir die Heilung oder den nächsten Schritt in unserem Leben nicht sehen können und nicht mehr wissen, was wir erwarten sollen, kommt der Schritt, den wir tun müssen, einfach aus dem Nichts hervor, wie das Gras. Was auftaucht, um unserem Bedürfnis nachzukommen, erscheint aus einem Reich, das tiefer und älter ist als das Reich der Gewohnheit; er liegt unter unseren Füßen und unserer Bewusstheit, tausendarmig und jenseits unserer Kontrolle. Ohne Schleier, in Bescheidenheit und Nichtwissen zu leben bedeutet, dem Abgrund zu vertrauen, wie ein Schwimmer dem Ozean vertraut und leicht Hände und Füße bewegt; es bedeutet, durch den Tag zu treiben, wie Jungen auf einem Floß den Mississippi hinunter treiben. Die alten Chinesen nannten diese Aktivität »Nichtstun« oder »Nicht-Tun«. Dieses Nichtstun ist ein inneres Ereignis, das in energischem Handeln oder vollkommener Stille und Bewegungslosigkeit stattfinden kann. Nichtstun ist viel schwieriger, als wir denken.

Nicht-Tun, bei dem wir herumsitzen oder -liegen und faulenzen, wie es uns gefällt, ist eine Art Herausfallen aus unserem Leben, wie bei dem Mann, der aus seinen Gewohnheiten herausfiel, als seine Aorta aufbrach. Sichtbare und unsichtbare Hände werden ausgestreckt, und wir merken, dass wir schon immer durch vieles unterstützt wurden, das uns unbekannt ist und das jenseits unserer Pläne liegt. Genau wie Alice, die, als sie in jenem überraschenden, unkontrollierbaren Augenblick durch das Kaninchenloch nach unten fiel, auf einem Wandbrett ein Marmeladenglas fand, treffen wir in einem Feld der Wunder auf ganz gewöhnliche Dinge. Der ordentliche Verlauf von Frühstück, Mittag- und Abendessen nimmt uns gefangen und die Schönheit von Arbeit, von Tee und Marmeladenbrot, des Körperarsenals der Schmerzen, der flinken Füße des Regens, die auf trockenen Blättern auf uns zugehuscht kommen.

Anders als bei normaler Faulheit, bei der wir uns lediglich vor etwas drücken, das wir eigentlich tun sollten, ist die Faulheit des Nicht-Tuns von einer feinen, dichten Qualität. Im Vergleich dazu ist normale Faulheit harte Arbeit und ruft nach Zerstreuung. Wenn wir wahrhaftig nichts tun, tritt eine fruchtbare, sich weitende Stille ein. Nahe am Mysterium treiben wir dahin. Wir leisten keinen Widerstand gegen Illusionen, doch Illusionen finden nichts, woran sie sich klammern können. Inmitten des Handelns vertrauen wir auf die allgegenwärtige Stille. Wenn die Welt sich ohne unsere Hilfe selbst erfindet, nun, dann lassen wir sie machen. Wenn wir wahrhaftig nichts tun, lassen wir zu, dass das Fallen gut sein kann, dass uns, wenn wir fallen, Arme auffangen werden, dass die Welt uns gleichzeitig erhält und überrascht. Wir reagieren auf natürliche Weise, erfahren das Netz des Lebens, von dem wir ein Teil sind, wie das Wasser, das talwärts fließt, und die weißen Wolken, die der Wind vor sich her treibt.

Ab einem bestimmten Punkt bringen uns Erkenntnis und Einsatz nicht mehr in dichteren Einklang mit der Ewigkeit; unsere Liebe zu zarten Geschöpfen zeigt einen Weg auf. Franz von Assisi sprach mit den Vögeln. Der japanische Dichter Issa sorgte sich um die kleinen Formen des Lebens:

> Keine Angst, ihr Spinnen,
> ich mache selten nur
> Hausputz.

Durch Nicht-Tun, ohne drängende Pläne, trödeln wir im intimen Jetzt, wie ein Kind, das auf dem Heimweg von der Schule von Pfütze zu Pfütze springt. Dann kommt die Welt zu uns, und wir gehören ihr, im Morgenlicht der Tag-und-Nacht-Gleiche, wenn sich die Habichte im Aufwind der Landspitze emporschwingen, und am Nachmittag, wenn der Nebel aus dem Ozean aufsteigt und sich gleich einer Krake um die Pfeiler der Golden Gate Bridge schlingt. Endlich sind wir in diesem flüchtigen Leben zu Hause angelangt.

Die tausend Arme des Bodhisattvas

Klare Wasser erstrecken sich
zum weiten blauen Herbsthimmel,
aber wie viel schöner ist
der diesige Mond einer Frühlingsnacht!
Einige wünschen sich ihn in reinem Weiß,
doch alles Wischen ist umsonst –
du kannst den Kopf nicht leer machen.

Keizan Jokin[3]

Im Fluss des Nichtstuns leben heißt Geist und Seele verbinden, ohne sich ihren jeweiligen Anforderungen zu sehr zu ergeben. Die buddhistische Idee des Bodhisattvas gibt uns ein Symbol für die Synthese von Seele und Geist, die Verbindung von Klarheit und Liebe in einer Integrität des Seins. Der Bodhisattva transzendiert nicht die Welt, sondern bleibt in ihrem Wirrsal, um für die Erleuchtung aller zu arbeiten.

Am Anfang unserer Reise haben wir oft ein Ideal des inneren Lebens vor Augen, das sehr von Vollkommenheit, Gewissheit und Reinheit bestimmt ist. Mit der Integration der Seele interessieren wir uns mehr für das Erstrahlen des Mitgefühls und die bescheidene Teilnahme am Schicksal anderer Lebewesen. Dieses spätere Ideal umfasst auch die Freude an unserer Hilflosigkeit, an der Nacktheit, die dem Menschsein eine solche Schärfe verleiht.

Ein beliebtes asiatisches Bild des Bodhisattvas ist das eines dicken, fröhlichen alten Mannes mit einem Sack – der normale Mensch als spirituelles Wesen. Im Erscheinen zeigt er eine merkwürdige Ähnlichkeit mit Falstaff, unserer westlichen Symbolfigur für Appetit aller Art, dessen Sack sein Bauch ist und der die Welt verspeisen würde, wenn er könnte. Auch die asiatische Gestalt hat eine Verbindung zum Kreatürlichen, aber anders als Falstaff ist sie heiter-gelassen und hängt nicht an ihren Sinnesfreuden. Der Sack ist ein Füllhorn und enthält die ganze Welt. Unter anderem sind dort Süßigkeiten für die Kinder, die den alten Mann umschwirren wie Bienen einen Rosenbusch. An der Anwesenheit der Kinder können wir ablesen, dass unser Einsatz nicht darauf gerichtet ist, die Welt zu verschmähen, sondern sie zu pflegen. Auch Jesus bat die Kinder zu sich.

Die intime Nähe des Bodhisattvas zum Leben bedeutet, dass seine Zunge viele Stimmen hat – in dem Sack befinden sich viele Menschen. Wir müssen geräumig genug sein, um vielfältige Möglichkeiten des Seins einzubeziehen und dennoch an einem zentralen Kern festzuhalten. Lange bevor Robert Aitken ein geachteter Zenlehrer wurde, war er im Zweiten Weltkrieg in einem Gefangenenlager in Japan. Dort traf er den Übersetzer R. H. Blyth und fragte ihn: »Wie kann man alle Wesen retten?« Blyth antwortete: »Man rettet sie, indem man sie alle mit einbezieht.«

Der elendste Flüchtling, der Gefangene in Ketten – kein Mensch liegt außerhalb des Interesses, das ein Bodhisattva für uns hat, oder jenseits der Möglichkeit, sich zu einem Bodhisattva zu entwickeln. Auch nichtmenschliche Wesen – Schlangen, Wallabys und tasmanische Beutelteufel – können Bodhisattvas sein, uns im tiefsten Innern berühren und unser Herz öffnen. Es gibt unter uns immer Bodhisattvas, die sichtbar oder unsichtbar helfen. Sie lehren uns, trösten uns, helfen den Kranken, den Armen und den Verlassenen.

Das Wesen eines Bodhisattvas besteht darin, dass er seine

endgültige Erleuchtung verschoben hat. Befreiung würde bedeuten, diese Welt mit all ihrem Leid zu verlassen, nie mehr auf das Rad von Geburt und Tod gebunden zu werden; aber aus seinem Mitgefühl heraus hat der Bodhisattva gelobt, bei uns zu bleiben, uns in den sicheren Hafen zu geleiten, bis auch der Letzte von uns frei ist. Er hört unsere Schreie und weint mit uns, und solange noch eine einzige Kreatur leiden muss, wird er nicht weggehen. Er möchte das geringste aller Wesen erleuchten, selbst die Hügel und das Gras. Mit uns betritt er den Ort des Kleinen, des Privaten – das Reich der Seele.

Das Symbol des Bodhisattvas umfasst die Zeitlosigkeit der inneren Arbeit, das Gefühl, dass wir beim Meditieren eine Verbindung knüpfen zu ganzen Weltaltern menschlicher Anstrengung, dem mühevollen Aufstieg aus der Finsternis. Wir alle haben das Gefühl, dass die Reise Tausende von Leben gedauert hat und dass wir uns mit nahezu unendlicher Langsamkeit entwickelt haben, aus den Einzellern in der Ursuppe, den Weichtieren und den ersten schwimmenden Wirbeltieren. Wir stehen auf so vielen Vorfahren, haben so viele Mentoren gehabt, und unsere Mentoren haben Mentoren gehabt, und so weiter, bis in fernste Vergangenheiten und viele Leben.

Während wir uns entwickeln und aufsteigen, erkennen wir den Wert all dieser Seinszustände. Wir benutzen unser Bewusstsein nicht zur Flucht, um uns von denen abzusondern, die arbeiten und leiden, um uns den Tieren und Flüssen überlegen zu fühlen. Würden wir vollständig in das ideale Reich eintreten, trüge uns der Fahrstuhl der Bewusstheit hinaus aus unserer Welt und unserer Zärtlichkeit für ihre sich abplagenden Wesen. Doch der Bodhisattva widersteht der Versuchung, sich mit dem reinen Geist zu identifizieren, frei zu sein von der Qual der Wahl, den Schmerzen des Lebens, des Brotverdienens im Schweiße unseres Angesichts, des mühevollen Gebärens, des Zitterns vor Verlangen und der enttäuschenden Befriedigung. Der Bodhisattva erkennt die dunkle Seite des Geistes an – wenn wir in die Ewigkeit hinaufgehoben werden, verlieren wir das Interesse an unserer eigenen Menschlichkeit und können anderen nicht mehr helfen.

Aus Gründen der Seele also wählt der Bodhisattva die Ungewissheit und Unvollkommenheit, beugt sich herab zu uns und unserem Leiden. Er ist ein paradoxes, durch und durch menschliches Wesen, und er ist nur ganz, wenn er auch unvollständig ist. Wir könnten annehmen, dass wir anderen besser helfen können, je reiner wir vom Geist erfüllt sind, aber diese Gestalt zeigt uns, dass das Gegenteil zutrifft – wir sind durch die Unvollkommenheit mit dem Leben verknüpft. Dies ist ein Fortschritt gegenüber unserer ungewöhnlichen Vorstellung von Helligkeit, bei der der Heilige als von der Welt unberührt gesehen wird oder sich in einer Orgie der Entsagung aalt wie der von Pfeilen durchbohrte heilige Sebastian. Es gibt die Geschichte eines Zenschülers, der sich, um seine Ernsthaftigkeit zu beweisen, den Arm abhackte und wartend im Schnee stand. Diese heroische Geste (obwohl auch sie Unvollständigkeit schafft) ist typisch für die Demontage des Geistes – die Priester, die sich selbst auspeitschen, die Dorfbewohner, die sich jedes Jahr zu Ostern ans Kreuz schlagen lassen. Doch der Bodhisattva, der die Seele nicht vom Geist trennt, ist weder asketisch noch radikal. Seine tausend Arme bringen morgens die Sonne heraus und tragen uns nachts zur Ruhe.

Der Bodhisattva kann uns helfen, weil er eine Lücke hat, einen Spalt, durch den wir mit ihm zusammenkommen. Durch seine Schwäche ist er an die Welt gebunden, in der wir uns jeden Tag bewegen, mit ihren Träumen und zerschlagenen Hoffnungen, ihrem Blut, ihrer Trauer und Großmut. Der Bodhisattva zeigt uns, dass auch unsere Transformationen aus dem Ort hervorgehen, an dem die Dinge nicht heil oder befriedigend sind, dem Ort, an dem wir leiden.

Wir können die Wahrheit des Bodhisattva-Wegs in unserem täglichen Leben sehen. Wenn wir leiden, werden wir weicher. Eine Geschäftsführerin, deren Privatleben in Scherben lag, bemerkte ein Paradox – dass die Menschen sie jetzt zugänglicher fanden und häufiger um ihre Hilfe baten.

In einer Zeit, in der in meinem Innern größere Verwirrung herrscht als je zuvor, wenden sich die Menschen an mich um Hilfe. Ich war früher ziemlich kalt, aber das schaffe ich nicht mehr. Ich fühle mit den Menschen, die für mich arbeiten, und sie merken das. Auf der anderen Seite empfinde ich eine Einsamkeit, die mir vorher nie aufgefallen ist. Ich habe mehr Einfühlung und bin mir auch meiner eigenen Schmerzen bewusst, und ich weiß, dass ich mit mir selbst ins Reine kommen muss.

Jeder Schritt in die Bewusstheit bedeutet, eine alte Gewohnheit des Seins aufzugeben, und das unvermeidliche Leid dieser Veränderung besteht in Einsamkeit. Die Seele mit ihrem besonderen Talent zu Trauer und Vergnügen tritt durch Wunden im gesunden Fleisch in uns ein. Wenn wir unter Schmerzen leiden, ist es erstaunlich, zu wie viel Zärtlichkeit wir fähig sind und wie viel Freude wir aus dem Glück anderer beziehen. Selbst unsere Qual ist einer der Motoren, der die Welt erhält und unsere menschliche Freude möglich macht. Nur Engel und Ungeheuer haben immer ein starkes und reines Gewissen.

In einem alten chinesischen Sprichwort heißt es: »Warum hängen vollkommene Bodhisattvas am roten Faden?«

Der rote Faden ist der Weg der Leidenschaft – von Kummer, Liebe und Sex, Anbetung und Gram, Intimität und Ungewissheit. Wenn wir aus tiefstem Herzen lieben, schließen wir einen unsichtbaren Vertrag mit dem Geliebten – dieser Vertrag könnte so lauten: »Entweder werde ich an deinem Sterbebett sein oder du an meinem.« Der Gefährte der Liebe ist die Trennung. Wir wissen, dass die Liebe mit Verlust endet, aber auch, dass dieser Verlust selbst Reiches zu bieten hat – die unwandelbare Berührung der Haut, die Stimme der Eule, unsichtbar im hohen Eukalyptusbaum nach Mitternacht, wenn der Mond untergegangen und alles zur Ruhe gekommen ist.

Es gibt Gemälde von Höllenreichen, in denen der Bodhisattva mit Hörnern und rotem Gesicht im Feuer erscheint. Einerseits ist er in der Hölle, um auch noch die Dämonen zu retten. Andererseits ist selbst die Hölle schön für denjenigen, dessen Herz von Ruhe erfüllt ist. Wenn wir unvollkommen sind, gibt es immer etwas zu lernen.

Durch unsere Wunden strömt das Licht herein, und die Aufgabe des Bewusstseins ist es, dieses widerzuspiegeln, damit im Lauf der Jahrmillionen die menschliche Bewusstheit zunimmt. Wir alle tragen ein wenig zu diesem grandiosen Werk bei, indem wir den Verlauf des ewigen Weges in unsere Zeit markieren. In dieser Phase der Reise ist Integrität die Bereitschaft, sich auf das Unvollkommene und Lückenhafte, das Ungeformte oder Werdende einzulassen.

Das Unvollkommene lieben

Wie andere Gegensatzpaare wollen Geist und Seele ihr jeweils unterschiedliches Wesen ausdrücken. Zunächst müssen wir auf unserer Reise um der Klarheit willen diese Aufteilung erkennen und sogar fördern. An diesem Punkt sind wir wie Psyche, die das Getreide verliest. Wenn wir weitergehen, wird dieser Gegensatz jedoch etwas suspekt. Denn Seele und Geist haben neben einem Spaltungsdruck auch eine natürliche Kameradschaft, eine Vorliebe für Unterhaltung, ein gemeinsames Vergnügen an dem sich entfaltenden Augenblick.

Nach einer langen Reise auf getrennten Pfaden fühlen Seele und Geist sich zueinander hingezogen, weil jeder hat, was dem anderen fehlt. Nun wollen sie zusammen sein, und wenn sie es sind, dann erfahren sie höchste Ekstase. Sie erhellen einander, sind wunderschöne, aber schwierige Geliebte. Der Geist verlangt insgeheim nach Körperlichkeit, möchte hinuntersinken und sterblich sein, bluten, mit Kreislauf- und Menstruationsbeschwerden und kalten Zehen kämpfen. Ohne diese Schmerzen ist der Geist gespensterhaft, vage, treibt ohne Verbindung zur Erde dahin. Und die Seele, die mehr als genug über die Anfälligkeit des Körpers weiß, liebt insgeheim die Schwerelosigkeit, die Stimme des Soprans, die sich wie eine Lerche bei Morgenanbruch hoch über den Wiesen erhebt. Wir brauchen beide Reiche. Wir sind zugleich riesig und winzig, überaus empfindlich und friedlich.

Um das zu ehren, was unvollkommen ist, müssen wir unser Leben in seinen Einzelheiten lieben; die verwirrende Ehe und das Kind, das gerne liest, den Geruch schmelzenden Asphalts im Sommer, das wehmütige Vergnügen im Herbstnebel, das der Schlange von Autos ihren Adel verleiht. In diesen Augenblicken findet das Zwiegespräch zwischen Geist und Seele statt, und in ihrer Vereinigung verkörpert sich die Erleuchtung. Indem wir Seele und Geist zusammenhalten, retten wir die Liebe für die spirituelle Welt und erlauben der Erde, vom Himmel belebt zu werden. Es ist der Beitrag der Seele, der Mitgefühl aus dieser Verbindung hervorströmen lässt. Der Himmel seinerseits erhält Gewicht und Schwung und die entsetzliche Schönheit der Sterblichkeit. Wenn die zwei sich durchdringen, dann entsteht Harmonie in allen Dingen; das Kind spielt, der Sommernachmittag will nicht enden.

Im *I Ging* gilt es nicht als guter Zustand, wenn der Himmel über der Erde ist. Jedes der beiden Reiche entfernt sich vom anderen in sein eigenes reines Wesen, und immer weniger wird möglich. Der Geist fliegt hinauf, und die Seele stürzt hinab. Dann müssen wir abwarten und uns eine Zeit lang sorgen, bis sich alles wandelt. Dies ist das Hexagramm des »Stillstands«, bei dem es keine Vermischung gibt. Wenn sich andererseits die Erde über dem Himmel befindet, finden wir die Situation des »Friedens«. Die schwere Erde sinkt, und der Himmel erhebt sich durch sie hindurch. Sie durchdringen und formen sich gegenseitig. Nichts ist vollkommen oder rein, aber alles ist richtig.

Eine Frau ließ ihr Badezimmer durch einen in Japan ausgebildeten Schreiner renovieren. Es war eine langsame, präzise Arbeit, mit gewölbtem Holz und schiefen Winkeln, und jedes Detail schien perfekt zu sein. Doch als der Schreiner fertig war, führte er die Frau in den Raum und bat sie, sich zu bücken und in eine dunkle Ecke zu schauen. Er hatte in der Fußleiste mit Absicht einen kleinen Fehler gelassen. Dies ist ein sehr altes Prinzip: Es verhindert, dass die Götter neidisch werden, und erkennt an, dass Unvollkommenheit das Leben in unser irdisches Reich einfließen lässt und so einen Pfad schafft für Glück und menschliche Zwecke. In einem solchen Spalt wird Ungewissheit zur Überraschung, zum Wunder. Wir sind bereit, in ihn hineinzufallen, als wäre er das Glück selbst.

Das Mysterium im Herzen der Welt

Jede große Frage erzeugt ihren eigenen dunklen Kernschatten, der unser Warten, das Vergehen kostbarer Monate und Jahre verlangt. Die Integrität des Bodhisattvas zeigt sich, wenn wir in der Ungewissheit verharren, den inneren Kampf ertragen. Dann gehen wir schwanger mit dem Warten, stöhnen vor Warten, bis die Zeit uns zu Hilfe kommt und ein neuer Weg geboren wird.

In einem Brief an seine Brüder schrieb der Dichter John Keats über das Leben im Innern des Mysteriums:

> Ich verstand auf einmal, welche Eigenschaft einen erfolgreichen Menschen ausmacht, vor allem in der Literatur, und welche Shakespeare im Übermaß besaß – ich meine das *negative* Vermögen, das heißt, dass ein Mensch fähig ist, sich in Ungewissheiten, Mysterien, Zweifeln zu bewegen, ohne sich rastlos um Tatsachen und vernünftige Erklärungen zu bemühen.«

Zusammen mit der Ungewissheit erfasst Keats die grundlegende Unlösbarkeit unseres Dilemmas. Die Unvollkommenheit des Bodhisattvas erscheint als ein Nichtwissen, eine Offenheit in unserem innersten Herzen. An diesem Zustand wird sich nichts ändern; er gehört zur Wahrheit unseres Wesens.

An einem bestimmten Punkt kann auch unsere Weisheit das Wachsen behindern. Bei der inneren Arbeit ist es wie in der Diplomatie manchmal besser, die Dinge nicht klarzustellen. Am Anfang unseres Denkens sind die Dinge ungeformt und noch voller Energie. Die innere Arbeit verstärkt eine Art positiver Blindheit. Wir werden blind gegen die Welt, wir meditieren, anstatt zum Strand zu gehen. Gleichzeitig gibt unsere Blindheit uns Freiheit, wie sie Tiresias, dem blinden Seher, ein besonderes Wissen um das Schicksal verlieh. Wir sind wie das Kind, das eine Version der Jungfrau Maria sieht, während es »O weh, Maria, voll der Gnaden« betet – unser Nichtwissen scheint erfüllender zu sein als unsere Gewissheit.

Eine der Gründergeschichten des Zen-Buddhismus zeigt, was es bedeutet, in der Unbestimmtheit zu ruhen. Sie handelt von Bodhidharma, einer halblegendären Gestalt, die vor langer Zeit die Meditationstradition von Indien nach China brachte. Kurz nach seiner Ankunft in China wurde er vor den Kaiser Wu von Liang gerufen:

> Der Kaiser, der viele Klöster gestiftet hatte,
> fragte:
> »Welches Verdienst mag ich mir dadurch
> erworben haben?«
> »Gar keins«, antwortete Bodhidharma.

> Daraufhin fragte der Kaiser: »Was ist das erste
> Prinzip der heiligen Lehre?«
> Bodhidharma erwiderte: »Weite Leere, nichts
> von heilig.«
> »Wer steht dann hier vor mir?«, fragte immer
> verwirrter der Herrscher.
> »Ich weiß es nicht«, sagte Bodhidharma.

Wir können über das Mysterium nichts Direktes sagen. Und
doch bewegen wir uns jeden Tag in ihm und durch es hindurch und werden durch sein Wohlwollen erhalten. Während wir seine Wege erlernen, nimmt sich die Leere unter unseren Füßen unserer an. Die Finsternis gibt Zuspruch,
Nichtwissen ist im Überfluss da. In unserer Blindheit vertrauen wir, verlassen wir uns auf das, was jenseits der Grenzen der Bewusstheit liegt. Weil wir durch unser Sehen nicht
blockiert werden, sind wir wie Rekonvaleszenten, wir spüren, wie die tausend Arme des Kuan Yin uns emportragen.
Bodhidharmas Integrität besteht darin, keine Behauptung
aufzustellen, sodass er alles annehmen kann, was da kommt.

Einschlafen

Einschlafen ist traditionellerweise ein Bild dafür, dass wir
mit unserem Nichtwissen eins werden. Es ist nicht wie
Nichtstun, sondern dringt noch tiefer in das dunkle Zentrum
und erlaubt der Phantasie der Welt, durch uns zu wirken, so
wie im tatsächlichen Schlaf Träume auftreten. Dieser Schlaf
ist ohne die für die früheren Abstiege charakteristischen Ele-

mente des Kampfes und Opfers; er bezieht auch Finsternis und Blindheit als fruchtbaren Grund mit ein. Auf diese Weise einzuschlafen bedeutet, in die Ewigkeit, in das Tao, in das Reich der Magie und Überraschung zu fallen. Es bringt Glück, lässt die Zeit ihren Lauf gehen und das Universum uns zu Hilfe kommen. Alte Gemälde zeigen Bodhisattva Manjushri schlafend auf dem Rücken seines ebenfalls schlummernden Gefährten, des Löwen. In den Balladen der schottischen Borders schlafen junge Männer und Frauen auf einem Hügel ein und werden für sieben Jahre in das Reich der Feen entführt.

Im Folgenden beschreibt eine Schriftstellerin, wie es ist, sich zu ergeben, durch das eigene innere Leben übermannt zu werden:

Ich setzte mich hin, um an meinem Roman zu arbeiten, und fühlte einen solchen Widerstand, dass ich meine Augen nicht offen halten konnte. Ich nickte ein und war für zwanzig Minuten weg. Als ich aufwachte, musste ich mich gewaltsam zwingen, mich an den Schreibtisch zu setzen. Aber dann floss die ganze Szene einfach heraus.

Es gibt eine enge Beziehung zwischen Finsternis und Kreativität. Damit soll nicht gesagt werden, dass Künstler entweder Säufer oder unglücklich sein müssen – das ist eine sehr naive Vorstellung. Es ist einfach so, dass der Weg nach oben über den Weg nach unten führt.

Wenn wir in einen neuen Augenblick oder eine neue Arbeit eintreten, fehlen uns die nötigen Fähigkeiten, weil wir noch nicht wissen, was wir brauchen. Wir fühlen uns minderwertig, bedrückt, hoffnungslos. Wir denken vielleicht, dass wir überhaupt keine Fähigkeiten haben und nie wahres Talent besessen haben. Durch diese Emotionen hindurch beginnen wir wieder einen Abstieg. Schließlich entdecken wir von neuem, dass man in der Nacht nur eines tun kann: schlafen – uns dem Mitgefühl hingeben, mit der Düsternis um uns herum eins werden – und dann zurück in das Erwachen stolpern, indem wir die uns zugewiesene Aufgabe übernehmen und uns an die Arbeit machen. Der Musiker spielt, die Krankenschwester kümmert sich um die Patienten, der Makler verhandelt, der Pilger meditiert. Wir machen beharrlich weiter – erschöpft und verzweifelnd waten wir langsam durch den Matsch. Der böse Engel der Stimmung drückt wie ein Grab auf unsere Brust. Wir akzeptieren diese schwere Last und geben uns damit zufrieden, hilflos, töricht und ohne Hoffnung zu sein. In dieser Zufriedenheit ruhen wir. Wie in einer Hängematte, wie in den Armen unserer Mutter. In der Ruhe werden wir wieder geboren: Türen öffnen sich, Lichtstrahlen fließen durch die Finsternis. Dann schöpfen wir neue Kraft. Die Luft prickelt, die Berge sind lebendig, wir haben den neuen Augenblick erreicht.

Es heißt, die letzte Kalligrafie des großen Zenmeisters Yamamoto Gempo sei das Schriftzeichen »Traum« gewesen. Wie fern sind doch Vergangenheit und Zukunft, wie unbedeutend alles, was wir getan haben. Selbst unsere Verbrechen werden im Rückblick vage. Der Traum umgibt die Daten der Sinne mit der nötigen Verschwommenheit. Mit unseren Träumen erwecken wir die Welt und uns selbst zum Leben, und die Fetzen und Fahnen der Ewigkeit hängen als unveränderliche Frische noch an uns. Chuang-tse träumt, er sei ein Schmetterling, und er erwacht und fragt sich: »Bin ich ein Mensch, der träumte, ein Schmetterling zu sein, oder bin ich ein Schmetterling, der träumt, ein Mensch zu sein?«

Das Unvollkommene zu segnen, in das Nichtwissen eintreten heißt, freiwillig in die Finsternis, zur Quelle zurückzukehren. Der Abstieg in das Mysterium ist eine späte Form des Sturzes in die Nacht. Mysterium ist das, was wir nicht wissen, was nicht einzuordnen ist, dem wir keine Gestalt oder Ordnung geben können; es zeigt uns, dass im Herzen des Lebens die Überraschung wartet, Furcht erregend, aber auch köstlich.

Die Schwerfälligkeit des Wirklichen

Wenn wir einen Elch anschauen, ist er ganz anders als die Vorstellung von einem Elch. Er ist nicht hübsch, schlank oder elegant. Er hat Zecken am Hals, sein Fell ist fleckig im Sommer, und die Art, wie er sein Bein streckt und über die Schulter zurückblickt, erregt alles andere als Bewunderung. Der Unterschied zwischen dem Tier und der Vorstellung des Tieres ist die Schwerfälligkeit oder Schwere.

Die Unvollkommenheit des tatsächlich Seienden zu genießen ist eine Art der Integrität, die in den Sinnen verankert ist. Wie andere Formen des Glücks ist auch dies eine eigene Disziplin. Sie schafft ein Gefäß für die Phantasie, die sich nicht einstellt, wenn wir einfach etwas erfinden, ohne uns auf die wirkliche Fremdartigkeit des Lebens zu beziehen. Wenn wir die Schwerfälligkeit willkommen heißen, treten wir in unser eigenes Leben ein. Aschenbrödel ist besser auf die Welt vorbereitet als ihre Schwestern, weil sie putzt und näht – ordentliche, unbequeme, unromantische Tätigkeiten, die zur Formung ihres Charakters beitragen. Von dieser Grundlage aus fließen ihre Phantasie und ihre naiven, unzufriedenen Träume aus der kleinen Hütte hinaus und die Stufen zum Palast hinauf. Schwere ist eine Disziplin, die ihr zur Freiheit verhilft.

Schwere bedeutet eine rückwärts gewandte Bewegung, und immer wenn der Geist vorprescht und auf ein Ideal zuschießt, gibt uns diese rückwärts gewandte Bewegung Gleichgewicht, schließt die Seele mit ein. Die Erfahrung der Schwere ist zweifach und beginnt mit einem Gefühl des Schocks. »Das habe ich nicht erwartet«, denken wir. Bei genauerem Hinsehen erkennen wir dann: »Aber es ist wahr, es gehört hierher, es ist wirklich, es stärkt mich.« Wir finden in uns eine Zärtlichkeit für das, was offenbart wurde, obwohl wir uns nicht darum bemüht haben. Auf ebendiese Weise bringen uns die normalen Leiden des Lebens den schwellenden Stachel der Schwere, brechen den Bann des Routinebewusstseins. Mit dem Vertiefen von Charakter und Gleichgewicht wird aus dem, was beim zweiten Abstieg noch ein Trauma gewesen wäre, etwas, das man beobachtet, eine Welle im Universum.

Die alten chinesischen Lehrer versuchten, die Überraschung des Wirklichen durch Schreie oder Schläge wiederzugeben. Einer der größten dieser Weisen, Linji, stellte seinem Lehrer dreimal dieselbe Frage über die fundamentale Wirklichkeit, und dreimal schlug sein Lehrer ihn. Er wusste nicht, was er davon halten sollte, erzählte die Geschichte einem anderen Lehrer und sagte: »Ich weiß nicht, ob es mein Fehler war oder nicht.« Der zweite Lehrer sagte: »Er bewies dir all seine großmütterliche Herzenswärme, und du kommst und fragst, ob es dein Fehler ist oder nicht?«, und bei diesen Worten erfuhr Linji ein großes Erwachen.[6] Man denkt leicht, dass die Schläge des Lehrers obskur und vergangen sind, aber diese Geschichte kam einer Frau zu Hilfe, als sie von den Schlägen der Vergänglichkeit getroffen wurde.

Als mein Vater im Sterben lag, konnte ich es nicht verstehen. Wie Linji traf mich ein harter Schlag, und ich wehrte mich nicht. Bis in die Zehen war ich voller Einfalt und Unverständnis. Ich ging in meine Angst und meinen Kummer und auch in seine Schmerzen hinein, nicht um sie zu ändern, sondern nur um ehrlich in sie hineinzugehen. Und ich merkte, dass dieser unverdauliche Schmerz auch sehr befreiend ist. Ich war nicht mehr außerhalb der Dinge, sondern wurde vom Universum getragen. Ich wusste nicht, warum er starb, aber ich vertraute meinem Sterben. Jetzt, da ich ihn verloren habe, ist er überall und auch in mir. Ich bin jetzt mein Vater.

Wenn wir einem neuen und schwierigen Ereignis gegenüberstehen, ergreifen wir gewöhnlich die Flucht oder versuchen, uns nach ihm auszurichten. Einem können wir jedoch nicht entkommen, nach einem können wir uns nicht ausrichten: der Schwerfälligkeit, der heiligen Groteskerie in jeder Beziehung, ob zu einem Baum, einer Arbeit oder einem Menschen. Wenn wir diese schmerzhafte Dissonanz in unserer Erfahrung willkommen heißen und mit ihr eins werden, finden wir den Frieden dessen, der sich am richtigen Platz im Leben befindet. Auch wenn wir gerade einen Schlag erhalten haben oder ins Gefängnis geworfen wurden, werden wir nicht übermäßig leiden, weil wir unseren Frieden mit der Ewigkeit gemacht haben. Die Schwere ist so wahrhaftig, dass sie uns in sich hineinzieht, uns in die Gemeinschaft des Wirklichen zieht.

Schlangensuppe, eine Madeleine, Winterregen

Wenn wir in die große Ungewissheit und Not eingetaucht sind, beginnt unwillkürlich wie ein Traum, ein geläufiger Prozess. Eine Scherbe der Welt erscheint, um uns zu retten – ein tröstendes Bruchstück, ein unpassendes Fragment. Wir bemerken etwas, denken zurück an etwas, werden an etwas erinnert – und dieses unbedeutende Bruchstück holt uns aus dem Nebel und zurück ins gemeine Leben. In der Ungewissheit und Mehrdeutigkeit finden wir eine Stille, einen Raum zwischen den Dingen, und aus der Stille selbst dringt etwas Neues hervor, wie Tulpen aus dem dunklen Boden.

In einem solchen Augenblick ist alles von Wunder durchtränkt. Wir unterscheiden nicht zwischen unserem Schmerz und unserem Vergnügen. Schmerz kann transformierend und befreiend sein, Vergnügen kann steril sein. Uns fasziniert, was erscheint, noch ehe wir uns für seinen Namen interessieren. Der Bodhisattva schafft Licht, indem er nahe an der Finsternis arbeitet, indem er in das Nichtwissen eintaucht. Er legt sich wie der tote Gott in das Mysterium. Dort, in der »glückvollen Finsternis«, wie Juan de la Cruz es nannte, erscheinen Anblicke und Geschmackseindrücke. Diese werden ein Leben lang anhalten – Sommerblitze, ein rotes Feuerwehrauto in einem Sandkasten, ein Spaziergang am Strand, bei dem ein Freund von Selbstmord spricht; ein Mann, der den Kopf in die Hände gelegt hat und weint; Hände, die zittern, und Beine, die ebenfalls anfangen zu zittern; riesige Finger und die Knöpfe, mit denen sie kämpfen, so klein, so klein; der Körper, der zum ersten Mal erscheint, erstaunlich wie der Mond. Wir stolpern über diese fabelhaften Stücke, die nicht wegen ihres Inhalts leuchten, sondern weil sie vor dem finsteren, ewigen Grund stehen. Und das neue Leben bringt neben dem Wunder auch einen Sinn für Humor, den Instinkt des Augenblicks und die Fähigkeit, das Unpassende mit einzubeziehen, wie eine alte chinesische Geschichte zeigt:

> Der Koch des Tempels war in Eile und sammelte mit dem Gemüse für die Suppe auch eine Schlange ein. Jeder dieser hungrigen Vegetarier stimmte zu, dass die Suppe köstlich war. Unglücklicherweise fand der Abt in seiner Schüssel den Kopf der Schlange. Der Koch wurde herbeigerufen: »Siehst du dies?«, fragte der Abt. Sofort ergriff der Koch den Schlangenkopf und aß ihn. »Oh, danke«, sagte er, drehte sich um und ging wieder.[7]

Phantasie erscheint zunächst als Erlösung, als Sprung, der uns in einem unmöglichen Augenblick rettet. Später wird uns klar, dass die Phantasie überall ist – die Welt, die uns träumt, während wir die Welt enträumen. Doch zunächst wirkt sie erlösend. Neues Leben macht die Zerstückelung wieder gut, die bei seiner Entstehung mitwirkte. Das unendlich teilbare Leben schafft weiteres Leben. Jedes Stück ist das Kind Horus, das geboren wird, das Jesuskind, das inmitten des Strohs in der Krippe die Arme emporstreckt.

Fragmente sind auch Geheimnisse, durch ihre Zeit in der dunklen Höhle leicht veränderte Schätze. Sie können nicht vollends ins Licht geholt werden, weil sie nichts bedeuten, sie *sind* – Leben, die Stücke im Schrein; in endloser Weise endlos zusammengefügt. Wiederholung, ein Kuss, eine Art zu liebkosen, die sich entwickelte, weil kein Bett vorhanden war und unbeholfene Umarmungen in botanischen Gärten und Autos genügen mussten, ein Teil des Körpers, der zur Ikone wird, die Körperteile – Oberarm, Wölbung des Bauchs –, die mit Emotionen beladen sind, weil sie nahe an den versteckten Teilen liegen: all diese Fragmente binden uns in die Netze des Lebens ein. Wir sind alle zerstückelt und alle gesegnet.

Träume, der Seele nächtliche Abrechnung mit sich selbst, zeigen oft den Zustand des Nichtwissens und der anschließenden Neugeburt. Den folgenden Traum träumte ein buddhistischer Lehrer, kurz bevor er zu lehren begann, ein Traum, in dem die Desintegration als der Anfang von Unabhängigkeit und Kraft erkennbar wird.

Ich war ein ungeborener Faun im Bauch der Ricke. Kojoten begannen, das Reh zu jagen, und ich spürte das Schaukeln, als die Mutter rannte. Andere Rehe konnten entkommen, aber die schwangere Ricke war nicht so schnell und wurde, obwohl sie hart kämpfte, niedergezogen und in Stücke gerissen. Auch ich wurde gefressen. Nur die Knochen blieben übrig, weiße Knochen auf felsigem Grund. Dann fügten sich meine Knochen wieder zusammen, und ich sprang auf. Eine wilde Kraft fuhr in mich. Ich war erregt. »Nehmt euch in Acht, Kojoten«, schrie ich und stürzte mich auf sie. Die Kojoten flohen.

Der in Stücke gerissene, vom Leben verspeiste und wieder zusammengefügte Mensch ist ein verbreitetes Motiv bei den Schamanen. Mit Hilfe dieses Traumes können wir den individuellen Prozess hinter der mythischen Geschichte des Gottes verstehen, der stirbt und wieder geboren wird. Da gibt es Verwunderung, Demütigung, Verlust. Aber etwas folgt nach. Knochen verrotten nicht einfach so. Jenseits von Geburt und Tod sind sie das Leben, das selbst nach unserem Tod nicht zerstört wird. Da der Träumende hier immer noch aus Knochen besteht, können wir auch eine weitere Entwicklung erwarten, bei der die Seele den Menschen vollständig bewohnt. Der Schamane bringt wie der Bodhisattva Wissen zurück zum Wohle der Gemeinschaft, und dies ist auch das Ziel der Seele: das Licht des Geistes auf die Erde herabzubringen. Zerstückelung bedeutet nicht nur körperliche Schmerzen. Sie umfasst auch Hilflosigkeit, die Inkompetenz und Unbeholfenheit, die eine solch große Rolle im Menschsein spielen, den Weg des Bodhisattva. Wer keine Hilflosigkeit erfahren hat, ist nie wirklich Teil dieses einen tatsächlichen Lebens gewesen.

Derselbe Lehrer sprach davon, wie bestimmte Erlebnisse ihm in schwierigen Zeiten Auftrieb gaben.

Ich bin viel herumgekommen, aber ich bin immer daheim, wenn ich Winterregen aufs Dach fallen höre. Dieses Geräusch bringt den Wind, das Feuer im Gasofen, den Geruch nach feuchter, dampfender Wolle mit sich. In meiner Kindheit erschütterten Stürme das Haus, und meine Mutter ließ uns für die Seeleute beten. Das Feuer und das Wetter bringen meinen Großvater zurück. Er stützte immer die Ellbogen auf den blauen Küchentisch, rauchte Players-

Zigaretten mit Korkfilter und einem Anker auf der Packung und erzählte. Seine Geschichten führten mich aus meinem Stuhl am Ofen hinaus zu atlantischen Stürmen, zerbrochenen Masten, dem Verspeisen der Schiffsratten und anderen Freuden. Wenn ich Schmerzen habe, erscheinen bestimmte Dinge – Erinnerungen oder ein Geschmack, der Erinnerungen auslöst, wie süßer Tee mit Milch. Sie machen die Welt wieder möglich.

Jedes noch so kleine Stück des Universums kann es im Ganzen zurückbringen – es hat die Macht, die Welt neu zu erschaffen. Für Proust war der Geschmack einer in Tee getunkten Madeleine das Tor zum Garten der Kindheit, wo die Vergangenheit ganz da war mit ihrem Essen, ihren Unterhaltungen, Bediensteten, Großmüttern und Umarmungen. Und durch die Vergangenheit wurde die Gegenwart lebendig.

Genauso geht es mit den Bruchstücken der Welt. Für diesen Mann musste es der Geruch feuchter Wolle, das Geräusch eines Wintersturms sein; kein anderer Geruch, kein anderer Klang oder anderer Geschmack hätte diese Wirkung gehabt. Vor langer Zeit wurde Lingyun erleuchtet, als er einen Weg entlangging und auf der anderen Talseite Pfirsichblüten sah. Ihr Purpurrot warf ihn in ein neues Leben. Apfelblüten hätten bei ihm keine Wirkung gezeigt. Das Ewige tröstet uns durch den *Genius loci* eines Ortes, und alles Gewöhnliche hat seinen eigenen Zauber. Dieser Zauber lässt uns überleben. Er schafft uns neu aus der riesigen Nacht und verstreut uns großzügig in der Welt.

Das Kind des Mönchs

In der Quelle zu ruhen macht uns offen. Was wir nicht wissen, erlaubt dem Tao, seine Arbeit zu tun. Wenn wir in Ungewissheit existieren können und die Dinge in dem Nebel annehmen, in den sie so oft gehüllt sind, werden sie schließlich von selbst klar werden.

Hakuin war ein großer, japanischer Meister, der die Zenschule der Erleuchtung wieder belebte. In hohem Alter unterrichtete er Feudalherren und Dorffischer, und er soll sich bei jedem wohl gefühlt haben. Eine Geschichte aus seiner Jugend zeigt, dass er schon damals wusste, wie man das Leben sich selbst erklären lässt. Diese Geschichte ereignete sich vor mehr als zweihundert Jahren in Japan, aber sie trägt sich auch heute zu.

Hakuin befand sich in der Ausbildung; er schlug sich schlecht und recht mit Betteln durch und meditierte bis spät in die Nacht. In der Nähe wohnte ein wunderschönes Mädchen. Hakuin dachte nicht, dass er irgendetwas mit ihr zu tun hatte, aber er irrte sich, denn das junge Mädchen wurde schwanger, und obwohl sie es zu verbergen suchte, nahm die Natur ihren Lauf.

Als ihre Eltern es herausfanden, war das Mädchen nicht zu beneiden. »Wer ist der Vater?«, fragten sie, aber das Mädchen wollte ihn schützen und gab keine Antwort. Schließlich brachen die Eltern mit gutem Zureden und

Drohen ihren Widerstand, und die Tochter
sagte: »Es war der Mönch am Ende der
Straße, der mich in diesen Zustand gebracht
hat.«

Also packten die Eltern, die genauso impulsiv
waren wie ihre Tochter, den Säugling und
stürmten mit ihm durch die Tür von Hakuins
kleiner Hütte. »Hier«, riefen sie. »Damit sollst
du nicht davonkommen! Wir wissen alles über
Mönche wie dich. Es ist dein Kind. *Du* küm-
merst dich darum.«

»Ist das so?«, fragte Hakuin und streckte die
Arme aus.

Nun musste er also hinausgehen und um Essen
für den Säugling betteln. Niemand wollte
einem solchen Mönch etwas geben, weil seine
Moral – das sei ja wohl offensichtlich –
schrecklich gewesen sein müsse. »Wozu dem
hier Geld geben?«, sagten sie sich. Währenddessen musste er meditieren und das Kind im
Arm wiegen, es waschen, es füttern. Dies war
nicht das Leben, das er sich vorgestellt hatte,
als er Mönch wurde.

Mit der Zeit ging es dem jungen Mädchen immer schlechter. Sie vermisste ihr Kind. Also
ging sie zu ihren Eltern und sagte: »Es tut mir
Leid, aber der Mönch hatte nichts mit mir zu
tun. Ich wollte nur den Fischerjungen nebenan
decken.«

Ohne weiter zu überlegen, stürmten die Eltern
wieder in Hakuins kleine Hütte. »Tut uns

furchtbar Leid«, riefen sie, »schrecklicher
Fehler. Du warst es ja gar nicht. Wir nehmen
das Kind jetzt wieder mit.«
»Ist das so?«, fragte Hakuin und übergab
ihnen das Kind.[8]

Dieser »Ist das so?«-Geist hat viele Namen. Er wird zum Beispiel die »Juwelspiegel-Meditation« genannt, das heißt, er ist
ein Spiegel, der alles, was in ihm erscheint, in vollkommener
Weise reflektiert. Wenn ein Emu kommt, wird der Emu mit
seinem dürren Hals widergespiegelt; wenn ein Säugling
kommt, wird der Säugling mit seinem vagen Blick widergespiegelt, und wir sehen ihn in aller Reinheit.

Im Alter von sechzig Jahren wollte der berühmte chinesische Meister Chao-chou (Joshu), ehe er mit dem Lehren begann, sein Verständnis schärfen. Also ging er auf eine zwan-
zigjährige Pilgerschaft, um mit den größten Weisen seiner
Tage zusammenzukommen. Er sagte: »Wenn ich einen Hun-
dertjährigen treffe und ihm etwas beibringen kann, so tue ich
dies; wenn ich ein Kind von sieben treffe und es mir etwas
beibringen kann, so werde ich von ihm lernen.«[9]

Neben Hakuins empfangsbereiter Klarheit zeigte die Geschichte mit dem Säugling noch etwas Anderes. Jemand
muss das Kind wollen, muss sich des Kindes annehmen,
muss Anspruch erheben auf den verschmähten Säugling, den
kleinen Moses, das Jesuskind. Wie viele Babys werden auf
diese Weise in die Welt gebracht? Indem Hakuin den Säugling annahm, sagte er »Dies ist mein Kind« und segnete das
kleine Leben, das die Welt seinen Armen übergeben hatte.

So wie mikroskopisch kleine Wesen in heißen vulkani-
schen Spalten in tiefen Gräben des Pazifiks leben oder Albat-

rosse sich in den Stürmen über der weiten Südsee treiben lassen, so lebt der Bodhisattva dort, wo das Universum sich ständig im Entstehen befindet. Es ist ein ungewöhnliches, aber im Grunde natürliches Habitat. Hakuin konnte sich in das ihn umgebende, bedrängende Leben einfühlen, und dieses Einfühlungsvermögen macht ihn auch für uns noch interessant. Wir hören seine Geschichte und versuchen zu verstehen, wer so reagieren könnte, wie er es tat, versetzen uns an seine Stelle, in seine Taten und Worte. Er empfand Barmherzigkeit für Träume und Überschreitungen, Treue zu allem, was das Leben ihm brachte – Säuglinge, Arbeit, Lesen, die Leiden des Krieges und die Träume des Friedens. Indem der Bodhisattva das Leben Anderer als sein eigenes empfindet, tritt er aus seiner eigenen Gestalt, seinem Ich heraus und schreitet durch das Nichts in das Leben des Anderen. Andere Wesen zu retten ist die Aufgabe des Bodhisattvas; in seiner Vorstellung mit ihm eins zu werden, ist seine Methode.

Die Kraft der Vorstellung

Die unermessliche Imagination der Welt bringt Flüsse und Kiefern hervor, Statuen von schönen Männern und Frauen zwischen Ruinen, Krieg, Mangosaft trinkende Menschen unter Sonnenschirmen, uralte Städte mit engen Gassen, Wäsche hoch oben im Sonnenschein zwischen den Balkonen, Granatlöcher in weißen Mauern, auf den Ellbogen liegende Eukalyptusbäume, umgeben von Termitenhügeln, rote Kängurus, Mathematik und das Streben nach spirituellem Verstehen. Das Mysterium unter uns träumt, malt sich aus, schafft – und in unserer demütigen und turbulenten Art imitieren und preisen wir es. Die alte griechische Wurzel des Wortes *Poet* bedeutet »Macher« oder »schöpferischer Mensch«, und als John Dunbar um seine Freunde trauerte, nannte er das Gedicht »Lamento für die Macher«. Doch die Vorstellungskraft des Mysteriums selbst erschafft uns alle – Blumen, Geschichten und die Geschichtenerzähler.

Die Vorstellungskraft ist nicht unsere eigene, sie ruft nur die Dinge um uns herum ins Leben, wie eine Koralleninsel im Südpazifik auftaucht, mit ihren überhängenden dichten Haufenwolken, den sich im Passat neigenden Palmen und der Brandung, die gegen die Außenriffe schlägt. Wir verursachen die Vorstellungskraft nicht und verdienen sie auch nicht, aber dennoch ist sie ein Teil von uns und hilft uns durch jeden Tag. Wir verwenden die Reichtümer der Welt auf das Demütigste – tragen Kleidung und spazieren in der Sonne – und gestalten auf diese Weise sowohl uns als auch die Welt. Die Vorstellungskraft verbindet uns mit unseren Ursprüngen – sie ruft uns aus dem Nirgendwo herbei und schickt uns dorthin zurück, wenn alles getan ist. Aus dem Himmel fiel eine Helligkeit, und wir tragen sie stets und überall in unserer Brust. »In jeder Pfütze zeigt sich derselbe Mond«, sagen die chinesischen Dichter, und in jedem von uns ist eine Phiole des Urlichts. Durch die Kraft unseres Wirkens und Vorstellens dienen wir dieser Quelle und verknüpfen den Geist mit der Seele.

Die Geburt der Phantasie aus
der Finsternis

Der grundlegende menschliche Vorstellungsakt besteht darin, den anderen zu sehen, zu erraten, was er braucht, mit dem anderen in Kontakt zu treten, der andere zu *sein* und dadurch unser eigenes Ich zu formen. Durch dieses Einfühlen macht unsere Angst vor der tiefen Nacht einer nachdenklichen Traurigkeit Platz, einem Verständnis der Not unserer Lage. Ausdruck ist alles, und doch fließt das Leben hindurch und fällt wie ein Traum von uns. Unter unserer Angst liegt also eine gesellige Einsamkeit, ein heiteres Licht. Dieses Licht ist demütig; es erhebt keinen Anspruch auf strahlendes Leuchten und hat nichts Grandioses oder Egoistisches an sich. Es ist ein stetes Glühen voller Herzenswärme.

Wenn wir vollständig in unserer Angst wohnen, offenbart sie sich als Zärtlichkeit gegenüber dem Leben. Dann lässt sie uns Bilder, Geschichten, Musik erschaffen. Basho stieß auf seinen Reisen auf ein altes Schlachtfeld mit überwucherten Grabhügeln und verrosteten Eisenteilen in der Erde:

> Sommergras…!
> Von all den Ruhmesträumen
> die letzte Spur…[10]

Hier hat der Wanderer Erinnerungen an jene, die er nie kannte, und empfindet an ihrer Stelle Einsamkeit, und seine Einsamkeit breitet sich wie eine Art Licht aus; der Geschmack der Sterblichkeit führt in eine zeitlose Welt.

Bei jedem neuen Schritt fallen die von uns errichteten

Mauern zusammen wie die von Jericho. Unsere Angst davor, uns zu ändern, ist ebenso groß wie die, uns nicht zu ändern – unser Wandel verlangt, dass wir uns in die ausgestreckten Arme der Welt fallen lassen, in einen Schlaf dessen, was wir schon wissen. Wir müssen darauf vertrauen, zum rechten Zeitpunkt geweckt zu werden.

Sie erinnern sich vielleicht an die Geschichte von dem großen Meditationslehrer, der im Alter noch begierig war zu lernen. Seine Frau war nach langer Ehe gestorben. Er trauerte und schien, wie so viele Menschen es tun, einige ihrer Eigenschaften anzunehmen. Seine Freunde fanden, er sei zugänglicher, interessierter an der Art von engen Beziehungen, die seine Frau früher in sein Leben gebracht hatte. Es war, als wäre sie noch bei ihm und als wäre ihr Gang in die Finsternis ein Gang in ihn, ihren langjährigen Gefährten, hinein. Dennoch war es eine schwierige Zeit. Er wusste, dass er über den Berg war, als er einen Traum hatte – von Kästen voller kleiner Pflanzen in einer Pflanzenschule, die gut gediehen und demnächst ausgepflanzt werden konnten.

In diesen grünen Pflanzen steckt Zeit, Zeit und weitere Arbeit, die erledigt werden muss. Ihr Leben ist zart, aber nichts ist so mächtig wie das Neue. Wenn wir uns an der Wachstumsspitze unseres Lebens befinden, sind unsere Träume voller Babys, junger Tiere, Sämlinge. Die neue Arbeit, die neue Musik, die neue Idee, das sich entwickelnde Bewusstsein sind Versuche, einen Weg in die Welt zu finden. Auch das Bild des Gewächshauses ist wichtig. Das Leben wird nicht nur durch Glück und gutes Wetter gefördert. Alles – Trauer, Abfall, das undefinierbare schwarze Material – nährt unsere Vorstellungskraft. Ein Verlust kann uns wieder in die Pflanzschule bringen.

Tränen und Perlen

Eine Künstlerin träumte vom kreativen Prozess selbst, dem Schaffen der Seele und den in der Finsternis geborenen Verbindungen zum Geist. Die Kusine in dem Traum ist jemand, der der Träumenden nahe steht – vielleicht sie selbst in Verkleidung.

> *Meine Kusine wohnt nahe an der Küste in einer kleinen Hütte, wo sie Perlen und Perlmutt züchtet. In einem großen Bottich sind verschiedene Muscheln. Ich hebe eine Muschel auf – es ist keine Auster, sondern eher ein vierkammeriger Nautilus und ganz, ganz weich. Ich zerquetsche ihn fast, als ich die Perle herausziehe. Mir wird klar, dass sie noch zu klein ist, und ich lege die Muschel zurück in den Bottich. Die Muscheln werden mit einem Ingwerextrakt, einer heißen, dicken, schwarzen Substanz, gefüttert. Die Hütte meiner Kusine steht direkt neben der großen Firma ihres Mannes. Ihre Hütte ist sehr gewöhnlich, und niemand merkt, was dort vor sich geht. Es ist sehr dunkel darin.*

In diesem Traum wirkt die Vorstellungskraft unsichtbar – mit und in der Dunkelheit – und schafft Schönheit und Bilder des Geistes. Perlen entstehen durch die Reizung des Weichtieres: Unser Leiden wird in Juwelen verwandelt. Perlen sind auch der geheimnisvollste Schatz der Erde, sie fordern uns auf, in sie hineinzuschauen und uns auf unsere eigenen Tiefen zu besinnen. Sie erinnern auch an Kleopatra, die ägyptische Prinzessin, die in den Werken von Shakespeare und Tiepolo die Perlen auf ihrer verlockenden Haut trägt und in Essig aufgelöste Perlen trinkt; Perlen besitzen den Reiz des Lebens und die Tränen vergänglicher Schönheit. Ohne an ihren Traum zu denken, kaufte sich die Künstlerin später ein Paar tränenförmiger Perlenohrringe, und diese Tränen sind auch ein Teil ihrer inneren Reise. Wenn wir weinen, werden wir von etwas befreit, und die hübschen Tränenanhänger, die wir tragen, heißen nichts Besonderes, sie sind nur die Tränen des Weges, schwimmen mit einer Lichtwolke, die tief aus dem Inneren zu kommen scheint.

Ungefähr ein Jahr nach ihrem Traum mit der Perlenzüchterin befand die Träumerin sich auf dem Land, als während eines Gewitters plötzlich der Strom ausfiel. Sie war zu Tode erschrocken und erinnerte sich an die erstickende Enge der Luftschutzkeller in Tokio vor langer Zeit, an die Sirenen und die Bombeneinschläge. Doch sie fasste einen für sie einzigartigen Beschluss: *mit* der Angst zu gehen, ihre Todesfurcht zuzulassen, und mit dieser Akzeptanz durchfluteten sie Entspannung, Gelassenheit und Erleichterung.

Früher hatte ich ständig Angst und füllte mich mit unnötigen Dingen, um sie nicht mehr spüren zu müssen. Diesmal blieb ich bei meiner Angst. Es war erregend. Statt jemand anderem die Schuld an meinem Zustand zu geben, gab ich mich einfach meiner Angst hin. Ich dachte: »Ich habe einfach Angst. Wie erstaunlich!« Im Hier und Jetzt zu sein ist wie an einer Felskante zu stehen – berauschend! Ich werde außen weicher und innen stärker.

Nun hat der schwarze Ingwerextrakt aus dem Traum begonnen, sie in der Tageswelt zu nähren. Wenn dies geschieht, wenn wir uns nicht von unseren Fehlern und Unzulänglichkeiten abwenden, dann wird das, was dunkel war, hell, was schmerzhaft war, wird zum Anlass der Befreiung. Selbst in den beengtesten Umständen bietet das Leben Reichtum. Das Leben willkommen zu heißen, statt es zu bekämpfen, den Augenblicken der Nacht entgegenzugehen bedeutet, unsere Verkörperung zu respektieren und ihre Aufgaben zu erfüllen. Dann sind wir einfach, glücklich oder furchtsam oder friedlich, und durch diese Einfachheit und Offenheit sind wir miteinander verbunden. Dann wird es möglich, miteinander zusammenzukommen.

Glück steigt aus der Tiefe auf

Glück bedeutet, im Licht zu ruhen, es nicht zu verstellen, nicht das zu verdunkeln, was natürlich hervorströmt. Wenn man überhaupt zwischen innen und außen unterscheiden kann, dann kommt das Glück von innen. Wir müssen wie die wellenförmigen Linien der Gänse am Herbsthimmel, wie der dicke, sich in der Brandung wiegende Seetang mit den Strömungen des Windes im Einklang leben. Wenn wir weitergehen auf unserer Reise ohne Ende, halten wir nicht mehr am Licht fest – das Licht haftet an uns, an unserer Unlust wie an unserer Freude. Wo die Urmaterie dunkel schien, ist sie nun, wenn wir glücklich und der Erde nahe sind, auch im Dunkel hell. Ohne etwas zu tun, wirken wir durch die Freude, spüren, dass es keine Trennung gibt zwischen uns und dem, was wir tun. Alles, was vor uns erscheint, ist die Antwort, auf die wir immer gewartet haben, das Ding, für das wir dankbar sind. Es kommt zu uns vom Anbeginn der Zeit her.

Das Bewusstsein ist sowohl unsere Einzigartigkeit als auch unser Abenteuer. Es gibt uns Reflexion und Vorstellungskraft. Wir sehen den Schnee, die Sterne und den Regen, die hervorschießenden rosa Dunstschleier der ersten Pflaumenblüten, das auf der nassen Straße weinende Mädchen, und wir sehen, dass jedes Ding und Wesen seinen Anteil an der Ewigkeit zeigt.

Dieses Sehen segnet unser Leben – sie sind wie wir, diese anderen Erdbewohner, Frauen und Männer, pigmentierte und helle, Wölfe und Wälder, flüchtige Wesen, die auf die Dunkelheit zurasen; wir teilen mit ihnen ein mysteriöses Sosein. Jedes Ding erscheint in seinem einsamen Leuchten vor uns. Was zuvor fest schien, ist es nicht mehr, und was dem Untergang geweiht schien, muss nicht mehr dahinschwinden.

Die tröstende und aufrüttelnde Entdeckung ist, dass wir nicht mehr durch unsere Haut begrenzt sind. Was wir miterleben, dazu werden wir; wir sind weder voneinander getrennt, noch sind wir einsam. Wir *sind* der Schnee, der beim Fallen Stille verbreitet, das Mädchen, das ihr Fahrrad aufhebt, die Blüte am Zweig. Dies ist die Erkenntnis des Buddhismus – ein Bild des Edelsteinnetzes, das die Welt und uns alle in einer nahtlosen Kontinuität umfasst hält. Es ist auch die Einsicht des Schöpfungsprozesses, der Alchemie, durch die die härteste Berührung, der bitterste Kummer verändert wird mit Hilfe unserer Offenheit und Achtsamkeit – einer so beharrlichen Achtsamkeit, dass sie zu einer Art Liebe wird –, verändert wird in etwas Erstaunliches: einen mit unsterblicher Helligkeit erfüllten Schmerz. Nichts vom Leben zurückweisend fassen die Eimer unserer Sorgen ihr Schimmern; unser Glück durchflutet die Schatten und das Licht. In unserer transformierten Offenheit trinken wir, was einfach ist, und es macht uns trunken.

Mit Han Shan zu Hause

Vor langer Zeit lebte ein chinesischer Weiser namens Han Shan. Er gab seinen Beruf auf und stieg auf einen Berg, um dort zu leben. Als er das Tor seiner Einsiedelei hinter sich schloss, erwartete er nicht, es jemals wieder zu öffnen. Befreit von seiner Zeit, löste er sich von allem, wurde spontan, fühlte sich wohl inmitten des Kieferndufts und der endlosen Aussichten, aus denen sein Leben bestand, und seine Gedichte haben die Ursprünglichkeit der inneren und äußeren Wildnis.

Jedes Zeitalter hat seine eigenen Aufgaben. Bei den meisten von uns haben die Klöster heute keine Mauern mehr außer der Stille, die unser Meditieren um die Mitte unseres Lebens versammelt, und das reicht – es ist mehr als genug. Unsere Einsiedelei besteht darin, achtsam unter den Dingen zu leben – inmitten der Rhythmen von Arbeit und Liebe, des Bades mit dem Kind, des endlos anwachsenden Bergs von Papier, der steten Wahrscheinlichkeit eines Krieges, der Notwendigkeit, etwas für die Welt zu tun. Für uns ist ein gutes spirituelles Leben durchlässig und robust. Es sieht den Dingen direkt ins Auge und weiß, dass die kleinsten Augenblicke alles sind, was wir haben, und dass selbst der allerkleinste Augenblick voller Glück ist.

Das kleine Mädchen bittet seinen Vater, Wörter auszusprechen, damit es sie buchstabieren kann. Doch um sie korrekt zu buchstabieren, um sich vollkommen konzentrieren zu können, muss es die Buchstaben singen – w-ü-r-d-e, d-a-c-h-t-e, T-i-e-r –, während es mit einer Hand wedelnd und in der anderen ein Brötchen haltend in der Küche hin und her hüpft. So erreicht es vollkommenes Nichts-Tun, kann buchstabieren, der Gemeinschaft der Lesenden und Erwachsenen beitreten.

Der Bodhisattva wird eins mit der Ungewissheit, mit der träumenden Macht der Imagination, mit der Wahrheit, dass die Welt jenseits der unsrigen, die, nach der wir uns sehnen – die Welt, aus der wir kamen, als wir geboren wurden, und an die wir uns bei herrlichen Dingen halbwegs erinnern; die Welt, in der wir immer zu Hause sind, wo wir mit unseren Gefährten durch Schwaden des Sonnenlichts und des Regenlichts ziehen –, dass sie eben diese Welt ist. *Diese* Küche mit den Seerosen, die ein Künstlerfreund auf den Boden gemalt hat, *dieses* schläfrige Kind, das am Frühstückstisch seine Hausaufgaben erledigt. Das Leben, nach dem wir uns sehnen, ist unser eigenes Gehen durch den normalen Alltag; es ist der Aufstieg und der Fall, der Stillstand und die Wiederholung, der Augenblick des Erwachens und der Augenblick des Einschlafens. Was wir brauchen und was wir lieben, was uns tröstet und was uns erlöst, ist in jedem Augenblick hier, ist schon in uns. Es wartet darauf, dass wir es bemerken. Wir müssen uns ihm nur ergeben, und unser eines Leben und alles Leben wird uns mit offenen Armen empfangen.

Anhang

Dank

Dieses Buch ist die Frucht von zehn Jahren Arbeit. In dieser Zeit träumte ich, ich sei ein Frosch, eine Segeljacht auf dem Pazifik, ein Fischerboot und ein superschneller Zerstörer. Fischer kommen und gehen einfach, ohne unser Zutun, aber in dem Maße, in dem das Buch etwas Geschaffenes – ein Gefäß – ist, ist es von vielen Händen geschaffen worden und viele Freunde haben mit Gedanken, Arbeit und Liebe dazu beigetragen.

Stephen Mitchell, mein alter Dharmabruder, unterstützte das Werk von Anfang an durch Freundschaft, Vorschläge und Geld. Michael Katz sagte mir einmal, dass er selbst zu faul sei, seine eigenen Bücher zu schreiben, und daher versuche, seine Freunde dazu zu bringen, sie für ihn zu schreiben. Zusammen mit Stephen schlug er mir vor, dieses hier zu schreiben. Hugh Van Dusen war äußerst freundlich und hilfsbereit.

Die Spuren von zwei erstklassigen Autoren finden sich auf jeder Seite: Noelle Oxenhandler war der Psychopompus des Buches: Sie half beim Schreiben, geleitete durch diese Unterwelt, öffnete verschlossene Türen. Jane Hirshfields großartige Bearbeitung gab dem Buch Kohärenz, Gestalt und Kraft.

Viele halfen auf andere Weise:

Robert Aitken brachte zusammen mit seinem Lehrer

Koun Yamada die alten hohen Zen- und Koan-Lehren in den Westen. Jack Kornfield verbindet schon seit langem westliche und östliche Vorstellungen vom Bewusstsein. Sylvia Boorstein teilte ihre Gedanken zum Mitgefühl mit mir. Joan Sutherland war mir eine gute Freundin; ihre anschauliche Zenlehre diente als Laboratorium für die hier vorgebrachten Ideen zur Erleuchtung; andere Zenlehrer – Subhana Barzaghi, Ross Bolleter, Daniele Terragno, David Weinstein, Susan Murphy, James Ford und Jonathan Joseph – waren eng an diesem Praktikum beteiligt. Die Lamas Yeshe und Zopa lehrten mich die hier erwähnten tibetischen Meditationen. Auch die Ideen von René Tillich über die seelische Rolle der Dämonen und Roberta Goldfarb über den Bezug der Psyche zu Zen und Vipassana finden sich hier. Rachel Remen teilte mit mir ihre Gedanken zum Heilen und überließ mir zum Schreiben ihr Haus; Mayumi Odas Begeisterung für die Kreativität und Nancy Colvins Gedanken zur Liebe haben hier einen Platz gefunden.

Die Arbeiten von C. G. Jung und James Hillman dienen mir als ein Ausgangspunkt für das Nachdenken über Geist und Seele. Die Schriften von Hakuin Ekaku liefern ein Zenmodell für das Interesse an der Seele. Einige Organisationen haben mir ein Zuhause für meine Arbeit gegeben; dazu gehören die Zenzentren des California Diamond Sangha in Santa Rosa, Oakland, Fresno und Palo Alto, die australischen Zenzentren in Sydney und Perth, das VNA & Home-Hospiz in Santa Rosa und das Programm für integrative Medizin an der Universität von Arizona in Tucson. Alle, die mit mir auf dem Gebiet des Zen und der Psychotherapie gearbeitet haben, teilten in großzügiger Weise ihre Erkenntnisse mit mir.

Quellenangaben

Fremdsprachliche Texte, für die sich keine deutsche Übersetzung fand, wurden nach den Zitaten in vorliegendem Buch übersetzt.

1 Einladung auf große Fahrt

1   Issa: *Die letzten Tage meines Vaters*. Mainz, Dieterich 1985, S. 36.

2 Die innere Wildnis und ihre Geschöpfe

1   Die Geschichte von Bugatti fand ich in einem Buch aus meiner Schulzeit.
2   Rainer Maria Rilke: *Die Gedichte*. Frankfurt, Insel Verlag 1986, S. 503.

3 Abstieg in die Nacht

1   Dante: *Die Göttliche Komödie*. Frankfurt, Insel Verlag 1974, S. 15.

2   *Ging. Das Buch der Wandlungen,* übers. von R. Wilhelm, Köln, Eugen Diederichs 1970, S. 459.

3   Rainer Maria Rilke: »Zehnte Duineser Elegie«, ursprüngliche Fassung. Aus: *Die Gedichte,* a.a.O., S. 850.

4   T. S. Eliot: *Four Quarters.* New York, Harcourt Brace 1971.

5   Sören Kierkegaard: *Die Krankheit zum Tode. Furcht und Zittern.* Frankfurt, Fischer Verlag 1959, S. 37.

4 Liebe in Zeiten der Finsternis

1   Eavan Boland: »The Pomegranate«. Aus: *In a Time of Violence.* New York, W. W. Norton 1994.

2   W.B. Yeats: »The Circus Animals' Desertion.« Aus: *The Collected Poems of W. B. Yeats.* New York, Macmillan 1956.

3   Gary Snyder: »Paiute Creek«. Aus: *No Nature. New and Selected Poems.* New York, Pantheon 1992.

4   S.T. Colerdige: »Der alte Seemann«. Aus: *Ein Ding von Schönheit ist ein Glück auf immer. Gedichte der englischen und schottischen Romantik.* Wiesbaden, Fourier 1980, S. 233.

5 Aufstieg zum Licht

1   Mumonkan. München, Kösel-Verlag 1989, Fall 1, S. 29.

2   William Shakespeare: *Julius Caesar.* I. 2, 139–40 (übersetzt von A.W. von Schlegel).

3   Wallace Stevens: »The Snow Man«. Aus: *The Collected*

Poems of Wallace Stevens. New York, Alfred A. Knopf 1954.

4 Walt Whitman: »Gesang von mir selbst«. Aus: *Grashalme.* Zürich, Diogenes Verlag 1985, S. 83.

5 Aus den Anmerkungen zur *Peer-Gynt*-Übersetzung von Rolf Fjelde. Minneapolis, University of Minnesota Press, 2. Ausgabe 1980, S. 222.

6 Im Anfang war Stille

1 *Mumonkan,* a.a.O., Fall 19, S. 114
2 William Blake: »Weissagungen der Unschuld«. Aus: *Ein Ding von Schönheit ist ein Glück auf immer,* a.a.O., S. 127.
3 Noelle Oxenhandler: »Pascal's Jacket«. *Parabola,* Herbst 1994.
4 Wallace Stevens: »The Snow Man«. Aus: *Collected Poems,* a.a.O.
5 *Denkoroku. The Transmission of the Light,* übers. von Robert Aitken, Privatdruck.
6 William Wordsworth: »Geschrieben auf der Westminster-Brücke, 3. September 1802«. Aus: *Ein Ding von Schönheit ist ein Glück auf immer,* a.a.O., S. 203.
7 Aus: *Miscellaneous Koans,* einem Zenmanuskript, das sich in privatem Umlauf befindet.

7 Die Erleuchtung der Flüsse und Gräser

1   *Mumonkan,* a.a.O., Fall 48, S. 250.

2   Frei nach: *Bi-Yän-Lu,* München, Hanser Verlag 1964, 16. Beispiel, Bd. 1, S. 297.

3   Aus: *Zen-Letters: Teaching of Yanwu,* Boston, Shambala 1994.

4   Frei nach I. Miura und R. F. Sasaki: *Zen Dust. The History of the Koan and Koan Study in Rinzai (Lin-Chi), Zen,* New York, Harcourt Brace & World 1966, S. 74.

5   Frei nach I. Miura und R. F. Sasaki: *Zen Dust,* a.a.O., S. 292.

6   Aus: *Denkoroku. The Transmission of the Light,* a.a.O., Fall 13.

7   Robert Aitken erzählt diese Geschichte.

8   R.F. Sasaki: *The Recorded Sayings of Layman P'ang.* New York, Weatherhill 1971, S. 75.

9   Vgl. Taizan Maezumi: *The Way of Everyday Life. Zen Master Dogen's Gynjokoan.* Los Angeles, Center Publications 1978.

8 Demütigung: der zweite Abstieg

1   Ein häufig zitierter Ausspruch von Yangshan, einem berühmten chinesischen Zenmeister (9. Jh.), der sich in verschiedenen Koan-Sammlungen findet.

2   P.B. Yampolsky: *The Zen Master Hakuin.* New York, Columbia University Press 1971. Dies sind Briefe von Hakuin an seine Schüler; der relevante Brief ist überschrieben »Orategama III«, S. 119–20.

3 John Keats: Brief an George und Georgiana Keats, 21.4.1819.

4 Aus: *Tao*. München, Knaur 1994, S. 31.

5 William Shakespeare: *Wie es euch gefällt*. II. 1, 12 (übers. von A.W. von Schlegel).

6 William Shakespeare: *Der Sturm,* I. 2, 394 (übers. von A.W. von Schlegel)

7 William Shakespeare: *Othello,* I. 3, 169–171 (übers. von Wolf Graf Baudissin).

8 Michel de Montaigne: *The Complete Essays,* übers. von M. A. Screech. London, Allen Lane/The Penguin Press 191, S. 29.

9 Aus: *Tao,* a. a. O., S. 19.

10 René Tillich erzählte mir diese Geschichte.

9 Charakter und Integrität

1 *Jingging*. Übers. von Robert Aitken (unveröffentlicht).

2 William Blake: *Die Hochzeit von Himmel und Hölle. Eine Auswahl aus den prophetisch-revolutionären Schriften.* Bad Münstereifel, Edition Tramontane 1987, S. 70.

3 Shunryu Suzuki: Unveröffentlichtes Manuskript.

4 *I Ging,* a. a. O., S. 518.

5 *Verba Seniorum,* übers. von Robert Walker. *Empty Sky-* Mitteilungsblatt, Amarillo, Texas, März 1997.

6 *Mumonkan,* a. a. O., Fall 32, S. 179.

7 *I Ging,* a. a. O., ohne Seitenangabe.

8 Vgl. Simon Leys (Hrsg.): *The Analects of Confucius.* New York, Norton 1997.

10 Geschenke aus der Quelle

1   Jack Kornfield (Hrsg.): *Die Lehren Buddhas.* München, Knaur 1996, S. 134.

2   Robert Hass: *The Essential Haiku. Versions of Basho, Buson & Issa.* Hopewell, N.J., Ecco Press 1994.

3   Frances H. Cook: *The Record of Transmitting the Light: Zen Master Kaizan's Denkoroku.* Los Angeles, Center Publications 1991.

4   Douglas Bush (Hrsg.): *John Keats. Selected Poems and Letters,* Cambridge, Mass., The Riverside Press 1959; Brief vom 21. oder 27.12.1817.

5   Frei nach *Bi-Yän-Lu,* a.a.O., 1. Beispiel, Bd. 1, S. 37f.

6   Frei nach Linji: *Das Denken ist ein wilder Affe.* Bern, O.W. Barth 1996, S. 191ff.

7   Frei nach Paul Reps (Hrsg.): *Ohne Worte – ohne Schweigen.* Bern, O.W. Barth 1976, S. 83.

8   Frei nach Paul Reps (Hrsg.): *Ohne Worte – ohne Schweigen,* a.a.O., S. 24.

9   Yoel Hoffmann: *Radical Zen. The Sayings of Joshu.* Brookline, Mass., Autumn Press 1978, S. 9.

10 Basho: *Auf schmalen Pfaden durchs Hinterland.* Mainz, Dieterich 1985, S. 167.

Kontaktadressen

California Diamond Sangha

www.ca-diamond-sangha.org

P.O. Box 2972
Santa Rosa, California 95405
USA

John Tarrant

johnt@wco.com

P.O. Box 2346
Santa Rosa, California 95405
USA

ARKANA
GOLDMANN

Zugänge zum Buddhismus

Alex Kennedy,
Was ist Buddhismus?   12396

Erdmute Klein,
Buddhistische Persönlichkeiten 13279

Thich Nhat Hanh,
Buddha und Christus heute 21523

Dalai Lama, Das Herz
aller Religionen ist eins   13278

Goldmann • Der Taschenbuch-Verlag

ARKANA
GOLDMANN

Spirituelle Wege

Varda Hasselmann,
Die Seele der Papaya   21522

M. Scott Peck,
Der wunderbare Weg   13220

Thich Nhat Hanh, Das Glück,
einen Baum zu umarmen   13233

Kathleen Norris,
Als mich die Stille rief   21535

Goldmann • Der Taschenbuch-Verlag

ARKANA
GOLDMANN

Osho – Meditation & Energie

Osho,
Meditation 21521

Osho,
Tantra 21520

Osho,
Mann und Frau 13280

Goldmann • Der Taschenbuch-Verlag

GOLDMANN

Bitte senden Sie mir das neue kostenlose Gesamtverzeichnis

Name: _____

Straße: _____

PLZ / Ort: _____